信頼マネジメント

スティーブン・M・R・コヴィー
グレッグ・リンク／レベッカ・R・メリル
フランクリン・コヴィー・ジャパン訳

キングベアー出版

Free Press
A Division of Simon & Schuster, Inc.
1230 Avenue of the Americas New York, NY 10020

Japanese translation rights arranged with
FREE PRESS, a division of SIMON & SCHUSTER, INC.
through Japan UNI Agency, Inc., Tokyo

私を心から愛し、信頼し、導き、そして勇気づけてくれた最愛の両親、サンドラ／スティーブン・R・コヴィーに本書を捧ぐ。

スティーブン・M・R・コヴィー

私の大切な友人、そして師であるスティーブン・R・コヴィー博士、私に信頼の何たるかを教えてくれた私の素晴らしき妻アニー・リンク、この原則を実践し、信頼を回復し、そして将来世代のためにこの信頼の再生を継続する使命を担う私の孫たちに本書を捧ぐ。

グレッグ・リンク

はじめに

あるとき、「スピード・オブ・トラスト」のセミナーを終えて舞台裏にいた我々のところに、一人の男性が近づいて来た。彼は明らかに深い悩みを抱えているように見えた。

「今のこと、あなたたちは本気で言っているのですか?」

彼は疑り深そうな表情で尋ねてきた。

「あなた方が話していたような、信頼に基づいて行動している人が本当に大勢いるのでしょうか」

この男性は以前、不正や詐欺、不信が蔓延している国で働いていたという。きっと身が引き裂かれるような思いをしてきたのだろう。それで、我々の話を心底信じたいが、かつての環境を思い出すと、とても信じられなかったのだ。

程度の差こそあれ、これと似たような辛辣な質問を、我々は世界中の人たちから突きつけられる。確かに、この世の中は信じられないような事実に満ち溢れているが、それでも我々はこう答える。

信頼ほど重要なものはなく、この不信の時代でも高い信頼によってとてつもない恩恵を享受している個人や企業が存在するのだ、と。

すると、彼らはさらに尋ねてくる。

「それはどんな人たちですか?」「何をしている人たちですか?」「それをどんなふうにやっ

ているんですか?」「同じことが、私や私の組織にもできるでしょうか?」

我々に本書の執筆を思い立たせたのは、まさにこうした質問だった。それに簡単に答えるとしたら、「はい、もちろんですとも!」となる。

前作『スピード・オブ・トラスト 「信頼」がスピードを上げ、コストを下げ、組織の影響力を最大化する』(キングベアー出版)を出版して以来、さまざまな分野で大きな成功を手にしている全世界のリーダーや組織において、信頼に関する研究を行う機会に恵まれた。我々はその過程で説得力ある洞察を得るとともに、最先端で実用的な実践の数々を目の当たりにしてきた。至るところで多くの個人や組織が、我々のいう「スマート・トラスト」を実践し、驚くべき成果を上げているのだ。

本書における我々の意図は、これらの洞察や実践法、そして、そうした個人や組織に共通している五つの行動を読者に紹介することにある。その過程で、彼らが築いている高い信頼に基づく関係や文化が、経済的繁栄のみならず、それ以上に魅力的な活力や幸福感をいかに増大させているか、こうした「傑出した成功者」たちの実例も交えながら紹介するつもりである。

長年にわたる我々の活動の中で最も興味深い点の一つは、信頼の再生が大きなうねりとなって、世界中の人々の生活やリーダーシップが一変していく様を目撃できることだ。今日、盛んに報じられている信頼の「危機」の真っ只中にあってさえ、そうした現象が見られることは、何とも驚きである。また、多種多様な活動を行う彼らの中に共通して認められる「五つの行動」の存在には、非常に勇気づけられる思いである。

リアルタイムの具体的な実例を引用することにリスクが伴うことは我々も承知している。たとえば、トム・ピーターズの『エクセレント・カンパニー』（英治出版）が出版されてからの五年間で、彼が紹介したエクセレント・カンパニーの一部は、すでに「エクセレントといえない」時期を経験しており、その続編は、「エクセレント・カンパニーは存在しない」という書き出しで始まっている。ジム・コリンズも著書『ビジョナリー・カンパニー2 飛躍の法則』（日経BP社）で同様の問題を経験した。バークシャー・ハサウェイ社のウォーレン・バフェット会長兼CEOは最近、部下のマネージャーたちに次のようなメッセージを送った。

「我々が知れば不快に思うようなことを、今日、バークシャーで誰かがやっていることでしょう。それは避けられません。わが社には現在、二〇万を優に超える数の社員がいます。それだけの数の人間が問題行動を起こすことなく一日を終える可能性は皆無といっていいでしょう」

こうした現実を踏まえれば、本書の実例のいくつかが、将来ひっくり返される可能性は十分にある。それでも、実例から得られる洞察の価値、彼らが今実行し、経験していることの結果を観察することで初めてわかる「将来の可能性」まで否定する必要は決してないはずだ。

実際、信頼（または不信）とは我々の行動の産物であることは疑いようもない。この点を念頭に置きながら、本書では現在および過去の成功事例の「断面」をお見せしようと考えている。このグローバルな信頼の再生がつくり出すさざ波（波及効果）が上げ潮（上向きの好循環）を生み、すべてのボート（個人や組織）を持ち上げるにつれ、社会のあらゆるレベルにおいて素晴らしい事例が将来的にもっと増えることを願いながら。

さらに、信頼の問題があらゆる状況にどう影響するか、また、従来の二者択一の考え方を脱し、我々がいうところの「スマート・トラスト」を与えていくにはどうしたらいいか、こうしたことを理解するための「レンズ」を提供したいと思う。そうすることで、リスクの最小化と可能性の最大化を実現し、信頼が希薄な世界にあっても高い信頼に基づいた行動ができるようになる。

今日のネットワーク社会では信頼が新しい通貨となり、個人、チーム、組織、さらには国家においても不可欠なものになっているといってもいいだろう。

本書が、「スマート・トラスト」を意図的に提供する力を身につけ、人生のあらゆる側面でいっそうの繁栄、活力、幸福を享受するための一助になれれば幸いである。世界中の人々が信頼とその恩恵を受け、高く積み重ねていくこと。それが我々の究極の目標なのだ。

謝辞

本書の出版にあたり、数多くの方々より惜しみないご協力をいただいた。ここに深く感謝の意を表したい。また、多岐にわたるジャンルの皆さんから刺激的な助言もいただいた。これらの方々のご助力に対する私の今の心境を表すとしたら、アルバート・アインシュタインの次の言葉が適切かもしれない。

「自分自身の生活は内面的にも外面的にも、生者も死者も含め他人の骨折りに支えられている。私がこれまでに受けたもの、そして今なお受けつつあるものに劣らぬお返しをしなければならない。私はそのことを日々、自分自身に言い聞かせている」

私は毎日、前世代および同世代の多くの賢明なる「思想リーダー」から知恵を学び、その恩恵にあずかっている。我々は彼らに感謝するとともに、この幸福を大切にしたいと思う。

私の親愛なる友人、レベッカ・メリルには特に感謝の念で一杯である。我々の講演や著作を見違えるほど読みやすく、格調高い文章に仕上げてくれた。彼女が体現する創造的なシナジーと文才に、我々はどれだけ助けられたか知れない。類まれな人柄とライターとしての豊かな才能の持ち主である彼女と一緒に仕事ができたことは実に幸運だった。

『信頼マネジメント』を推薦する著名な人々

チームワークを高めようと思ったら、信頼なくしては不可能だ。コヴィーとリンクはこの本を通じて、感動的なストーリーと実用的なヒントとともに「スマート・トラスト」を示してくれた。人生やビジネスにおいて、チームワークやパフォーマンスを向上させるのに必ず役立つことだろう。本書『信頼マネジメント』は、信頼というものを全く新たなレベルで理解させてくれる。機能や組織、さらには家族間のチームワークを強化したいと願っている人たちにとって、まさに必読の書である。

マイケル・ホワイト（ディレクTV会長兼社長兼最高経営責任者）

『信頼マネジメント』は、高い信頼に支えられたチームや文化を創造してイノベーションや成長を促進するための、示唆に富んだ、すぐにも応用できるガイドブックといえる。相手と状況の両方についての分析方法、リスクの管理や可能性の最適化による「賢い」判断方法を教えてくれるからだ。人々への影響力を増し、パフォーマンスや刷新性を高めたいと思っている人たちにぜひお薦めしたい。この洞察に満ちた本書を読んで、その考え方を習得してほしい。

クレイトン・M・クリステンセン（『イノベーションのジレンマ』〔翔泳社〕著者、ハーバード・ビジネス・スクール教授）

わが社では、「スマート・トラスト」を採用して文化全体に応用している。その甲斐あって、私のチームは今や全く生まれ変わった。私がペプシコに加わってからのこの二八年間（その大半の期間、私はフリトレーを担当した）我々の文化がこれほどまでにエキサイティングな変化を経験したことはかつてなかった。この建物の中には活気が満ち溢れている。チームが一つにまとまり、以前よりもうまく機能している。最近の利益の伸びは、経済が最悪の状況にあったここ一〇年間でも最高だった。わが社の輝かしい実績は「スマート・トラスト」のおかげである。新世代の社員たちが「スマート・トラスト」を習得し、自ら率先して信頼を提供する術を身につけて上の階層へと上がっていけば、わが社の前途は明るいと私は確信している。

アル・ケアリー（フリトレー・ノース・アメリカ社 社長兼最高経営責任者）

コヴィーとリンクがまたしてもやってくれた。彼らがこの素晴らしい一冊で力強く説いているように、個人間でも組織内でも信頼を築くことほど重要なことはないのだ。信頼は私たちをつなぎ合わせる接着剤といえる。リーダーに対する著しい信頼の低下が至るところで目につく昨今、一度失った信頼を取り戻すのは至難の業だ。こうした信頼の低下が社会の絆を引き裂いているように私は思う。自分の不幸を他人のせいにし、自分の姿を鏡に映してみようとしない人が何と多いことか。「スマート・トラスト」をマスターしない手はないだろう。

ビル・ジョージ（『リーダーへの旅路』〔生産性出版〕著者、ハーバード・ビジネス・スクール教授）

『信頼マネジメント』は、わが社全体の成功にとってまさに基礎となるテーマを深く掘り下げた一冊だ。信頼を提供したり獲得したりするには何が必要か、理論的知識のみならず、実践的な知恵も与えてくれる。この本を熱い気持ちで推薦したい。

ジョン・レックライター博士（イーライリリー・アンド・カンパニー社 会長兼社長兼最高経営責任者）

『信頼マネジメント』は、現代において最も強力かつ影響力の大きな書物の一つであることは間違いない。ほとんどの組織で見られる最大の危機をえぐり出し、それを解決する術（「低信頼世界でどう信頼すべきか」）を見せてくれる。

ウォーレン・ベニス（『Still Surprised: A Memoir of a Life in Leadership』著者、南カリフォルニア大学教授）

生産性を高めて成長をスピードアップさせようとする組織にとって、信頼は不可欠な要素だ。そして、そのことを誰よりも理解しているのが、本書の著者たちだ。彼らのアプローチは、企業のより迅速な行動、より優れた意思決定を実現させ、顧客に高い品質を提供するのに役立つ。また、企業文化の変革にも威力を発揮するはずだ。我々ＡＴ＆Ｔ社がマネージャー、一〇万人余のトレーニングをスティーブン・Ｍ・Ｒ・コヴィーに託している理由、また、変化の急な今日のグローバルビジネス環境で成功を目指す人たちに私が『信頼マネジメント』を推薦する理由は、まさにそこにあるのだ。

ランドール・スティーブンソン（AT&T社 会長兼社長兼最高経営責任者）

今日の新たな国際的現実を見渡したとき、信頼は欠かせないものであることを、この『信頼マネジメント』は説得力豊かに語りかけてくる。社会の発展は、個人同士が互いに信頼し合うところから始まるのだ。我々は道を見失っており、信頼することに対して臆病になっている。この衝撃的な本は、信頼を取り戻し、繁栄させ、その過程でより多くの活力や幸福を享受する術を教えてくれる。私は本書を強く推薦するものである。

ムハマド・ユヌス（二〇〇六年ノーベル平和賞受賞者）

信頼はビジネスの最も基本的な通貨であり、P&G社が掲げる五つの基本的価値観の一つだ。わが社や我々のブランドが消費者の信頼を得ていないとしたら、また、社員たちが同僚やパートナーとして互いに信頼できないとしたら、わが社が存在し得ないことは言うまでもない。だが、信頼があれば、協力し、成長し、企業として我々の目的を遂げる可能性が無限に広がる。リーダーの任務はどのレベルであれ、信頼を築き維持することだが、不信に満ちた世界ではこれはなかなか難しい。その道筋を示してくれる『信頼マネジメント』は、二一世紀のリーダーシップに対する考え方であると同時に、ツール集でもある。ぜひ一読を薦めたい一冊だ。

ロバート・A・マクドナルド（プロクター・アンド・ギャンブル社 会長兼社長兼最高経営責任者）

私はこれまでにインタビューした人たちから学んだことがある。それは、信頼がすべてであるということだ。『信頼マネジメント』は、信頼を増加させる方法を強烈に示している。今日の低信頼世界では、その重要性がいつにも増して高まっているのだ。私がこれまでに会った最も優れたリーダーたちは、信頼を生み出す能力を備えていた。『信頼マネジメント』は実に素晴らしい本だ。あなたの蔵書にぜひ加えてほしい。

ラリー・キング

ビジネスや政治、その他の諸制度に対する信頼がかつてない水準にまで低下している今の時代、リーダーたちは信頼の構築と維持に全力で取り組まなければならない。あらゆる分野の先見性あるリーダーたちは、相互信頼の関係を維持することの難しさを理解しつつ、その問題に取り組み、そうした関係から得られる特異な恩恵を実現している。その好例を提供してくれるのが、この『信頼マネジメント』に他ならない。

ジェームス・クィグリー（デロイト・トウシュ・トーマツ社 最高経営責任者）

『信頼マネジメント』は、家庭や職場の人間関係において何よりも重要な信頼というテーマに取り組んでいる。そして、頭と心を調和させて正しい判断へと至る術を教えてくれる。これを習得している人は少ないが、関係を最適化して成功と充足感を増大させるには必須のスキルである。『信頼マネジメント』は火星（男性）と金星（女性）の分け隔てなく、大いに参考になるであろう。

ジョン・グレー（『ベスト・パートナーになるために——男と女が知っておくべき「分かち愛」のルール』〔三笠書房〕著者）

わがレノボがＩＢＭのＰＣ部門を買収した際、最大の問題は技術やサプライチェーンではなく、組織構造ですらないことに気づくのに時間はかからなかった。我々にとって最大の障害は、我々のチーム同士で、また顧客や取引先、世界中の主要なインフルエンサーたちとの間に信頼関係を構築することだった。そこで、我々はスティーブン・Ｍ・Ｒ・コヴィーの協力を得て信頼を築き、弱みから強みへの転換を図った。彼のアイデアは当時も素晴らしい効果を発揮したが、わが社がグローバルな成長を遂げた今日では、その適切性、重要性がいっそう増している。グローバル企業が戦略的に最も重視しなければならないのが、信頼なのだ。革新的精神、優れた製品、強力な戦略、効率的なビジネスモデルも確かに重要である。だが、信頼を生み出し、受け入れ、活用して、企業は初めてグローバルな舞台において真の繁栄を手にすることができるのだ。思考力を刺激するアイデア、有益なツール、グローバルなステージで生き残り、成功するのに不可欠な視点を提供してくれるもの、それが本書『信頼マネジメント』である。

楊元慶（レノボ社 最高経営責任者）

『信頼マネジメント』を推薦する著名な人々

本書に寄せて……インドラ・ヌーイ

五年前、私がペプシコのCEOに就任した際、わが社は長期的な経営指針を明確に示す必要があった。我々はあれこれ考えたことを、「目的意識を持ったパフォーマンス」という簡潔な言葉で表現した。

高い業績は常にペプシコの活力源であったが、わが社のビジネスをサステナブル（持続可能）なものにするには、真の意味の目的に裏打ちされたパフォーマンスでなければならなかったのだ。そして、人類のサステナビリティ、環境のサステナビリティ、人材のサステナビリティという三つの柱を打ち立て、これらを統合する形でペプシコの将来に向けたロードマップを描いたのである。

それから間もなくして、消費者の価値判断の基準は価格だけではないことを我々は確信した。その取引、ブランド、企業が信頼できるという安心感に基づく、サステナブルな関係が重要なのだと。

企業は自らのミッションを定め、多様なステークホルダーのために、その使命の実現に向け長期にわたり努力し続けなければならない。責任を持って実行することから信頼は生まれるのだ。

だが、今日の不安定な環境の中で、信頼は大きく低下してしまった。その結果、大企業も中小企業も、信頼の構築・再構築のために何を為すべきか、価値の創出・提供・増大をどう行うべきか、再考する必要性に迫られている。そして、商業的な価値観だけにとどまらず、倫理的に好ましい価値観にまで考えを広げることが何にも増して重要なのだ。要するに、大事なのは「信頼」なのである。

我々は今、こうした新しい現実の中にいる。そんな折、スティーブン・M・R・コヴィーとグレッグ・リンクが素晴らしい本を世に送り出した。本書『信頼マネジメント』だ。この本は、こうした新しい現実に正面から立ち向かい、実践的な解決策を提示してくれるだけではない。その内容が実にタイムリーで連動性に富み、しかも実行可能なものなのである。

・タイムリー：世界金融危機を乗り切った企業が、今や至るところで、それよりはるかに破滅的で長引く危機から抜け出せずにいる。そう、信頼の危機だ。資本主義体制の下、ダイナミックで創造的な精神によって繁栄を享受してきた国々は、今、苦境にあえいでいる。そして、顧客、消費者、投資家をはじめとする重要な利害関係者との日々の相互信頼に依存している企業にとっては、いっそう耐え難い状況にあるといえる。

・連動性：世界中の企業が、短期的視点と長期的視点の両立に苦労しているようだ。パフォーマンスと目的がうまく釣り合うことが理想だと私は考えている。優れた企業は将来、業績を伸ばすはずだ。

企業が活動するためには社会に受け入れられなければならず、したがって、企業は社会に対して何らかの貢献をすることが求められる。これを実行する企業は信頼を獲得する。ステークホルダーの信頼が得られると、それまで存在すらしなかった、ありとあらゆる可能性が生まれるのだ。

また、社員たちが愛着を感じるような会社でなければならない。そうした気持ちがないと、彼らの真の潜在力を引き出すことなどできないからだ。こうした心の絆の中核を成すのが信頼なのである。

・実行可能：今日のリーダーは、頭だけでなく心も働かせなければならない。右脳と左脳の調和が重要なのだ。さあ、ここで『スマート・トラスト』の出番である。

本書は、リーダーや組織が、リスクと可能性、人格と能力など、二つの側面をバランスよく調和させ、一貫して信頼を高めるのに役立つ「実行可能な実践的方法」を教えてくれる。一例を挙げよう。「スマート・トラスト」の五つの行動の中に、「自分の意図を明確にし、他者の意図を好意的に捉える」というものがある。本書の第六章でも紹介されているが、これは実際に私が父親から学んだことでもある。おそらく私のこれまでの人生最大の教訓といってよいだろう。好意的に捉えるというシンプルな行為こそが信頼するということであり、ほとんどの関係はこれによって一変するのだ。

各企業のこれまでの活動には優れた点も多々あったが、問題点があまりにも多すぎた。その結果、信頼が失われ、我々は今、岐路に立たされているのだ。強固なはずの土台が揺らいでいるように見えるときは、しばし立ち止まって熟考し、もう一度立て直す必要がある。

本書でも多くの実例が示されているように、この信頼の美徳を理解し、実践しているリーダーや組織は決して少なくない。わがペプシコも、そんな組織になるべく努力を重ねている最中である。我々に課されている使命は（好意的な意図を持つ企業はどこも同じだが）、説得力ある信念を明確に示し、倫理的な行動に徹することである。

この信頼の危機を大きなチャンスと捉え、行動につなげることで、スティーブンとグレッグのいう「信頼の再生」が可能になる。可能性を最大化しつつリスクを最小限にとどめることができるようになるのだ。そのためには、我々一人ひとりが自分自身の行動から始める必要がある。そして、それこそが「信頼マネジメント」に他ならない。

（ペプシコ社 会長兼CEO）

第一部

パラドックス、そして希望

私は世界のさまざまな人々や企業を相手に仕事をしているが、その過程でよく気がつくことがある。それは、信頼をめぐる問題で苦しみ、もがいている人たちが実に多いということだ。

この問題にはどうしてそんな大きな苦痛を伴うのだろうか。その理由の一つは、個人、チーム、組織において、強固な信頼関係が存在するメリットが、とてつもなく大きな価値や満足感をもたらすことを、我々は心の奥底で感づいているからだろう。高い信頼が存在する環境でのみ活動できたら、人生も仕事もはるかに充実し、人間関係もずっと楽しいだろう、と。

だから、信頼に恵まれない人々は、不満がいっそう募るわけだ。そういう人たちはよく、次のような不安を口にする。あなたもきっと覚えがあるはずだ。

「どっちを見ても不正やスキャンダル、倫理に反する問題ばかりで、人を信頼するということがひどく危険なことのように思えてくる。自分とってリスクが大きすぎるんじゃないだろうか？」

「職場での『より少しのもので、より多くのことをやる』という考え方は、個々の最悪の部分を引き出してしまいかねない。これまでになく緊張感が高まっている。実績が求められる今の時代、組織の中で信頼関係を築くにはどうしたらいいだろう？」

「自分の子どもを信頼してあげたいのはやまやまだけど、そんな親の気持ちを裏切るようなことを何度もやってきているのも事実。どうしたらあの子たちを変えられるだろう？」

「裏切られて痛い目に遭う人を私は何人も見てきた。誰を信じればいいのか、さっぱりわからない」

「我々の仕事には他の部署との連携が不可欠だけど、信頼できない連中とどうしてそんなことができるだろう?」

「わが社が属する業界は規制が厳しく、規則にがんじがらめになっている。どの規則も『お前たちは信頼に値しない』と言っているようだ。こんなにも信頼感が希薄な業界で、組織内に信頼を築き上げることなどできるわけがない」

「ある人を信頼すべきかどうか判断するとき、理性的に考えるべきか、それとも感情を重視すべきか、迷ってしまう」

「以前はこの仕事にワクワクして楽しくやれたのに、今は大違いだ。『こんなことをして何になる?』という気分になることもある」

「上司は、口では私を信頼しているようなことを言うけれど、私の周りをうろついて細かいところまで口を出してくる。本心が逆なことは見え見えだ」

「うちの会社の経営陣は、グローバルなサプライチェーンの一員として皆が『パートナー』でなければ、などと言うけれど、顔を合わせたこともない人たちを信頼して協力し合うなんてできるはずがない。文化や話す言葉が違うとなれば余計にね」

「ミスをしたら大変なことになるという状況で、他人を信頼するなんて大胆な真似がどうしてできるだろうか？」

「状況によっては信頼というものが有効になるのかもしれないが、我々の国で機能するわけがない。贈収賄、詐欺、政治工作がまさに日常茶飯事なのだから」

「信頼は有効だと思いたいが、そうでないケースを私はいやというほど見てきた。この点で成功している経営者といったら、ウォーレン・バフェットくらいしかいないだろう。組織にしたって同じだ。成功例があったら教えてもらいたいくらいだ」

「信頼できるのは誰で、その根拠は何か、どうしたらわかるんだろう？」

こうした不安を感じているのは、あなただけではない。しかし、解決策は必ずある。あなたを痛い目に遭わせる盲目的信頼ではなく、あなたから繁栄、活力、幸福をかすめ取る不信でもない「第3の案」が。

この三つ目の選択肢、私たちが提案する「スマート・トラスト」とは何か。それを理解してもらうことが、この第一部の目的である。

SmartTrust

第一章

大いなるパラドックス

人が最も傷つきやすいのは、誰かを信頼するときだ。しかし、だからといって人を信頼できなければ、喜びは決して味わえないだろう。

ウォルター・アンダーソン

他人を信頼しすぎると、だまされる危険性がある。だが、十分信頼しない人生も苦痛なものだ。

フランク・クレイン

一九七四年、独立戦争の壊滅的余波とまだ闘っていたバングラデシュを深刻な飢饉が襲った。飢えに苦しむ何百万という人々が食糧を求め、北部の辺鄙な村々から南部の都市へと移住し始めた。

そんな都市の一つ、チッタゴンに、ムハマド・ユヌスという男が住んでいた。フルブライト奨学生として米国に留学し、経済学博士号を取得して最近帰国した、三四歳の経済学教授だ。空腹にあえぐ人々が大量に流れ込んでくる様を目の当たりにしたユヌスは、自分がチッタゴン大学で学生たちに教えていることと街で見かける光景との間には、余りにも大きなギャップが存在することに気づいた。やせ細り、虚ろな目をした、まさに餓死寸前の何千という人々が街に溢れていたのだ。悲嘆に暮れ、何とか救いの手を差し伸べたいと思ったユヌスは、ジョブラという小さな貧しい隣村から取りかかることにした。

ユヌスはその人たちを訪ねてみて初めて知った。「最貧困層」の多くは離婚されたり見捨てられたりした未亡人たちで、みんな自分の子どもに食べさせるのに必死だった。必需品さえ買うお金がない彼女たちは、「貸金業者」から金を借りて物をつくり、それをスズメの涙ほどの値段で彼らに買い取ってもらう以外、生きる術がなかった。

三人の子どもを抱えるある女性は、五タカ（約二二セント）借りて竹を仕入れていた。朝から晩まで竹を編んではスツールをつくり、それを貸金業者に五タカと五〇パイサ（約二四セント）で売って借金の返済に充てていた。彼女の手元に残る利益は一日わずか二セントほど。自分と子どもたちの食費をかろうじて賄えるギリギリの額だった。

　バングラデシュの村は大概どこもそうだが、この女性も子どもたちも、何世代にもわたって貧困のサイクルから抜け出せない運命にあった。経済学者であるユヌスは、彼女がこのサイクルを断ち切る方法は一つしかないと思った。それは、竹を仕入れるための五タカを何とかしてつくり、でき上がったスツールを自由市場の小売り価格のままで売れるようにすることだった。だが、彼女に手頃な利息で頭金を貸す者はいなかった。ユヌスが小さなジョブラの村を探し回ったところ、スツールをつくる者、マットを織る者、人力車の車夫など、全部で四二人の人々が貸金業者を頼りに生活を営んでいて、その借金の総額はせいぜい八五六タカ（二七ドル未満）だった。

「これらの家族の不幸は、たった二七ドルがないためなのか！」

　彼はそう嘆いた。

　貸し手が一人もいなかったため、結局、ユヌスがこの四二人に融資することになった。返せるようになったら返してくれればよい。利息もいらない、とだけ言って。

　彼は地元の銀行に出向き、他にも同じような境遇の人たちがいるから融資してやってほしい、と支店長に頼んだ。

「支店長は呆れ返っていました。『何て馬鹿なことを！　そんなの無理に決まっていますよ。貧乏人に金なんか貸せるわけがないでしょう。連中の信用はゼロなんだから。そんなことをしたら我々は職務規定違反になってしまいますよ』と」

　ユヌスは当時をそう振り返った。

「バングラデシュの人口の七五％は読み書きができない人たちで、融資の申請書も書けないし、それに担保だってないんだから」と支店長は続けた。「連中に借金を返すなんてことができるはずがない。危なっかしくて話にもならない」と。

仕方なしにユヌスは、もっと大きな地方銀行の支店長に頼みに行った。事情を説明し、半年にわたって手紙をやり取りし、挙句の果てに自ら保証人を買って出て、ようやく乗り気でない銀行から三〇〇ドルを引き出すことに成功した。彼はその金を貧しい人々に配った。

これはユヌスの人生にとって一つの転機になった。それは、バングラデシュの、ひいては世界中の貧しい人々の人生にとっても同じだった。

ユヌス自身、銀行業に従事するつもりは全くなく、業界のあちこちから辛辣な警告を受けた。だが、結局は自分が動いた。彼は他行が貸付事業をどのように組み立てているか調査した後、その全く逆を行う銀行を設立した。グラミン（「田舎」あるいは「村」という意味）銀行の誕生である。

他の銀行は金額を膨らませて返済を難しくし、融資期間をできるだけ長くしようとしていた。それに対してユヌスは、毎日わずかずつ返済する制度を採用した。互助グループを組織させ、借り手同士が互いに助け合って成功を目指すようなインセンティブを働かせた。さらに、バングラデシュの銀行が女性を融資対象から除外していた時代に、グラミン銀行の融資先の半分は女性が占めることを目標にした。

ユヌスは著書『ムハマド・ユヌス自伝　貧困なき世界をめざす銀行家』（早川書房）の中で、借りたお金（通常一二五ドル程度）を手に帰っていく、グラミン銀行初期の典型的な顧客の告白を次のように記している。

あたしは生まれた時からずっと、自分が役立たずだと思ってきました。あたしが生まれたことで、うちの親はもっとみじめな暮らしになっただけ。あたしは女だったけど、うちの家族は持参金なんか払えやしません。母さんが、おまえなんか生まれた時に殺しとけばよかったって言うのを、何度も聞きました。あたしは自分が金なんか借りられるような人間だと思えなかったし、借金を返せるとも思えませんでした。

大方の予想に反し、グラミン銀行の借り手の実に九八％がローンをきちんと返済している（ちなみに、従来の小口ローンの返済率は八八％だった）。

ムフィアという女性もそんな一人だった。一三歳で結婚した彼女は、夫が海に出て長く留守にしている間、義母からののしられ、ろくに食事も与えられなかった。戻った夫にも何度となく殴られ、結局、離婚して家を出た。それからは、三人の子どもたちを食べさせるため、通りで物乞いをしていた。だが、グラミン銀行から融資を受けたムフィアは、竹製品を販売する仕事を続けることができた。利益が出ると、服や調理器具、子どものために栄養のある食品を買い、尊厳ある生き方ができるようになったのだ。

またアミーナは、六人の子持ちだったが、そのうちの四人を亡くし、長患いの夫にも先立たれ、気がつけば貧困のどん底にいた。夫の両親は彼女を家から追い出そうとし、義理の兄弟は彼女が住んでいた家のブリキ屋根を売り飛ばした。屋根を失って泥壁がむき出しになった家はモンスーンの雨で崩れ落ち、まだ赤ん坊だった彼女の娘がその犠牲になった。だが、グラミン銀行から融資を受けた彼女は、竹を仕入れて籠をつくることで、自分と残った一人の子どもを支えることができるようになった。

貧困の改善に向けた取り組みをもっと広範囲に展開したい、という思いを強くしたユヌスは、一歩ずつ前進していった。学習し、試行錯誤しながら、この大テーマの実現に向けて努力を続けたのだ。彼は考え方を少しずつ発展させ、銀行業界にとどまらず、政府やその他の関連業界の人間を次々と自分のビジョンに巻き込んでいった。

ユヌスの指揮の下、グラミン銀行は活動範囲と影響力を拡大し続け、今日までに六〇億ドルを超える資金をバングラデシュの八〇〇万余の人々に融資してきた。その九七％が女性で占められている。

世界中のほとんどの国に広がるグラミンの姉妹銀行も、同様の基準で営業している。大きな成果を達成したユヌスは「マイクロクレジット（小額融資）」運動の創始者として広く認められ、この運動は世界的な現象になっている。国際連合は二〇〇五年を「国際小口金融年」とし、ムハマド・ユヌスとグラミン銀行は二〇〇六年、何千万もの人々を貧困から救った功績でノーベル平和賞を共同受賞した。ユヌスはさらに二〇〇九年、米国で民間人最高の名誉とされる大統領自由勲章にも輝いている。

信頼の危機

ムハマド・ユヌスの活動で特に興味深い点は、まさにその根底に信頼、それも「スマート・トラスト（賢明な信頼）」が存在していたことだ。これは、安定した職も、担保も、実証可能な信用履歴もない貧しい人たちであっても、そこに賢明な方策を組み込めば信頼に足る、と思った一人の男の物語なのである。「あの人たちは借りた金を賢く使い、貸した金を返してくれるはずだ」と彼は考えたのだ。ユヌスは次のように説明する。

借り手を信頼して初めて、グラミンは有効に機能すると我々は思っていました。我々の方式では取り締まりようがないことも、初日からわかっていました。法的手段に訴えてでも取り立てる、なんてことはしません。弁護士のような外部の人間を関与させることも。今の商業銀行は、借り手は皆、金を返さないという前提に立っているので、客を法的に縛りつけるわけです。弁護士たちは大事な書類を綿密に練り上げ、借り手が銀行の手の届かないところに逃げられないようにします。それに対してグラミンでは、借り手は皆、誠実な人だと思っているんです。貸し手と借り手の間で法的な文書など取り交わしません。この銀行は人間に対する信頼という基礎の上に築かれるべきだ、と我々は確信していました。契約書なんか紙切れで、意味はありません。それでは甘いと言われるかもしれませんが、我々の経験では不良債権は一％にも及びませんでした。それに、借り手が返済できなくなったとしても、それが悪意によるものだとは考えません。個人的な事情があって返済できなくなっているだけだ、と考えるんです。

それ以上に驚きなのは、ユヌスは自分が取り組んだことをすべて成し遂げつつ、信頼に対する強い信念を失わなかったことだ。以前から皮肉や不信が広く染みついたこの業界全体、いや文化全体の抵抗にもめげなかった。さらにユヌスは、信頼の不足が拡大し、まさに世界的に信頼が危機に直面している中で、信頼に対する自分の信念に執拗にこだわり続けた。

一方で、汚職、企業の不正、不祥事、政治犯罪などの報道には事欠かない。新聞紙上で、テレビのニュースで、我々の目をこの一〇年間奪い続けてきたのは、まさに、こうした「信頼の危機」なのだ。ユヌスがノーベル賞や大統領自由勲章を受章していた頃、世界では信頼の危機を象徴するような出来事が相次いでいた。

・米国でパルマラット社、エンロン社、タイコ社、ワールドコム社など、多数のグローバル企業が重大な不正行為に手を染めた。そして、企業改革法の成立を受け、二〇〇余の公開会社が最終的に財務諸表のつくり直しを余儀なくされた。
・中国で航空会社のパイロット二〇〇人ほどが、同国で近年最悪の飛行機墜落事故を起こした親会社との関係を隠そうと、自身の飛行記録を改竄した。
・サティヤム社のラマリンガ・ラジュ会長は、自身が「インド第四位のIT企業のバランスシート上で現金の額を一〇億ドル近く水増しし、自ら手配した資金で二億五三〇〇万ドルの負債を生じさせ、同社の二〇〇八年七〜九月四半期の売上高を七六％、利益を九七％過大表示した」ことを認めた。サティヤム社は「インド版エンロン」という不名誉な称号を授かり、アウトソーシング業界全体に衝撃が走った。

・米国で五名の教育者（校長、教頭および教師三名）が、五年生の標準テストの点数を不正に水増しして業績連動ボーナスをもらっていた容疑で捜査を受け、辞職に追い込まれた。

・証券ブローカーであり投資アドバイザーでもある米国人バーナード・マドフが、史上最大規模のマルチ商法で六五〇億ドル以上も詐取したことが明らかになり、出資者数千人が被害者となった。

・一六八年間タブロイド紙を発行してきた英国のある新聞社に、大掛かりな電話盗聴や警察への贈賄疑惑が浮上した。社員多数が芋づる式に捜査を受けて辞職や逮捕に追い込まれ、新聞は突然廃刊になった。

連日、こうした事件を報じる見出しやニュース記事が溢れている。世界の大部分の地域でまさに信頼が危機に瀕し、その状況が今も続いているのだ。そして、我々の社会、諸機関、政府、メディア、医療、組織、人間関係、さらには私生活にまで影を落とし、かつてないほど信頼が低下しているといっても過言ではない。ギャラップ社、エデルマン社、ハリス・インターアクティブ社による最近の信頼度調査では、次のような指摘がなされている。

・米国では、政府、企業、メディア、NGOに対する信頼が前年比で、また他の先進国と比べても大幅に低下しており、低信頼社会化の傾向が強まりつつある。
・二〇一〇年、米国でのメディアに対する信頼度は、ギャラップ社が一九七〇年代初めに調査を開始して以来、最低の水準にまで落ち込んだ。
・回答者のうち、企業の倫理観を信頼しているのは米国で四六％、英国で四四％に過ぎなかった。
・回答者のうち、政府の倫理観を信頼しているのは米国で四〇％、ドイツで三三％に過ぎなかった。
・医療機関の倫理観を信頼しているのは、米国人のわずか二八％だった。
・米国で働く社員の五三％は自分の上司が不誠実だと思っており、米国人の六九％は今日の社会の倫理的風潮に不満を感じている。

信頼の危機は、今日の諸機関に対するものにとどまらず、経済システムやグローバル社会のかなりの部分にまで広がっている。シカゴ大学経営大学院／ケロッグ経営大学院による二〇一一年五月の「四半期金融指標」によれば、金融システムを信頼しているのは米国人の二〇％に過ぎない。この率は、二〇〇九年の世界金融危機の最中に記録した史上最悪の水準をわずか一％上回るだけである。ワシントンDCの米国政府指導者たちが、信頼を鼓舞する赤字／債務対策で連携できなかった結果、二〇一一年には国家の信用格付けの引き下げという歴史的事態を招き、政治や経済のシステムに対する信頼の危機を一段と深刻なものにした。

同様に欧州連合の指導者たちも、拡大する債務危機を抑制できるのか、彼らの能力に対する不信感が増しつつある。

二〇一一年は政治不信の年になりそうだ。ヨーロッパのソブリン債務危機から日本政府の震災対応に至るまで、また中国の高速鉄道事故からワシントンでの債務限度額をめぐる対立に至るまで、世界中の人々が自国政府への信頼を失いかけている。

リチャード・エデルマン（エデルマン社 社長兼CEO）

さらに、不信は社会の隅々まで浸透している。たとえば社会学者たちは、各国における社会的信頼を調査する際、「一般的にいって、人は信頼できると思いますか？　それとも、他人との関係には大いに慎重であるべきと考えますか？」と質問する。「他者を信頼できる」という回答は、チリでは一三％、トルコでは二四％に過ぎなかった（この率が八〇％を超えているデンマークやスウェーデン、ノルウェーといった一部の高信頼社会とは大きな開きがある）。

世界が信頼の危機に瀕していることは、新聞記事や統計からしても明らかだ。この危機は、我々の経済的豊かさや生活の質と、どう関連してくるのだろうか。

信頼というのは、我々が吸ったり吐いたりする空気のようなものだ。それがあれば誰もその存在に気づかないが、それがなくなるとたんに気づくのである。

ウォーレン・バフェット

信頼の危機が及ぼす影響

信頼の危機が我々の社会に及ぼす影響について考えてみたいと思う。そして、これを測定するには、どんな方法があるだろうか。

私はこの二〇年間、世界中の人々や組織を相手に仕事をしてきたが、その過程で気づいたことは、信頼は常に、私生活や職場、社会における三つの側面に大きく影響するということだ。その三つの側面とは、繁栄と活力と幸福である。一つひとつ見ていこう。

信頼は繁栄に影響を及ぼす

今日の経済において、信頼が利益に直結するのは間違いのないところだ。言い換えれば、「高い信頼にはビジネス上のメリット」が存在し、しかも、それは実に魅力的である。企業の評判、他社と連携し合う能力、イノベーション能力、社員の意欲を引き出す能力、優秀な人材を惹きつけ、維持する能力、実行するスピード。こうした数多くの成功要因は、信頼と大きく関連している。

実際、信頼はグローバル経済の新たな通貨になっている。多くの人々が、取引を行うか否かを判断する際の基準として信頼を取り扱っているのだ。

たとえば、「二〇〇九年エデルマン・トラスト・バロメータ調査」によれば、信頼できない会社という理由で、そこからの製品やサービスの購入を拒否したことがある、という回答が全体の七七％を占めた。信頼していない会社のことを友人や同僚に悪く言ったことがある、という回答も七二％に上った。

逆に、高い信頼に基づく関係が存在する場合のメリットもまた明確である。信頼できる会社なら製品やサービスが多少高くてもかまわない、という回答が五五％、信頼の厚いブランドであれば同僚や友人にも推薦する、という回答が七六％を占めた。実際、顧客紹介は信頼が通貨として機能している典型的な例で、売り手から既存顧客へ、既存顧客から新たな見込み客へ、そしてまた売り手へと戻る「信頼の循環」が起きている。

ソーシャルメディアが発達した今日では、批判も推薦も、以前よりはるかに広範囲かつ急速に広まる。カナダのジンク・リサーチ社の創業者で、ソーシャルメディア事業を営むブライアン・シンは、「企業は、マージンばかりに目を奪われず、信頼の要素を重視したほうが、かえって収益性も向上する可能性がある」と指摘する。

信頼は我々の市場を機能させる潤滑油であり、まさに「世の中を回している」といえる。資本主義は基本的に、資本、貨幣の流動性、そして信頼という三つの要素の上に成り立っている。この三つはどれも欠かせないが、他の二つの価値が最も損なわれるのは、何といっても信頼が欠如しているときだ。企業の倫理・コンプライアンス管理をグローバルにサポートしているＬＲＮ社の創業者、ドヴ・サイドマンは次のように述べている。

世界の金融市場は二〇一〇年秋、崩壊の一歩手前まで行ったが、その一つの理由は、信頼の欠如にあった。グローバル経済の血液ともいえる信用の流れが、もう少しで止まるところだったのだ。大手銀行でさえ相互不信に陥り、お互いの貸し借りを拒否していた。信頼し合うのは当然のこと、と我々はずっと思ってきた。商売や取引では契約書が裏付けとなるが、相手を信頼できないまま署名する人がいるだろうか。社員、仕入れ先、顧客、ビジネス活動を行う地域社会との間に安定的な関係を築くには、信頼が不可欠だ。そして、信頼があってこそリスクを取る積極性が生まれ、それがイノベーションや進歩へとつながるのである。

サイドマンは競争優位について語る中で、次のように述べている。

誰がお互いの関係を最も信頼しているか、多くの人々はどこで働きたがっているか、それが重要だ。これが二一世紀の、いわば通貨になるだろう。

毎年、トランスペアレンシー・インターナショナル社が公開している「腐敗認識指数[*]（信頼性を表す指標ともいえる）」を、関係諸国の一人当たり国内総生産（GDP）と比較して見てみると、一国における信頼と繁栄の関係が見えてくる。一般的に、腐敗が深刻でない（より信頼できる）ように見える国ほど、経済の繁栄度が高い。逆に、腐敗が進んでいる（あまり信頼できない）と認められる国ほど、経済はあまり繁栄していないようだ。左ページのグラフが示すように、信

世界各国の信頼性と繁栄度の比較
腐敗認識指数および一人当たり国内総生産より

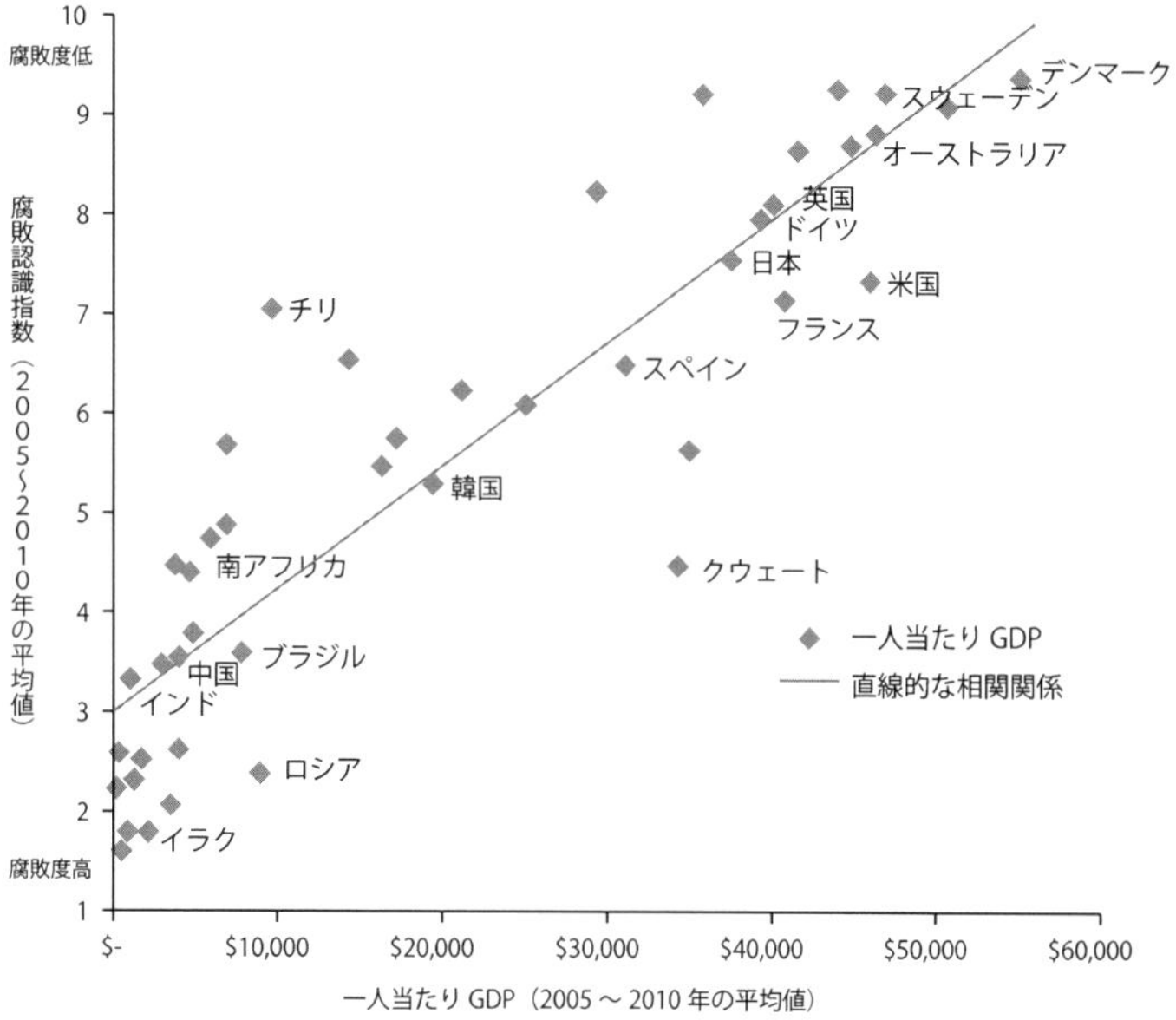

頼性と繁栄との間には明確な相関関係が存在するのである。

＊腐敗認識指数：公務員と政治家がどの程度腐敗していると認識されるかを基準に行われる、世界各国の「腐敗認識レベル」のランキング。二〇〇近い国々について実施されている。

信頼と繁栄の間にこうした直接的な関係があるのは、繁栄を構成する二つの主要素に対し、信頼が常に影響を及ぼすからである。その二つの要素とは、スピードとコストだ。個人間、チーム、組織、国家において、信頼が減少するとスピードが低下し、コストが上昇する。

なぜだろうか。信頼の欠如を補うため、いろいろな措置を講じる必要が生じるからだ。これはいわば税金のようなもので、「低信頼税」といえる。誤解や重複、やり直しが遅れを生じさせ、何をするにも時間が余計にかかり、そこに大きなコストが発生するのだ。

世界における経済的後進性の多くは相互信頼の不足に原因があるという主張は、あながち的外れでもない。

ケネス・アロー（ノーベル賞受賞経済学者）

この公式が正しいことは、先に不祥事発覚の例で挙げたサティヤム社を見れば明らかだろう。この会社は、スキャンダルが明るみに出たまさにその日に、時価総額が七八％も下落してしまった。エンロン社もそうだ。取り返しのつかないほどの信頼の喪失が会社の存続そのものを不可能にするとともに、企業会計を取り巻く環境の煩雑化と混乱を招いた。

信頼⬇＝スピード⬇コスト⬆

世界的な金融サービス会社、リーマン・ブラザーズの例もある。この会社はクライアントやパートナーのみならず、競合相手の信頼と信用を失った結果、倒産に追い込まれた。これが連鎖反応的に数兆ドル規模の損失を招き、世界金融危機の引き金となり、その影響が今なお尾を引いていることは、皆さんもご存じのことだろう。

信頼の低下が繁栄を損なう現象は、バーナード・マドフなど個人の生き方にも見てとれる。彼は何千という人々に詐欺行為を働き、彼の息子は父親の逮捕から二年目にあたる日に痛ましくも自ら命を絶った。

さまざまな業種の企業が不正の代償を支払わされ、その結果、大部分の組織において、規則や規制、方針、手続きなどが過剰になっている。ひょっとしたら、あなたの周囲のチームや会社にも同じことが起きているかもしれない。

それに対して、個人間、チーム、組織、国家における信頼が増加すると、すべてにおいてスピードが上昇し、コストが低下する。人々の意思疎通が迅速化し、連携やイノベーションが改善・強化され、ビジネスのスピードや効率も上がることになる。我々はこれを「高信頼配当」と呼んでいる。

信頼↑＝スピード↑コスト↓

この「信頼の経済学」は、市場では常日頃から実証されている。ワトソンワイアット社の調査によれば、信頼が確立している組織はそうでない組織よりも、株主への総リターン（株価＋配当）が二八六％も多い。『フォーチュン』誌の「最も働きがいのある（米国）企業一〇〇社」を対象にした類似の調査（評価基準の三分の二に信頼関連の基準を採用している）でも同様の結果が見られ、高信頼組織は一三年の調査期間（一九九八～二〇一〇年）にわたって市場パフォーマンスを二八八％上回っていた。

我々の手法は、二〇年に及ぶ調査で得た主要な結論に基づいている。それは、最高の職場であるための第一の条件は、経営者と一般社員とをつなぐ信頼であるということだ。

この現象が各国で認められることを示す調査はまだある。ポール・ザクとスティーブン・ナックという二人の経済学者が、二〇〇一年、四一カ国を対象に実施した調査は画期的だった。ある特定の国における信頼の水準と経済成長および投資との間には、明確かつ直接的な相関関係があることを突き止め、「投資と成長は信頼に比例して向上する」と結論づけたのだ。

信頼が取引コストを減少させるため……高信頼社会はそうでない社会よりも多くの成果を生み出す。

ポール・ザク／スティーブン・ナック（経済学者）

高い信頼には、パフォーマンスを幾何級数的に高めて繁栄の拡大（売り上げや利益の増加、経済効果や業績の向上）へと結びつける力がある。また、相互作用が持つ生産性や収益性を強化・増大させ、その結果として繁栄を増進させるような配当を生み出してくれる。それに反して低い信頼では、相互作用を抑制して繁栄を減退させるような、無駄な税金が発生する。

信頼と繁栄の間に存在する関係に対して、人々の認識は間違いなく高まっている。私がそれを痛感したのは、中国・天津で開かれた「世界経済フォーラム 二〇〇八年 夏季 ダボス会議」に参加したときだった。「世界の現状の改善を目指す」ために開催された、この名だたるフォーラムには、世界九〇カ国以上からビジネス界や政界の指導者一四〇〇名の他、選出された学者やジャーナリストが参加していた。その年は経済危機の最中だったことから、例年以上に有意義な成果が期待された。そのわずか二週間前にリーマン・ブラザーズ社が破綻し、マーケットは急落傾向にあった。その週末、米国はじめ世界各国の議会は緊急に会議を開き、あれこれ対策を話し合っていた。グローバル経済の相互依存性の実態があからさまに表面化するにつれ、全世界が深刻なパニックに陥ったことは、未だ記憶に生々しい。

フォーラムの閉会式で、翌年の世界経済の成長を脅かすと思われる最大の問題を予測し合うことになった。参加者が一〇〜一二名ずつ一〇〇ほどのテーブルに分かれ、テーブルごとに予想した問題のうち、上位七つを選んで全員が電子投票を行った。

非公式に行われたこの調査の結果は、大方の予想に反するものだった。諸々の問題が発生し、人々の眼前で市場がまさに破綻へと向かいつつあるというのに、世界経済が直面する諸問題のランキングで「世界金融危機」は第二位にとどまった。では、第一位は何か。「信頼の喪失」および「信用の喪失」だった。

金融危機をはじめ、今日の社会に存在する問題はいずれも、信頼と信用の危機によって深刻さを増している。これが、知識人であり思想リーダーである彼らの認識だったのである。

世界経済フォーラムの参加者たちの認識は正しかった、と思う。その週末、世界金融危機をテーマにしたＣＮＢＣ・アジアのテレビ討論会があり、我々も出席した。そこでも、彼らの結論と同じ主張が支持されたのだ。この討論会の出席者たちも、経済危機の根底に信頼の危機があるとの認識で一致したのだ。

政府による金融システムへの資本注入の拡大策、流動性の向上により金の流れを改善する施策などが話し合われた。しかし、そもそも信頼がなかったら、銀行間で、あるいは銀行から消費者へ、融資が行われることはない。貸しても戻ってこないという不信感から、金が流れないのだ。

つまり、高い信頼があれば、その大きなメリットとして繁栄が得られ、逆に低い信頼の下では繁栄が損なわれてしまうことが明らかになったのである。

信頼は活力に影響を及ぼす

信頼が著しい影響を与える側面の二つ目は、活力だ。ここでいう活力とは、肉体的および情緒的なエネルギーだけでなく、エンゲージメント、創造性、健康、福祉といった意味も含まれる。影響の大きさを実感するには、あまり信頼していない人と仕事や会話をするときのことを思い浮かべてみるとよい。その状況を表す言葉として適切なものを次ページの表の中から選んでほしい。

次に、強い信頼関係で結ばれている人を思い浮かべながら、そのリストをもう一度眺めてほしい。その人と仕事や会話をしたときの感覚を表す言葉はどれだろう。先ほどのあまり信頼で

ストレスがたまる	愉快
煩雑	気楽
疲れる	ワクワクする
困難	爽快
不快	生産的
イライラする	元気が出る
やる気が失せる	楽しい
生産的でない	率直
充実感がない	刺激的
苦痛	有益
リスクを伴う	安全
恐ろしい	自由
危険	解放的

きない人とのケースと何が違うのだろうか。

信頼の有無は、私生活、あるいは家族との関係、組織やその中のチームにおいて、あなたの活力にどう影響するだろうか。他者と組んで連携し合おうとするあなたの能力、あるいはあなたの組織の能力に対し、どんな影響を及ぼすだろうか。

職場のチームに対してこのエクササイズを行うと、その結果に参加者たちは唖然とする。強い信頼関係によって結ばれたチームが生み出す並外れた活力と、そうでないチームにおける心を擦り減らすような緊張。両者の間にあまりにも差がありすぎるからだ。どちらの場合でも、すさまじい波及効果を持ち、組織全体の活力や勢いをまるで変えてしまう。活力の中でも特に変化が大きいのは、**エンゲージメント**と**イノベーション**である。

エンゲージメント：組織において、信頼の有無がエンゲージメントに及ぼす影響が最も顕著に見られるのは社員である。エンゲージメントを促進する要因はいろいろあるが、特に強力なのが、部下の上司に対する信頼、社員の組織全体に対する信頼、である。

ダブリンシティ大学ビジネススクールが二〇〇八年に行った調査によれば、信頼とエンゲージメントは相互に補強し合って向上していく好循環をつくり出すという。要するに、組織内で自らの信頼が高まると、それにつれてエンゲージメントも増し、逆にエンゲージメントが増すと、結果として信頼も高まるというわけだ。

キャンベル・スープ社のダグ・コナントCEOは、信頼と活力やパフォーマンスの関連性を次のように説明している。

わが社には、キャンベル・リーダーシップ・モデルなるものがあり、我々の指針になっています。簡単にいえば、信頼を呼び起こすことが大切であり、ひとたび部下の信頼を勝ち取れば、何か素晴らしいことをやれるようになるということです。信頼があれば、部下に方向性を示し、全員の足並みをそろえさせ、仕事をやり遂げる活力を与えることができるのです。信頼が卓越した実行力と並外れた成果を生み出すのです。卓越した実行力を発揮し、自分の約束を実現していくにつれて、信頼を呼び起こすのが容易になり、安定したパフォーマンスを生み出せるようになるわけです。

イノベーション：信頼は、シナジー（一＋一が三以上になる）や創造性という点でもプラスに作用し、これがイノベーションの促進にも効力を持つ。

イノベーションの原動力とは何だろうか。イノベーションとは、異なる意見の健全な衝突から生まれる。心理学者カール・ユングは次のように述べている。

「差異が大きければ大きいほど、そこに秘められた可能性も大きくなる。素晴らしい活力は、相対立するものの間に存在する強い緊張からのみ生まれる」

では、信頼がなかったらどうなるだろう。意見の対立は必ずしもプラスのシナジーを生まず、むしろ逆方向に作用するはずだ（一＋一＝一・五またはそれ以下）。要するに、人々が互いに信頼し合っているときは、互いの差異がシナジーを生んで団結力につながり、お互いを信頼できないときには不和を生むのである。

イノベーションは、高い信頼の下で活発化し、信頼が低い環境では勢いが弱まる。このことはデータでも実証済みだ。

『フィナンシャル・タイムズ』紙が挙げた上位一〇〇〇企業のうち、上位二割と下位二割の企業について、イノベーションとパフォーマンスの比較検討を行ったところ、ある英国の調査で、「最大の差別要因」は信頼であることが明らかになった。「イノベーションに成功している企業に見られる、単一かつ最も重要な特徴は、人々を結ぶ信頼がアイデアの自由な交換を可能にしている点にあった」と、レポートは指摘している。

信頼の存在は人間の精神を解き放つ。そこに表れるのは、防御的で冷笑的で不誠実な精神ではなく、創造的で寛容で誠実な精神である。

トム・ヘイズ（『Jump Point』著者）

イノベーションのエキスパートであるロバート・ポーター・リンチは、イノベーションのプロセスと信頼の役割について次のように説明している。

イノベーションというのはいずれも、考え方の異なる人々から生まれるものです。すなわち、一つの見解が別の見解と触れあうところに、何か新しいものが生み出されるのです……。ただし、二つの異なる見解が自動的に新しいものを創造するわけではありません。それに、違いが破壊へと通じるケースもよくあります。共和党と民主党、昔ながらの手法と新しい独自の手法や直接的手段のようにね。ですから、対立するもの同士の接触が持つ創造的側面をどうしたら拡大できるか、それが腕の見せどころになります。そして、その答えは信頼です。信頼し合っている環境にこうした緊張が存在するとき、人々の創造力がうまく絡み合って全員のイノベーション能力が向上します。つまり、信頼が人々の活力を効果的に結びつける働きをするのです。こうした活力の結集はシナジーともいわれ、組織や個人間でこれを活用できているところはそうはないでしょう。

低信頼社会でイノベーションを持続させるのは至難の業である。

トーマス・フリードマン（ピューリッツァー賞受賞ジャーナリスト）

信頼が活力に及ぼす影響は、ここまで見てきたエンゲージメントとイノベーションの他に、健康や福祉といった側面にも表れる。この分野の社会的指標は数々あるが、広く受け入れられているものの一つに平均余命がある。寿命と信頼の間に相関関係があることは、多くのデータによって裏付けられている。簡単にいえば、他者を信頼できる人は長生きし、不信が募っている人は早死にする傾向にあるということだ。たとえば、女性九万七〇〇〇人を対象にした調査で、ひねくれた性格で他人をほとんど信頼しない人は、そうでない人に比べ、死亡リスクが一六％高いことが判明した。

ロバート・パットナムは名著『孤独なボウリング：米国コミュニティの崩壊と再生』（柏書房）の中で、人を信頼している人たちは長生きするだけでなく、より健康でもあると書いている。国民への福祉をその国の信頼レベルと比較した調査結果を見ても、この両者の間に明確な関係が存在することがうかがえる。

一国の福祉と競争力は、広く見られる単一の文化的特徴によって決まる。その特徴とは、その社会に固有の信頼レベルである。

フランシス・フクヤマ（スタンフォード大学社 上級研究員）

信頼は幸福に影響を及ぼす

ここでいう「幸福（ＪＯＹ）」とは要するに、喜び、愉快、満足、そして心理学者マーティン・セリグマン博士のいう「快活」という意味である。世界中の多くの人々にとって、幸福は人生の最大の目標だろう。

世界中の組織やチームと仕事をする中で気づいたことだが、職場の信頼関係について説明する人たちは、必ずしも「幸福」という言葉を使うわけではない。だが、彼らの表情から幸福感の存在、または欠如を見てとれる。

低信頼関係について話すとき、彼らの表情には、緊張や悲しみ、苦痛、時には恐怖までもが表れる。それに対し、高信頼関係について話すときは、目が光り輝き、口元には笑みがこぼれ、生気に溢れている。そして、話題の中心が自然に「幸福をもたらす好ましい成果について」になっていく。

楽しむこと、それがヴァージン・グループ成功の最大の秘訣である。

リチャード・ブランソン（ヴァージン・グループＣＥＯ）

国家の単位で見ても、国民の幸福を目標として掲げ、追求する傾向が拡大しつつある。このことは、経済生産高しか測定しない国内総生産（ＧＤＰ）一点張りの姿勢から、幸福や福祉に対する評価も含め、より全体的に捉えていこうとする最近のトレンドとも合致する。いわば、国家版「バランスト・スコアカード」といったところだろうか。

こうした社会的側面を評価する試みとしては、一九七〇年代にブータン国王が提唱した「国民総幸福量（GNH）」の他、「より良い暮らし指標」や国連の「人間開発指数」などの手法がある。BBCが英国で実施したある調査では、政府の政策は経済的富裕度よりも人間としての幸福度に焦点を合わせるべき、という考えの人が人口の八一％に達していたという。

社会の幸福こそが政治が目指すべき目標である。

ジョン・アダムズ（米国第二代大統領）

カナダの経済学者ポール・ヘリウェルは、幸福に寄与する最大の要因は、収入や健康よりも信頼関係だと主張する。また、ショーン・エイカーは著書『幸福優位7つの法則』（徳間書店）の中で、「社会的関係は、福祉／幸福を高め、ストレスを軽減する何よりの保証であり、うつ病対策であると同時に、高いパフォーマンスを生み出す処方箋にもなる」と述べている。さらに、一九三〇年代末にハーバード大学に入学した学生二六八人を対象に、現在までの人生を追跡調査した結果わかったことは、「最も幸福な上位一〇％に共通する特徴が一つ、いや、たった一つだけあった。それは、社会的関係という強みである」だったという。

強固で長続きする関係の根底には信頼が存在するのに対し、芳しくない関係の特徴はまさに「信頼の欠如」なのである。ポール・J・ザクとアフラム・ファクハーは独自の調査をもとに、「収

世界各国の信頼性と幸福度の比較

世界価値観調査による信頼性とギャラップ調査による幸福度

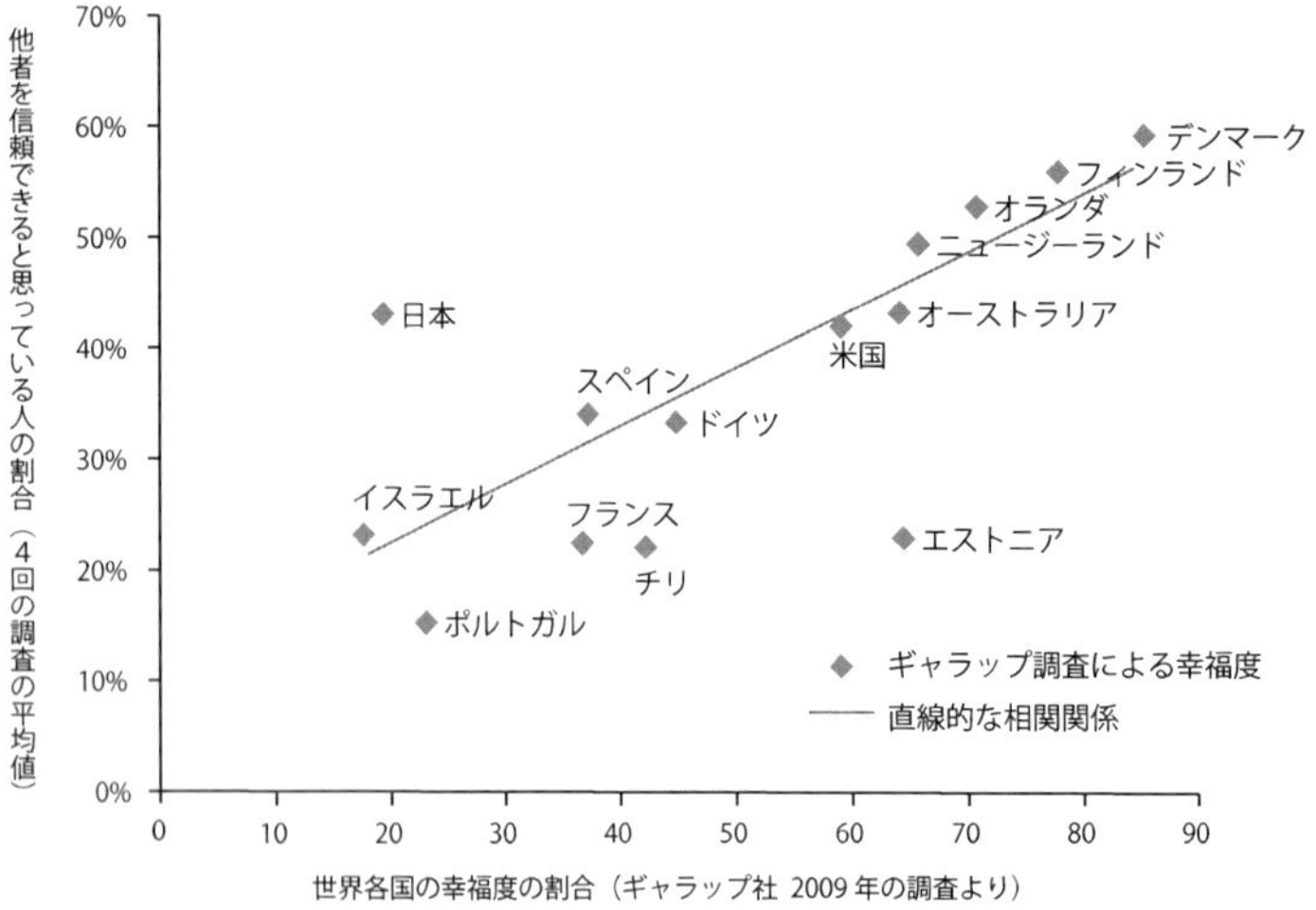

入の増加と幸福度の増加の関係性は極めて弱いが、神経科学的見地から、幸福と信頼の間には相関関係が存在するといえる」と結論づけている。

この世に唯一存在する、有意義かつ持続的な関係は、お互いに信頼し合える関係である。

サミュエル・スマイルズ
（スコットランドの著述家／改革運動家）

興味深いことに、地球上で最も幸福な国といわれるデンマークは、信頼が最も高い国でもある。上のグラフに示した国々について、幸福度と信頼レベルの関係を見てほしい。

信頼は、組織やチーム内での幸福にも大きく影響する。これは、社員の満足度や、企業が人材を惹きつけ続けるパワーに表れる。「二〇〇八年ヘリウェル・ホアン調査」では、組織内の信頼が一〇％増した場合、三六％の報酬増と並んで、同程度の社員満足度を引き出す、という注目すべき結果が出ている。

要するに、信頼は経済の繁栄レベルに影響を与え、同様に活力や幸福の質をも変化させる。これを整理すると、上のようなシンプルかつ明確な公式になる。

信頼↓＝ 繁栄↓活力↓幸福↓

信頼↑＝ 繁栄↑活力↑幸福↑

> 互いに信頼し合えることが人類にもたらす利点は、人の生活のありとあらゆる側面に及ぶ。経済的利点はその中で比率的に最も小さいが、それでもその効果は計り知れないものがある。
>
> ジョン・スチュアート・ミル（英国の哲学者／経済学者）

信頼は有効な原則

信頼は、生活の質を支配する基本的かつ永遠の原則である。我々が私生活や職場で経験する繁栄や活力、幸福のレベルは、信頼の有無によって大きく左右される。個人的な関係に限らず、組織やチーム、社会、業界、さらには国家においても同じである。信頼は、我々に能力と権限をもたらす触媒であり、強固な文明社会のあらゆる部分を紡ぎ合わせる役目をする。だが、我々の多くは、信頼の効果にも、自分たちが信頼に依存していることにも、実際に信頼を失うまでは気づきもしない。

信頼の破壊は、テロがもたらす大規模かつ物理的な破壊をしのぐ被害を我々に与える。普段、何げなく行っていた日常の行為さえ、突然怖くなり、実行できなくなってしまうのだ。

以前、ワシントンD.C.一帯が数カ月間にわたって銃撃テロの標的にされたことがあった。その間、この地域は、生活に必要な最小限の機能を残してほぼ全面的に閉鎖された。人々の間で不安と不信が大きく膨れ上がり、高校のフットボール試合の観戦や文化行事への参加など、「必須でない」行動を人々はこぞって自粛した。

無差別テロの恐怖にさらされるとき、開放的な社会ほど信頼の喪失が大きく、周囲に壁や堀を巡らして閉鎖性を強めるものである。トーマス・フリードマン（ピューリッツァー賞受賞ジャーナリスト）

信頼がいかに不可欠であるかを理解するには、信頼のない世界がどういうものか想像してみるとよい。道路を走る他のドライバーたちの人格や能力を信頼できないまま車を運転するとしたらどうだろう。パイロットの技能や整備の確かさを信頼しないで飛行機に乗るとしたら。医師や医療スタッフが訓練を受け、適切な資格を取得していると信頼できない病院に入院して手術を受けるとしたら。自分を愛し、大切に思ってくれているという信頼を持てない相手と結婚するとしたら。

信頼は明らかに原則である。意識するかしないかにかかわらず、我々は信頼の存在が世界の意義を高め、人間関係の価値を深めてくれると思い込んでいる。だからこそ、信頼を裏切られたときのショックは計り知れないのだ。

信頼の危機の最中に起きつつある「信頼の再生」

救いは、こうした信頼の希薄な世界にも「変わり者」がいてくれるということだ。ムハマド・ユヌスのように、信頼をまさに再生させようと頑張っている個人、リーダー、企業、業界、国家が存在し、繁栄、活力、幸福の恩恵を享受し、それを世界中に広めようとしていることだ。

そして、それこそが、本書でいう「大いなるパラドックス」なのである。私がこれを「再生」と呼ぶのは、新しい一時的な流行や手法とは異なるからだ。いつの時代にも人々に豊かな配当をもたらしてきた「普遍の原則」の根本的な再生あるいは再発見。一四世紀のヨーロッパで始まり、社会や人類全体の意識を高めた「ルネサンス（再生）」と相通ずるものがあると思う。

一〇世紀頃の中東のマグリビ商人について考えてみよう。当時、バグダッドで活動していた多くの商人が、社会・政治状況の混迷を逃れてマグレブ（南のアトラス山脈と北の地中海に挟まれたアフリカ大陸の一地域）へと移住した。地中海の沿岸一帯に広がる豊富なビジネスチャンスに魅力を感じていた彼らは、こうした機会が政治的混乱によって損なわれることのないよう、政府の干渉を排除した交易システムを確立した。このシステムの土台になっていたものこそ、信頼だった。トム・ヘイズは著書『Jump Point』で次のように説明している。

この交易システムに参加するメリットは大きく、取引連合にとどまる利点は極めて明白だった。このシステムで注目すべきは、広い地域と文化にまたがっていながら、基本的には握手でもって契約が決まるという点だった（握手はそもそも、短剣を隠し持っていないことを相手に示す信頼の表現だった）。

ファーティマ朝の判事たちによる、腐敗や不公平が横行する裁判は論外としても、商取引上の紛争で法的手段に訴えればコストや時間がかかった。これらを嫌ったマグリビ商人たちが国家権力を排除した独自の司法制度を構築し、これが実にうまく機能した。パフォーマンスとコンプライアンスを保証すべく、詐欺やペテンを働く者は直ちに吊し上げを食い、村八分にされた。つまり、そういう人間は投票で島から追放されたわけだ。公衆の面前での制裁や村八分の恐怖が、並外れた自己強制的なメカニズムを機能させた。

法的手段よりも信頼を優先し、それに社会的制裁を組み合わせることで、マグリビ商人たちは地中海貿易による成果を数世紀にわたって享受し得たのである。

信頼が危機に瀕している今の時代でさえ、「現代版マグリビ商人」は数多く存在する。彼らは、信頼こそが繁栄と活力と幸福をもたらす、よりよい生き方であり、経営法であることを実証している現代のリーダーといえるだろう。

インド最大クラスのＩＴサービス会社、ウィプロ社のアジム・プレムジ会長がその一人だ。彼が行動の指針としている信頼構築の理念が表れた事例を見てみよう。

プレムジはある朝、ウィプロ社のマネージャー全員にメッセージを送った。「今日の晩に会議を行いたいから、今から空路バングラドールに飛ぶ」という内容だった。部下たちにあまり時間を割かせたくはないが、問題の重要性からして、直接会って話をする必要があると考えたからだ。

プレムジはその会議の席上、「あるゼネラルマネージャーが出張経費の水増しを行ったため、退職してもらうことになった」と報告した。これまで組織に大いに貢献してきた実績の持ち主である上に、ごまかした金額も大きくはなかったが、けじめの問題だった。退職をめぐって噂が飛び交うのを防ぐとともに、彼を過小評価する言動に対しては、やはり迅速かつ適切に対処することをはっきり示すため、事情を自ら説明しにやって来た、とプレムジは述べた。

もう一つ、別の例を紹介しよう。

政府の予算案提出が行われようとしていたちょうどその頃、ウィプロ社にとって重要な荷物がムンバイ港の税関で差し止められていた。予算案が提出されれば関税率は引き上げられる、というのが大方の見方で、そうすればウィプロ社の支出が増えることになる。税関の検査官たちはこの状況につけ込み、謝礼をちょっと払えば速く通関を通してやる、とウィプロ社に話を持ちかけてきた。

不正処理になるため、問題を一番上の会長まで上げる必要があった。プレムジは答えた。「わが社の輸入品の通関手続きを速くやってほしいと、毎日、検査官のところに頼みに行きなさい。ただし、一ルピーたりとも払ってはならない。そして、思ったようにならなくても、がっかりするには及ばない。最終的に高い関税を支払うことになっても、決して気にすることはない。支払えばいいんだ。だから、ちゃんとした方法で通関できるよう、真面目に努力しなさい」

プレムジのこうした信頼に値する行動は、人々の心に信頼感を芽生えさせた。その結果、彼は『タイム』誌の「世界で最も影響力のある一〇〇人」に選ばれ、『フィナンシャル・タイムズ』紙の「人々の生き方・働き方・考え方を劇的に変え、重要かつ永久的な社会・政治・文化的変革の実現に最も貢献した」世界の二五人にも名を連ねている。

あなたが成功したとしても、それが自分の良心に背いて手に入れたものであれば、その果実は誰にも享受されることはない……人はあなたの言葉に耳を傾けるかもしれないが、人が信じるのはあなたの行動なのだ。価値観というのは結局、信頼である。行動でもって実践しなければ何の意味も持たない。

アジム・プレムジ

もう一人の現代版マグリビ商人は、ザッポス社のトニー・シェイCEOだ。彼は一九九六年、大学卒業直後にキャリアをスタートさせ、ルームメイトとリンクエクスチェンジという会社を立ち上げた。その二年後、二人はその会社を二億六五〇〇万ドルでマイクロソフト社に売却した。なぜ手放したのだろうか。シェイによれば、会社の文化に問題が生じたからだという。

「五人か一〇人くらいでやっていた頃は、皆、本当に意欲に満ち溢れていて、日夜ぶっ通しで働き、眠るのは机の下、曜日もわからないような状態でした」

ところが、社員数が一〇〇人に達する頃には、「朝ベッドから出るのが怖くなり、目覚まし時計のスヌーズボタンを何度も何度も押すようになりました」と、彼は説明した。

それで、シェイがザッポス社のアドバイザーになり、出資者になり、最終的にCEOになったとき、彼が何よりも重視したのは、繁栄だけでなく、活力や幸福も組み込んだ社風を創造することだった。

そうした努力を重ねながら、彼はほとんど売り上げゼロの会社を年商一〇億ドル超の会社へと成長させ、ザッポス社は『フォーチュン』誌の米国企業を対象にした「最も働きがいのある企業一〇〇社」の一つに選ばれるまでになった。

ここ数十年で最悪といわれる経済情勢の最中、彼はそれをどうやって成し遂げたのだろうか。その手法は、社員や顧客たちを信頼することだった。

ザッポス社の文化は、まさに信頼の典型といえる。彼は著書『ザッポス伝説』（ダイヤモンド社）の中で次のように説明している。

「我々にはマニュアルがありません。どんな顧客に対応する際も、ザッポスの社員は常に最善の判断をしてくれると信じているからです」

大部分のコールセンターとは違って通話時間の追跡は行われず、オペレーターたちは顧客が満足するまでいくらでも時間をかけてよいと言われている。

「あなたの会社のカスタマー・サービス担当者に権限を与え、信頼することです。社員は素晴らしいサービスを提供したいと願っていると信じましょう。なぜなら、彼らはそのようなことをしたいと心底望んでいるからです。スーパーバイザーまで問題を上げることは、極力避けるようにすべきです」

ザッポス社の信頼は顧客にも向けられている。顧客は欲しいと思う靴を何足でも注文して試し履きし、気に入らなければ返品できるのだ。送料は往復無料で、返品は三六五日間認められる。

さらに、この会社は一貫して信頼を呼び起こすような行動をとっている。

たとえば二〇一〇年五月、ザッポス社の姉妹サイト、6pm.comを通じて販売される全品目が、価格設定のミスで六時間にわたり、最高四九・九五ドルという値段で売られるというトラブルが発生した。普段、このサイトには何千ドルという高価な商品も含まれており、この六時間の販売はザッポス社に莫大な損失をもたらした。にもかかわらず、ザッポス社は広告の価格のままで通したのである。

お客様にとりましてはまたとないお買い物になったことと存じますが、多数の商品を不注意にも原価をはるかに下回る価格で販売した弊社にとりましては、一六〇万ドル余の損失となりました。しかし、このたびのトラブルは当方のミスです。弊社といたしましては、この時間帯に6pm.com上で実行されたお取引すべてを尊重させていただく所存です。日頃ご愛顧いただいておりますお客様にご迷惑をおかけしましたことを心よりお詫び申し上げ、これからも当サイトをご利用いただけますよう願っております。6pm.comは、ご満足いただける商品をお手頃な価格で提供することをお約束します。

シェイとザッポス社の事例で最も感銘を受ける点は、不景気の中で達成した成果である、ということだ。素晴らしいのは財務成績だけではない。ザッポス社が生み出した成果の中でシェイにとって何にも増して大切なものは、活力と幸福に関係するものだった。事実、この会社の最大の特徴は、社員、顧客、取引先企業に幸福をもたらすという点にある。「ザッポスは世界中の人々に幸福を送り届けることを旨とする」彼らのこのビジョンと目的は明確であり、ひときわ異彩を放っている。

人生における大きな喜びは、正当な信頼を受けることである。

チャーリー・マンガー

現代版ルネサンスともいうべき信頼の「再生」が今、世界中で勢いを得つつある。その波及効果を生み出している組織やチームはまさに何千と存在し、ウィプロ社とザッポス社はその中の二社に過ぎない。

デンマークを拠点とするレゴ社も、顧客を信頼している企業の一つだ。レゴブロックのキットを使って「独自の方法」で制作、デザイン、組み立てができるようなツールを提供しているのだ。「レゴ」ブランドは会社のものであると同時に、消費者のものでもある。レゴ社はそう考えている。

アマゾン社は、どこにも負けないオンライン・ショッピング経験を提供することで、顧客との間に信頼関係を築いている。そこには各種再販業者に対するアフィリエイトや仲買人の機能も含まれ、あらゆる選択肢を消費者に提供するためであれば、時には値下げも厭わない。アマゾンの創業者、ジェフ・ベゾスは次のように説明する。

「優れた経験を提供すれば、顧客の間で話題になります。口コミは実に強力ですよ」

ガイシンガー・ヘルス・システムは、「保証つき手術」を通じて患者との信頼関係を深めている。術前・術後、および九〇日間にわたるフォローアップ治療も含む心臓バイパス手術を定額料金で提供し始めてから、ほとんどの分野で大きな成果が見られたという。

スウェーデンのマックス・ハンバーガー・レストランは、顧客が環境への影響も考慮した商品選びができるようにと、メニューの品目すべてについて炭素排出量の合計値を公表している。こういった透明性の高い経営姿勢と最高に美味しいサンドイッチが強力なロイヤリティを生み、同社はこの業界で九年連続顧客満足度ナンバーワンの称号を得ている。

こうした顧客との信頼構築にとどまらず、高い信頼に支えられた文化を築くべく、何千という組織やチームが力を注いでいる。インドを拠点とするタタ・グループもその一つで、「信頼に裏打ちされたリーダーシップ」というモットーの下、社員四〇万人のために高信頼文化を創造している。その姿勢は「わが社が奉仕する地域社会において生活の質的向上を図る」というこの会社の目標、行動規範、慈善活動にもよく表れている。

ＩＢＭは二〇〇三年、イントラネット上で「バリューズ・ジャム（価値観共有セッション）」を三日間にわたって開催し、世界中に展開する社員三一万九〇〇〇人全員を参加させた。会社が目指す価値観の再生に向け、彼らの信頼を呼び起こすことが目的だった。そこで社員たちが選択した三つの価値観のうちの一つは、「あらゆる関係において信頼と個人の責任を確立する」だった。現在はその信頼を体現した形で、社員の大多数が希望する「在宅勤務を含む柔軟な労働形態」が導入されており、生産性と忠誠心の強化につながっている。

ゼネラルミルズ社は、徹底したＣＳＲ（企業の社会的責任）活動や「命を育む」コミットメントなど、持続可能性に対するコミットメントを通じて社員の信頼を獲得している。こうした信頼の結果、ケン・パウエルＣＥＯは二〇一〇年、社員の支持率一〇〇％を記録した。彼はおそらく、米国で最も人気の高い経営者といえるだろう。

カナダでビルサービス業を営むダルトン・カンパニーは、「構築のための代替的アプローチ」によって社員の信頼を獲得している。まずは社員との信頼関係を強化し、それを取引先にまで拡大し、最終的に建設業界全体の信頼回復を促進するというものだ。

シアトルのヴァージニア・メイソン・メディカル・センターでは、スタッフの信頼を呼び起こすために「医師協定（Physician's Compact）」を利用している。病院と医師の関係は希薄で、敵対的なケースも多々見られるが、これを明確な期待と相互説明責任に基づく高信頼関係に変えていこうという取り決めだ。その結果、高い信頼を土台にした文化が生まれ、それがさらに地域社会にまで波及しているという。

さらに各国の政府や社会も、こうした信頼の再生の輪に加わりつつある。インドネシアの検事当局は、この国にはびこる汚職撲滅のキャンペーンの一環として、「自己申告制カフェ」という試みを、まず局内でスタートさせた。これは飲食代金を各自がプラスチック製のケースに勝手に入れるスタイルのカフェで、自分が払うべきものは自分で払う、という責任感を職員たちに植えつける狙いがあった。

『ニューヨーク・タイムズ』紙のある記事は、「この種のカフェが意図するところは、自分が払うべきものは自分で払う責任を客自身に委ねることで、自分の正直さについて人々に絶えず意識させ、自信のない人には罪の意識を持たせることだ」と解説している。本書の執筆時点において、この方式は成功と見なされており、現在ではインドネシア二三州、七〇〇〇余カ所で、同スタイルのカフェが運営されている。

前出の「腐敗認識指数」が一九九五年に初めて発表されたとき、インドネシアは調査対象国の中で最下位（すなわち、最も信頼性が低い）だったが、二〇一〇年には一七八カ国中一一〇位まで順位を上げた。また、この自己申告制カフェは、スシロ・ユドヨノ（この国で初めて国民投票で選ばれた大統領で、大規模な腐敗防止キャンペーンの一環としてこの運動を支持した）の人気上昇にも一役買ったようだ。

信頼、そして社会的責任に対する意識の芽生え

「企業の社会的責任」、人・環境・利益の「トリプルボトムライン」といった考え方が、個人や組織に受け入れられつつあるのも、信頼の再生に向けた動きの一つといえる。要するに、高い信頼から生まれる繁栄、活力、幸福という成果は、組織や業界が株主だけに目を向けず、すべての利害関係者に利益をもたらすように行動して初めて持続可能になるということだ。

こうした変化を支持している、傑出した人物がいる。ペプシコ社のインドラ・ヌーイＣＥＯだ。彼女が率いるペプシコ社は「目的意識を持ったパフォーマンス」宣言に基づき、「人々とこの地球のために、より健康な未来への投資を通じて持続可能な成長を実現する」ことを目指している。利益一点張りの姿勢から環境や人間との調和を重視する考え方への転換は、その他の多くの企業、さらには業界も巻き込みながら、すべての利害関係者にとっての繁栄、活力、幸福の増大という成果を生み出している。

個人や企業がビジネスを営むことで地球に負担をかければ、必ずやその報いを受ける、という意識が世界中に広がりつつある今日、こうした変化はまさに「大転換」であり、これなくして今や成功はあり得ない。信頼と、それによってもたらされる恩恵は、社会的責任を絶えず行動で示している人々や組織のものになりつつある。

企業に営業許可を与えるのは社会である。したがって、社会に配慮することは企業の義務とい

える。目先の成果を追い求めるだけでは十分とはいえない。目的に即した成果でなければならない。そうでないと、その成果も消えてしまうのだ……社会が繁栄して初めて、その中で活動する企業の持続的繁栄が可能になるのである。

インドラ・ヌーイ（ペプシコ社 会長兼CEO）

「株主重視から利害関係者重視へ、という考え方は、社会の他の面にも広がりを見せている。たとえば、マイクロクレジットでノーベル賞に輝いた前出のムハマド・ユヌスは、多国籍「社会事業」も立ち上げている。この種の事業としては世界で初めて、ある意図の下に構築されたもので、社会問題への貢献を目的としていた。出資者への還元はなく、利益はすべて企業に戻して製品やサービスの向上、販路の拡大に費やすという事業だった。

二〇〇五年一〇月、この構想はフランスで具体化する。米国でダノン・ヨーグルトを製造販売し、世界規模ではその他の製品も手掛けていたダノン・グループのフランク・リブー会長兼CEOは、ユヌスの活動を耳にして、詳しい話を聞くため彼を昼食に招いた。自分の食品会社が貧しい人々に食糧を提供する活動にどう寄与できるか、ユヌスの考えを聞きたかったのだ。

そこで、グラミンとダノンで合弁事業を立ち上げ、バングラデシュの子どもたちに健康的な食糧を提供して彼らの食生活を改善したい、とユヌスが述べると、リブーは立ち上がって手を差し出した。そして、ユヌスの手を握りながら、「やりましょう」と言った。リブーがあまりにもあっさり返事をしたので、もしかしたら真意が伝わらなかったかもしれないとユヌスは思い、もう一度ていねいに内容を繰り返した。

「わかりました」と、リブーは答えた。
「私が握手をしたのは、グラミン銀行では借り手との信頼関係が土台になっている、とあなたから伺ったからですよ。法的な書類なんかじゃなくて、握手でもって融資を決める、とね。それで、私もあなたの流儀に倣ったんです。我々は握手をしましたよね。ですから、少なくとも私としては、取引成立です」

自分の話をリブーは誤解しているのでは、とまだ心配だったユヌスは、これは「社会事業」だとさらに説明を続けた。会社が赤字にならない程度の値段で製品を販売し、「世の中にさらに貢献する」ために利益は事業に還元する。したがって、出資者に配当は支払われない、と。またもやリブーは直ちに了解して握手をし、「やりましょう、それを」と言った。

二〇〇六年、グラミン・ダノン社はバングラデシュのボグラに最初の工場を建設し、現在では一、六〇〇余の店舗を結ぶ流通網を確立するに至った。企業としても二〇一〇年、財政的な軌道に乗った。何百もの雇用を創出しつつ、バングラデシュの栄養不良の子どもたちに安価で栄養価の高い食品を提供するなど、社会的目標を達成しつつある。

マイクロソフト社および世界最大の個人的民間財団であるゲイツ財団の共同創業者、ビル・ゲイツは、「創造的資本主義」の視点から利害関係者重視の実現に取り組んでいる。ゲイツは二〇〇七年度のハーバード大学卒業生を前に、次のようなスピーチをしている。

創造的資本主義をもっと発展させることができたら、つまり、もっと多くの人々が利益を上げられるように、あるいは少なくとも生計を立てられるように市場の力の及ぶ範囲を拡大して、ひどい不公平に苦しむ人々に奉仕できたら、我々は市場の力をもっと貧困者のために活用することができます。また、世界各国の政府に税金の使い方を改善するよう圧力をかけ、納税者の価値観がもっと反映されるようにすることも可能でしょう。

企業が利益を上げ、政治家が票を獲得でき、なおかつ貧困者のニーズを満たし得るような施策を考え出すことができたら、世界に存在する不公平は着実に改善されていくものと確信します。ただし、これは簡単な仕事ではありません。すぐに成果が出るものではないのです。でも、こうした問題に解決策を見つけるべく意識を持って努力していくことで、世界はきっと変わるはずです。

こうした変化については、コロンビア大学のジェフリー・サックス教授の『貧困の終焉』（早川書房）、ミシガン大学のC・K・プラハラード教授の『ネクスト・マーケット』（英治出版）など、多くの思想的指導者の著者においても取り上げられている。プラハラードはこの動きを、一つの社会運動というだけでなく、社会貢献を志す人々にとっての大きな経済的機会と捉えている。プラハラードの著書のサブタイトルは「Eradicating Poverty Through Profits（利益で貧困を根絶する）」となっており、社会的利益と経済的利益の一致を示唆するものであり、そこにこそ、真に高い信頼に基づく第三のアプローチが生まれるのである。

要は、多くの個人や企業が社会や地球に対する責任の重さへの認識を深め、その認識に基づいて信頼を呼び起こすような行動をとりつつあるということだ。そして、そのように行動する企業は、すべての利害関係者に繁栄と活力、幸福をもたらす。

こうした変化を見るにつけ、私は一九八〇年代にコヴィー・リーダーシップ・センターで作成にかかわった「ミッション・ステートメント」を思い出す。「すべての利害関係者の経済的豊かさと生活の質を高めること」という短いものだったが、株主だけを重視する姿勢から、すべての利害関係者に目を向けた、より広い視点への移行、そして、金銭的利益（繁栄）にとどまらず、豊かさと生活の質（活力と幸福）も勘案する考え方への移行を目指す、我々の初期の試みであった。

企業活動を展開する社会の信頼が得られなければ、長期的に持続可能なビジネスモデルを構築することは不可能である。

アンドリュー・ウィッティー（グラクソ・スミスクライン社ＣＥＯ）

たった一人でも成果は上げられる

本章で示したいくつかの実例が如実に語っているように、これまで述べてきた「大いなるパラドックス」はまさに現実なのだ。信頼が重大な危機に瀕している最中にあっても、信頼の再生は間違いなく存在しているのである。

バーナード・マドフの時代には、ムハマド・ユヌスがいた。エンロン社のケネス・レイおよびジェフ・スキリングの時代には、バークシャー・ハサウェイ社のウォーレン・バフェットとチャーリー・マンガーがいた。そして、サティヤム社（インド版エンロン）のラマリンガ・ラジュの時代には、ウィプロ社のアジム・プレムジがいた。

世界中の個人、組織やチームと仕事をする中で、何度となく気づいたことがある。信頼を基礎にした生き方や経営方法をしている人たちとは、繁栄、活力、そして幸福という恩恵を十分に享受している人たちなのだ、と。

これは組織や社会にも当てはまる。要するに、人間はたった一人でも成果を出せるし、たった一つのチームでも、たった一つの組織でも、たった一つの国家でもやれることがある、ということだ。そして、今日の世界では、高い信頼に裏打ちされた一人の行動が波及効果を生み、繁栄と活力と幸福の恩恵を全世界の利害関係者たちに広げていける可能性が、いっそう高まっているのだ。

◉さらに考えてみよう！

・世界における信頼再生の動きに関して、あなたはどのような実例に気づいているか？

・あなたは現在、どの程度の経済的な繁栄を享受しているか？　また、活力や幸福についてはどうか？

・高い信頼に基づく関係は、あなたの私生活においてこれらの側面をどう強化すると思うか？　あなたの組織、チーム、国家についてはどうか？

Smart Trust

第二章

盲目的信頼と不信：あなたはどちらのメガネで見ているか？

暗い色のサングラスを普段かけている人は、周囲が明るく見えることはない。

チャールズ・ウィリアム・エリオット（在職期間最長の元ハーバード大学学長）

我々は世界をあるがままに見ているのではなく、我々のあるがままに（条件付けされたままに）世界を見ているのだ。

スティーブン・R・コヴィー

我々は人生のさまざまな時期やいろいろな場面で、個人的な関係、組織やチーム、あるいは政府などについて、二種類のメガネのどちらかをかけて見る傾向がある。一つは「盲目的信頼」(単純素朴)のメガネ、そしてもう一つは「不信」(疑念)のメガネだ。

メガネをかけるかどうか、かけるとしたらどちらのメガネか、それらを決める要素はさまざまである。たとえば、両親や祖父母らの視点(または、それに対する自身の反応)、私生活や職場での経験、話をする相手、読む物や見聞きすることなどに、大きく影響を受けることになる。

だが、多くの人々は、自分がこのようなメガネをかけて世界を見ていることに気づいてさえいない。レンズを通さず、ありのままの世界を見ていると思い込んでいるのだ。そして、そのメガネが自分の人生にどんな影響を及ぼしているのか、別のメガネに取り替えてみたら世界がどんなふうに見えるのか、メガネを一度外して確認してみようとすることもない。

ワークショップの中では、私自身の経験を紹介することがよくある。以前、モンタナで休暇をとっていたときのエピソードも、その一つだ。

私はガイドを雇って毛針釣りをすることにした。二人で釣り糸を垂れていると、ガイドが尋ねた。

「何か見えます?」

「美しい川しか見えないけど」

「魚は見えませんか？」

「いや」

ガイドは私に偏光サングラスをかけるようにと言った。

すると、急に何もかもがまるで違って見えた。水の中まで見通すことができ、魚が目に飛び込んでくる。それも何匹も。私の目に突然、それまで気づいていなかった大きな可能性が見えてきたのだ。魚たちは最初からそこにいたのだが、そのサングラスをかけるまで私の目には見えなかったのである。


次の第三章では、さらに別のメガネについて述べる。我々の目には見えないが、最初からそこに存在する「計り知れない可能性」が見えるようになる、偏光サングラスのようなメガネだ。だが、ここではまず、あなたが今かけている可能性のある二種類のメガネについてよく考えてみよう。その準備として、次の点について自問してもらいたい。

・自分は今、どちらのメガネをかけているか？
・そのメガネはどこで手に入れたものか？
・そのメガネをかけていると、人生の目標が実現されるか？
・そのメガネを通すと、繁栄、活力、幸福を生み出すような可能性が豊富に見えるか？

自分が今、世界をどのように見ているか、そして、それが自分の人生にどう影響しているか。それらを認識しないうちは、かけているメガネによって生じる本質的な違いも理解することはできない。

盲目的信頼のメガネ

盲目的信頼とは、極端な言い方をすれば、素直で単純でお人好しの楽観主義者のように、誰彼かまわず、またどんなことも信じてしまうということだ。もっとも、このような盲目的信頼のメガネをかけているほうが、いっそ楽だという考え方もあるだろう。一生懸命努力したり、考えたりしなくても済むからだ。

メリーランド大学のエリック・アスレイナー教授は、このように指摘している。

「人にとって信頼は先天的特性ではないとしても、他人を信頼したいという気持ちは幼児期に芽生える」

実際、子どもは簡単に信頼する傾向がある。

大人より子どものほうが信頼性向が高く、したがって、創造性もはるかに勝っていることは間違いない。その傾向が青春期のどこかで変化するのではないだろうか。

チャールズ・グリーン（トラステッド・アドバイザー・アソシエイツ創設者）

人間は「信頼したい」という願望を常に心の奥底に忍ばせているものだ。それは大人になっても残り、盲目的信頼によって痛い目に遭った人でも変わらない。要するに、我々は信じたいのだ。

政治のリーダーたちに約束を実行してほしい。職場の仲間から無視されたくない。新しい投資機会がローリスク・ハイリターンであってほしい。信じ難い行動をした配偶者や恋人から納得のいく説明を聞きたい。

こうした根強い願望があるため、我々はつい現実から目を背けてしまう。「人は最も緊急に欲するものを、最も信じやすい」とよくいわれるが、その代償は大きなものになりかねない。

盲目的信頼のメガネを通して世界を見ている人は、詐欺や不正、「ペテン師（con artist）」の格好の標的になる。「con artist」の「con」は「convict（犯罪者）」から来ていると思っている人もいるようだが、本当は「confidence（信用）」に由来している。要するに「con artist」や「con man」とは、とりあえず他人の信用や信頼を得ることに力を尽くし、それらを得た後でその人の財産を根こそぎ巻き上げる人を指す。

うますぎる話には大概……裏がある。

マーク・トウェイン

バーナード・マドフが出資者から何十億ドルもだまし取り、何千という人々から老後の蓄えを奪い、慈善基金を破綻させることができた理由の一つは、盲目的信頼だった。

マドフは詐欺の罪を認めた後、米国証券取引委員会の役人たちは自分を「過度に信用」し、SEC（証券取引委員会）の検査官たちは彼の事業の正当性を確認するための基礎的な記録の提示を全く求めなかった、と明かしている。「あれがマルチ商法だとは、SECは思いもしなかったようだ」と。

おまけにマドフの会計士は、彼のビジネスをしっかり監査せず、有価証券が実在するのかどうかさえ確認していなかった。

あの世界金融危機が生じたのも、十分な監督体制がないにもかかわらず、人々が米国の金融業界を過度に信頼したため、というのが大方の見方だ。過度の信頼が事実上、盲目的信頼となり、住宅バブルを発生させて諸々の問題を引き起こし、それが金融危機の引き金になったのだ、と。

その一方で、一部の金融会社のトレーダーたちに盲目的ともいえるような信頼が与えられていたからでは、との指摘もある。そんなトレーダーの一人がニック・リーソンだ。英国最古の投資銀行であるベアリングス銀行は、この男を完全に信頼していた。本来ならチェック・アンド・バランスの観点から、二人のスタッフで分担するはずのトレーディング部門のフロアマネジャーと決済部門の主任の両方を彼に任せていたのだ。結果、リーソンは投機取引に手を出し、それがまさにベアリングスを破綻に追い込んだのである。

マルチ商法、金融詐欺、不正。これらをすべて合算すると、その被害は世界全体で年間二兆九〇〇〇億ドルという膨大な額に達し、この一年間に何らかの不正行為を受けた企業は全体の八八％に上ると推定されている。

こうした不正行為が明るみに出る件数は、不況のときほど多い。犯罪者にとっても、新たなカモを見つけてはだますという、果てしないサイクルの陰に隠れているのが難しくなるからだろう。ウォーレン・バフェットの言葉を借りれば、「潮が引いて初めて、誰が裸で泳いでいるかがわかる」という。また、盲目的信頼の傾向が強まるのも、他人の話に必死にすがりたくなる不況時なのだ。

だが、盲目的信頼が必ずしも問題を起こすわけではない。二〇一〇年八月、『ニューヨーク・ポスト』紙に、ある企業の広告担当重役の体験談を紹介する記事が載った。

ニューヨークのソーホー地区に立つレストランの外でホームレスの男が彼女に近寄り、「ビタミンウォーターを買いたいから小銭を恵んでもらえないか」と言った。

彼女は「小銭の持ち合わせがなくて、持っているのはクレジットカードだけ」と答えた。

すると男は「カードを借りて、そのついでに他に二つ三つ何か買ってもいいか」と尋ねた。

「返してくれるの？」

「返すさ。俺は正直者だから」

それで、彼女はアメリカン・エキスプレスのカードを男に手渡した。このやり取りを見ていた人たちは、彼女の行動は正気の沙汰ではないと思い、男が戻ってくるはずがない、と彼女に忠告した。

ところが、一〇分余りすると男はカードを手に戻ってきて、人々を驚かせた。男が買ったものは、体臭を抑えるデオドラント、ボディソープ、タバコ、ビタミンウォーターなど、総額二五ドルほどだった。カードを返しながら、男は彼女に言った。「俺を信頼してくれて恩に着るよ」と。

与えるほうと受け取るほう、どちらにとっても有意義な経験となったであろうこの話には、学ぶべき点がいくつかありそうだ。しかし、盲目的信頼を与えるやり方にはリスクが伴う。信頼が希薄な環境で用いるにはあまり賢い方法とはいえない。

不信のメガネ

実際には、盲目的信頼のメガネよりも不信のメガネをかけて見ることのほうがはるかに多いだろう。我々は疑念のレンズを通して世界を見ているわけだ。しかも、もっともらしい理屈をつけて。新聞には、信頼が危機に瀕していることをいろいろな角度から実証しようとする記事が連日溢れているが、残念ながら、我々の経験からいってもその通りなのだ。

何年も前の話だが、両親と一緒に旅行したことがあった。我々が訪れたのはある発展途上国で、その国は腐敗が蔓延していることで知られていた。何カ所か観光するため、信頼できそうな運転手を雇った。見て歩く間は、買った時計やその他の土産品数点をカバンに入れて鍵をかけ、彼の車のトランクに入れておいてもらった。車に戻って確認したときは、カバンの中にすべての箱が入っていた。ところが、米国に帰国して箱を開けてみると、中はどれもこれも空っぽだった。

また、本書の共著者であるグレッグ・リンクにも、似たような経験があるという。

数年前、グレッグは妻のアニーとともに、古い建物から出る廃木材を取り扱うビジネスに多額の投資をした。ただ、事前にしっかり検討しなかった。その担当者が近所の人で、この事業は確かなものだから自分を信頼してほしい、と繰り返し言われていたためだ。

ところが、ある晩、この隣人が逮捕される光景がテレビのローカルニュースで流れた。それを見たときのグレッグ夫妻のショックの大きさは、おわかりいただけるだろう。その男は同じ在庫品を、グレッグだけでなく、他の数人にも売っていたのだ。

こうした経験は我々の心を傷つける。だが、それだけではない。

誰かにだまされたり、配偶者に裏切られたり、両親あるいは自身の離婚によって傷ついたり、「友人」と思っていた人に陰口を叩かれたり、子どもの部屋で薬物を見つけたり、財布を盗まれたり、自分の子どもが託児所で虐待を受けていたり、取引先企業に約束をたびたび破られたり。

そういったことがきっかけになって、幼い頃から我々の中に宿っている信頼への志向が、あっさり不信の方向へと傾きかねない怖さがある。

盲目的信頼のところでも指摘したが、不信のメガネをかけているほうが楽な場合もある。実際、盲目的信頼のレンズを通して世界を見ていて痛い目に遭うと、振り子が逆方向に振れるように、不信や疑念の分厚いレンズに替えてしまう人は少なくない。信頼が希薄な世界では、これは当然の対応のようにも思える。そうしたほうが自分の身を守りやすいからだ。より安全でリスクが少なく、自分をしっかりコントロールできているような実感があり、慎重で知的な人間に見える利点もある。長期的かつ持続的な可能性よりも目先の利益が優先される、このせっかちな時代には、そういうやり方のほうが適しているのかもしれない。

個人的なレベルに限らず、社会レベルでも、不信や疑念にすぐに陥るのは、信頼が何らかの形で裏切られたときによく見られる反応だ。それが最も容易な手段であり、また法的にも防御の意味でも最善の策のように思えるからである。

たとえば、九・一一以降、空港警備が著しく厳重になった。二〇〇〇年代初めに起きたエンロン社とワールドコム社のスキャンダルを機に、米国では企業改革法が成立した。どちらの例でも、それぞれの目的に寄与したことは間違いないが、その陰で大きな代償が支払われたこともまた事実である。

不信のメガネをかけているほうが楽だと感じる理由がもう一つある。それは「信頼するのはよくないこと」という考えが、我々の頭に「刷り込まれている」からだ。犯罪者から身を守る術として、学校が子どもたちに指導する重要なプログラムの一つに、「知らない人は悪い人」

というのがある。こうした善意の活動でさえ、疑り深く用心深い大人になるよう、小さな子どもに教え込む効果がある。幼い時期に「刷り込まれた」教えを大人の目で見つめ直す努力を怠ると、その影響はいっそう顕著になる。

「知らない人は悪い人」ルールの例

・見知らぬ人と話さない。
・見知らぬ人から物をもらわない。
・見知らぬ人について行かない。
・見知らぬ人の車に近づいたり、乗ったりしない。
・見知らぬ人が訪ねてきたときや電話をかけてきたときは、自分が一人であることを気づかせない。
・家の外では必ず友達か大人と一緒にいる。
・見知らぬ人に身体をつかまれたら、できるだけ大きな声で助けを求める。

我々は、信頼しすぎたせいで支払う代償にはすぐ気がつくが、信頼しないことによる代償にはなかなか気づかないものだ。もし、考えたとしても、その代償を測る術を知っている人は少ないだろう。不信が横行するこの世界で何が起きようと、警戒さえ怠らなければ身の安全を守ることができる、と我々は思い込んでいる。

だが、このやり方は、特に繁栄、活力、幸福という側面において、想像を絶するほど大きな代償を払うリスクを内包している。個人間、組織やチーム内、あるいは地域社会に不信が存在すると、必ず無駄な税金を払うことになり、それが時には膨大な額に膨れ上がる。

不信によって生じる税金には、以下の七種がある。重複、官僚主義、政治的駆け引き、参加放棄、離脱、離反、不正。これらは多くの組織に共通して見られるものであり、あなたもいくつかは目にしたことがあるだろう。


信頼しすぎた場合の代償も大きくなることがあるが、不信の場合はまず間違いなく膨大なツケが回ってくる。

フェルナンド・フローレス（チリの元財務大臣）

不信に伴って税金が発生する原因は、自分が周囲をどう見るかだけでなく、自分が周囲からどう見られるかという点にもある。つまり、こちらが相手を信頼しないことだけでなく、こちらが信頼に値しない人物だと相手から見られることも原因になるということだ。

では、信頼に値しないと見られる国は、どんな経済的代償を支払うことになるだろうか。二一ページのグラフは、さまざまな国において繁栄と信頼性が直接的な相関関係にあることを示していた。また、二四ページで紹介したザクとナックによる調査は、「投資と成長は信頼に比例して増大する」と結論づけていた。

さらに、他国から信頼されない国の場合、企業がグローバル規模でビジネスを展開しようとすれば、「母国税」を肩代わりして支払わなければならないケースも出てくる。たとえば、ロシアなどに拠点を置く会社やブランドはそうした税金を負担することが多く、その結果、コストが上昇し、スピードが減少する危険性が高い。逆に、スウェーデンなどのように信頼に値すると見られている国の企業は「母国配当」を受け取り、コストが減少し、スピードが増すのだ。

具体例を見てみよう。二〇一〇年に壊滅的な地震に見舞われたハイチの指導者の一人が、地震直後にインタビューを受けた。「救助活動を支援する寄付金を預けられる機関がハイチ国内にあるか」と質問されたとき、彼は「残念ながら信頼に足る機関はハイチにはない」と答えざるを得なかった。「寄付金はハイチの組織ではなく、外国にある国際機関を通してほしい」と彼は付け加えた。世界中が見守る中で、この国がどれほどのショックを受けたかは想像がつくだろう。

「母国税」が発生する国があるのと同じように、信頼に値しないと思われている業界には「業界税」がつきまとう。たとえば、二〇〇八年の世界金融危機以降、金融サービス業界に対する人々の信頼度を調査してみると、「適切な経営がなされている」という信頼が失われ、不信感が急増している。その結果、ビジネスを行うコストが上昇してスピードが低下し、この業界のほぼすべての企業が何がしかの苦労を強いられている。こうした母国税や業界税と決別することは不可能ではないが、それには大きな荒波に立ち向かう覚悟が必要になる。

このような母国税や業界税以外にも、自らの行動が原因で人々の不信を買い、膨大な税金を強いられる企業は数多い。我々のワークショップの参加者の一人が、サングラスを販売するある企業の例を紹介してくれた。

その会社が売却された際、新しい所有者は、理論在庫と実際の在庫の差異が最大の問題だと考えた。これが売り上げの二％ほどに相当し、利益をもろに圧迫しているというのだ。この差異の原因は明らかに窃盗によるものと思われたため、「このギャップを排除できれば、うちは利益を飛躍的に伸ばすことができる」と判断した。彼は不信のレンズを通して状況を見ていた。「誰かが不正を働いている。顧客か、それとも社員か。いや、たぶん、その両方だろう。したがって、我々としては、そのどちらも信用できない」

この問題に対し、彼はある対策を講じた。商品をすべてディスプレー棚に縛りつけ、客が抜き取れないようにしたのだ。確かに万引きはなくなったが、反面、客が商品を試着することもできなくなった。結果的に在庫のギャップは二％から〇・二％へと低下したが、売り上げ自体が五〇％も減少してしまった。実際にかけた姿を鏡で確認することができなくなったせいで、購入する客が減ってしまったのだ。

また、我々がオランダで業務契約を結んだある保険会社は、顧客数名による保険金の不正請求が原因で過去に痛い目に遭っていた。その対策として、この会社は厳格で面倒なほどの確認・検証プロセスを導入した。請求してきた顧客に対して、「このたびの請求が不正なものでないことを、お客様に証明していただく必要があります」と最初に確認することにしたのだ。この方針を採用してから不正はなくなったが、代わりに大量の解約が発生した。顧客は疑念や不信の目で見られるのを嫌い、自分を信頼してくれる会社に乗り換えたのである。

企業が不信によって強いられる代償としては、顧客との関係悪化にとどまらず、社内や会社間における繁栄や活力、幸福の低下というものもある。過度の規則や規制による代償は、管理や、さらには創造力の面にも及ぶ。

たとえば、二〇〇二年の米国企業改革法は、米国企業の説明責任の改善や市場の信頼回復という目的には貢献してきた。しかし、その実務に携わる人の多くは、この法律の要件を満たすためにはあらゆる分野で莫大な時間とコスト、労力が必要だ、と不満を口にしてきたはずだ。コンプライアンス費用は、米国の平均的な企業で毎年二三〇万ドルを超えるという。企業改革法は特に小規模な企業に重い負担を強いており、コストが資産額に占める割合は、大企業の七倍以上になる。コンプライアンス規則は信頼を人為的に補完するものだが、非常にスピードが遅く、エネルギー効率も悪く、おまけに高くつく。

我々の不信は大きな代償を伴う。

ラルフ・ウォルドー・エマーソン（米国の思想家）

また、人材の獲得・維持の面でも、組織は代償を強いられることになる。管理者であれ一般社員であれ、誰もが信頼されたいと思っており、信頼で結ばれた環境で働くことを望んでいる。「自分は信頼されていない」と感じる社員は、エンゲージメントが低下し、退職を考えたりするようになる。これは、優秀な人に特に顕著な傾向といえる。

低信頼環境は高信頼環境に比べ、離職率が大幅に高い。たとえば、スーパーマーケット業界の平均離職率は四七％だが、強固な信頼関係が築かれているウェグマンズ・フードマーケットではわずか三％に過ぎない。

また、信頼が評価基準の三分の二を占める、二〇一一年「最も働きがいのある米国企業一〇〇社」ランキングには、離職率三％以下という会社が二五社も含まれている。社員の離職コストはかなり膨大になる場合があり、賃金に占める比率は二五％から二五〇％に及ぶ。

さらに、提携や連携を行う場合も、信頼は大きな影響を及ぼす。ギャラップ社の調査によると、極めて強力なパートナーシップ関係においては、お互いへの信頼が明確に数字上に表れるが、あまり強固でないパートナーシップ関係では、相互の信頼をはっきり認識しているケースは三％にも満たない。そして、こうした相互不信を覆すほどに大きな相互利益が存在するケースは極めてまれである。

すなわち、信頼なくして真の連携は不可能であり、近づいたとしても、単なる調整か、せいぜい協力し合うくらいが関の山だろう。単なる調整を真の連携に変えるもの、それが信頼だ。単なる人々の集まりをチームに変えるもの、それもまた信頼なのだ。

信頼はパートナーシップの要である。信頼があれば、相手も約束を果たしてくれるという確信が持て、双方がそれぞれの責任に集中できる……信頼できなければ、単独でやったほうがよい……信頼がなければ、パートナーシップはあり得ない。

ロッド・ワグナー／ゲイル・ミュラー（ギャラップ社 幹部および共著者）

不信の代償で何よりも辛いのは、それが我々の私生活にも起こり得るということだ。人間として最も有意義な経験の一つは、率直で、しかもお互いに気遣い合えるような関係を誰かと築くことだろう。だが、不信のレンズを通して世界を見ている人にはそれができず、孤立してしまう。配偶者や恋人、子ども、同僚、友人たちとの豊かな関係がなければ、そこから得られるはずの充足感も味わえない。

信頼しないのに比べたら、信頼して時にだまされるほうがましである。

サミュエル・スマイルズ（スコットランドの著述家／改革運動家）

不信は、繁栄や活力や幸福を生み出す可能性のある人との交わりにも税金を課す。しかも、それはしばしば巨額の税金になる。

あなたはどちらのメガネをかけているか？

あなたもおそらく、盲目的信頼と不信、どちらかのメガネをかけるよう脳に刷り込まれ、条件付けられているはずだ。そして、そのメガネはあなたの人生の繁栄、活力、そして幸福の程度に大きな影響を及ぼしている。

注意してほしいのは、その違いが黒か白かというような二者択一ではないことだ。度の強いメガネもあれば、さほど強くないメガネもある。ひょっとしたら、遠近両用かもしれない。二つをとっかえひっかえすることもあるだろう。職場での関係は不信のメガネ、私生活は盲目的信頼のメガネ、あるいはその逆といった具合に。また、娘を盲目的信頼のメガネで見る一方で、そのボーイフレンドを不信のメガネで見る、ということもあるかもしれない。

あなたのメガネがどちらであろうと、それがあなたの世界観に大きな影響を及ぼしている、という点が重要なのだ。ひいては、あなたの人生の質や、他者との交わりを楽しんだり、力を合わせることで有意義な目標を達成しようとする「あなたの能力」にもその影響は及ぶ。

では、このあたりで、あなたのメガネがどちらなのか、調べてもらうことにしよう。自分がどのように人々を見ているか考えてみると、成果に影響を及ぼすようなパラダイムを持っているかどうかもわかってくる。

ただし、メガネはあくまでメガネに過ぎない、ということも忘れないでほしい。それをかけて見ることもできるが、外すこともできるのだ。さらに、次の第三章で詳しく述べるが、全く違うメガネに替えるという手もある。

次の表に、極端な盲目的信頼と不信を表す特徴をまとめた。これを眺めながら考えてみてほしい。あなたはどちらか片方と完全に一致するだろうか。それとも、状況によって態度を変える傾向が強いだろうか。

他者に対するあなたの態度は？

盲目的信頼	不信
自分は人をすぐに信頼し、人の言うことを何でも信じる。それで、よく痛い目に遭う。	自分は生まれつき人を疑ってかかる性質で、人が言うことを何でも鵜呑みにはしない。
自分は人や人の言葉を「吟味」せず、常に好意的に受け取る。	自分はいつも人の信用度を調べ、人の言うことを確認する。
自分は何事につけても、オープンかつ自由に情報を共有する。	情報は力だと思う。だから、他人には秘密にし、教える場合もできるだけ慎重を期す。
自分は誰をも信頼して受け入れ、誰とでも積極的に協力し合おうとする。	自分は信頼できる人としか仕事をしない。
人は皆、やると言ったことを実行すると信じており、疑う必要はないと思う。	自分は直属部下（または自分の子どもやその他）をしっかり監督し、彼らの仕事ぶりを徹底的かつ頻繁にチェックする。

盲目的信頼と不信はどちらも高い代償を伴う。そして、あなたが世界を見ているメガネが主として盲目的信頼のメガネであれ不信のメガネであれ、どちらの態度もずっと続けられるものではない。盲目的信頼を携えて生きている人は、いずれ痛い目に遭う。また、不信を抱いて生きている人はゆくゆく、金銭的、社会的、感情的損失を被るだろう。

誰彼となく信頼するのも考えものだが、誰も信頼しないというのも問題である。

セネカ（紀元前一世紀のローマの哲学者）

「スマート・トラスト」のメガネはあなたの世界を変える

結局のところ、我々の問題の捉え方こそが問題なのだ。盲目的信頼か、それとも不信か、という二者択一ではなく、解決策はそのどちらでもない。全く別のメガネ、すなわち、真に異なる見方、行動が必要なのであり、私はそれを「スマート・トラスト（賢明な信頼）」と呼んでいる。詳しくは次章で述べるが、「スマート・トラスト」のメガネは、繁栄、活力、そして幸福を実現するための可能性に溢れた新たな世界を提供してくれる。偏光サングラスがモンタナのあの川の水面下に潜む大きな可能性を私に示してくれたように。

幸い、あなたにはこの「第3の案」を選ぶ権利がある。これまで盲目的信頼のメガネをかけて世界を見てきたとしても、あるいは不信のメガネをかけて見るように刷り込まれ、その結果、落胆や裏切りを経験してきたとしても、それはもう関係ない。これからの人生、どちらかのパラダイムにしがみついて生きていく必要などないのだ。

第一章で、信頼のない世界――道を走る他のドライバー、飛行機のパイロット、医師、恋人・配偶者たちを全く信頼できない世界――がどのようなものか、想像してみてほしいと書いた。今度は、高い信頼に支えられた世界――極めて生産的・創造的で、他者と楽しく自由にかかわり合うことができ、「盲目的信頼」のリスクも、疑念や不安もない世界――を思い浮かべてみてほしい。

世界をそっくり変えることはできないかもしれない。だが、「スマート・トラスト」の威力によって自分の世界を変えるとき、そこに生じる変化にあなたは驚くはずだ。

次の章では、あなたが今かけているメガネを「スマート・トラスト」のメガネに取り替え、表面に表れていない驚くべき可能性を見てもらうつもりだ。そして、私生活、職場のチーム、組織にとどまらず、もっと広い世界においても、繁栄、活力、幸福を増加させる、あなた自身の潜在能力について考えてみたいと思う。

信頼するということはリスクを負うことであり、リスクを負うときは賢明さが求められる。ただし、信頼するということは新しい世界を開くことでもある。

フェルナンド・フローレス（チリの元財務大臣）

◉さらに考えてみよう！

・あなたが「盲目的信頼」のメガネまたは「不信」のメガネをかけて世界を見るようになったきっかけは何だろうか？　その結果はどうだったか？

・他者の行動を見ていて、あなたが気づいた盲目的信頼または不信の傾向とは何だろうか？

SmartTrust

第三章

第3の案：「スマート・トラスト」

博識と賢明は別物である。知性は知識だけでなく、判断力でもある。
カール・セーガン博士（天文学者／著述家／科学者）

信頼すべきか疑うべきか —— それが問題である

私は最近、「リーダー・イン・ミー」（子どもたちにリーダーシップを教えるプログラム）スクールから講演の依頼を受けた。全世界に数百校ある、リーダーシップ原則を取り入れている六年制の小学校の一つだ。

ワクワクしながら校庭に入っていくと、五〇〇人ほどの子どもたちが私を迎えてくれた。皆、聡明で幸せそうで、活力と喜びがほとばしるような表情をしている。

講演が終わって質問の時間を設けると、「あなたはどうやって信頼を得ているんですか？」「信頼を回復するにはどうするんですか？」「友達との信頼関係はどうやって築くんですか？」など、鋭い質問が飛んできた。優秀な子どもたちと楽しく話をしていたとき、五年生の子が私に尋ねた。

「信頼できる人かどうか、あなたはどうやって見分けるんですか？」

「信頼できない人だとわかるまでは、信頼できるという気持ちでいることです」

とっさにそう答えようと思った。企業向けプレゼンテーションや大人相手の場面であったなら、そう言っていたことだろう。しかし、自分の目の前に並ぶ子どもたちの顔をよく見たとき、「ちょっと待てよ」と思った。

「彼らはまだ年端のいかない子どもたちだ。ほとんどの子は徒歩で通学していることだろう。しかし、あたりには悪い連中もうろついている。親や教師からは、『知らない人は悪い人』などと教えられているに違いない。この年頃の子どもには、そういう教え方をしたほうが賢明ではないだろうか。たとえ一人でも、他人を信頼しすぎて重大な事態に巻き込まれたりしたら、それこそ取り返しがつかないのだから」

小学生からそんな質問を受けるとは予想もしていなかった私は、準備もないまま不本意な発言をしてしまった。私の答えは次のようなものだった。

「その点に関しては、本当に賢い判断が求められます。信頼できる人ばかりではないからです。君たちのお父さんやお母さん、先生方、それから友達はまず大丈夫でしょう。でも、慎重に考えないとね。君たちの心の声に耳を傾けて、君たちに悪さをしそうな人には気をつけましょう」

私は基本的に、彼らの教師や親たちが教えているだろうことを強調しようとした。本来なら、まずは信頼することから始めよう、と言いたいところだったが、それでは盲目的信頼の道へと子どもたちを誘い込むことになりかねず、それは避けなければならない。一人たりとも肉体的危険にさらすわけにはいかないと考えて、私はより安全な答えを選んだのである。


この件をあとから思い起こし、「知らない人は悪い人」という教え方は子どもには適切かもしれないが、我々の人生全体を見通したとき、あらゆる関係に対する基本的な態度としてはいかがなものだろうか、と私は思った。信頼できない五％の人を前提にした防御的な態度のために、その他の信頼できる九五％の人たちとのかかわりを犠牲にしてよいものだろうか、と。

「知らない人は悪い人」と教えると、幼い子どもたちに疑惑や不信感を刷り込んでしまう危険性がある。そのことに気づかないまま大人になった彼らが、誰彼となく疑念や不信の目で見るようになってしまったらどうなることだろう。連携、提携、エンゲージメント、信頼のスピードはもとより、充実した人生に不可欠な、他人との深い交わりも手に入れ損なうことになりかねない。それだけではない。高い信頼が生み出す繁栄、活力、幸福を、私生活でも職場でも享受できない大人が増えてしまうだろう。

では、どうしたら信頼すべき相手を見分けられるだろうか。低信頼世界であっても、痛い目に遭うことなく高い信頼に基づいて行動するにはどうしたらよいだろうか。そして、誰もが信頼できるわけではない中で、人々に信頼を賢く提供するにはどうしたらよいか。

この件について、私の見解を述べる前に、すでに答えを見いだしたように見える企業をいくつか紹介しよう。

メグ・ホイットマンは一九九八年、eBay社にCEOとして加わったとき、その理由を、「信頼の持つ効果に感銘を受けたから」と説明した。フランス生まれのイラン系米国人実業家、ピエール・オミダイアによって創設されたこの会社は、創業直後からいきなり華々しい業績を上げた。時価総額は現在三五〇億ドルを突破し、二億三五〇〇万人の登録ユーザー（買い手と売り手）を擁し、一日当たり一〇〇万件余の取引を扱っている。

eBay社はどうしてこれほどの大成功を収めたのだろうか。その答えを考える際に忘れてならないのは、この会社が世界中で行われている見知らぬ他人同士の年間何百万件もに及ぶ取引を管理する会社であるという点である。この会社は、オミダイアの「大部分の人は基本的に善人である」という、高い信頼に対する信念を基礎にしているのだ。ホイットマンは次のように述べている。

一〇年以上経った今でも、ピエールの考え方は正しかったと私は確信しています。eBay がうまく行った理由は、基本的にほとんどの人は根は善人だということです。ツールを提供して価値を高めたのは我々ですが、eBay という会社を築いたのはユーザーたちでした。eBay を信頼しよう、そしてお互いに信頼し合おうという我々のコミュニティの意志こそが、eBay 成功の土台だったのです。

ということは、eBay 社は盲目的信頼に基づいて経営されているということだろうか。そうではない。ホイットマンの言葉にもう少し耳を傾けよう。

ピエールは、すべての人が善人だと思っていたわけではありません。ほとんどの人が基本的には善良だということです。楽観的という指摘は私も同感ですが、誤解がないように申し上げます。我々は現実に目をつぶって eBay を築いたわけではありません。詐欺や不愉快な行動、非合法な活動が eBay にも時々あったことを、我々は無視しませんでしたし、否定もしませんでした。むしろ、全く逆です。我々が多額の投資をして設置した eBay の信頼・安全部門がサイトの取り締まりにあたりました。模倣品取引や違法入札、さらには、他のユーザーのオークションページからデジタル写真を盗用するといった、不適切な行為の兆候と見られるパターンを検出するソフトウェアまで考案したんです。でも、そういう行為をする人間はほんの一握りだということは、最初からわかっていました。

eBayの手法は基本的に自主規制で、その意味では一〇世紀中東のマグリビ商人たちが採用していたシステムにかなり近い。

eBayの買い手と売り手は、極めて透明性の高い方法で取引を行い、取引のあと、相手に対する評価をサイト上で公表する。このフィードバックによって取引者それぞれの評価が決まり、他の取引者たちはそれを一つの材料として信用度を判断する。評価が高い人はそれだけ取引機会が増え、低評価だとそれが減少する。評価が低く、ある基準に達しない取引者は、ソフトウェアによって自動的にサイト上の取引から締め出される。

eBayはまた、取引者同士がカテゴリー別にコミュニティを形成することを奨励している。お互いに注意を払い、模倣品や詐欺などの悪徳業者を監視できるようにするためだ。

トム・ヘイズは著書『Jump Point（ジャンプ・ポイント）』で次のように述べている。

自分はだまされるかも、と心配する人は、eBayで取引しようとは思わないだろう。だが、我々は仲介者としてのeBayだけでなく、ユーザーコミュニティそれ自体も信頼しているのだ。eBayコミュニティは詐欺や虚偽行動を自ら規制し、是正している。売り手と買い手は自分の評価を確立し、その評価がeBay上の名刺でもあり、保証にもなるのだ。不正取引の試みは一度は成功するかもしれないが、システムがその人間に烙印を押して締め出すことになる。

社会学者のピーター・コロックは次のように述べている。

評価の高い人と取引したいとか、高評価の人としか取引しない、などと答える参加者が多くを占める。したがって、取引者の中には、ブランドアイデンティティが築かれて販売量が増えたり、品物が売れる値段までもが上がったりする人もいる……マイナスの評価が少しでもあると評判がひどく下がることもあるため、頻繁に取引する人たちは、取引を誠実かつ迅速に実行することで自分の評価を高めることに腐心する。

猜疑心の強い人は驚くだろうが、eBay社創設後の二年間に実施されたオークション二〇〇万件のうち、不正の可能性が感じられた取引はわずか二七件で、それらは関係当局に告発された。取引件数が急増し、それに伴って詐欺事件も増えている現在でも、eBayは、信頼を大切にしている大半のユーザーたちが、信頼を悪用するごく一部の連中によって迷惑を被ることを許さない方針だ。

この会社のビジネスモデルは、信頼できる大多数の人々に照準を合わせている。信頼できない少数の人間は決してビジネスのターゲットではなく、さらに、そうした人間を排除する努力も惜しまない。この会社は、買い手と売り手の間の信頼、最悪でもこのシステムに対する信頼を高めることを目指している。オミダイアは二〇〇五年、eBayから得た最も重要な教訓は何かと問われ、次のように答えた。

「一億三五〇〇万（当時）の人間が、赤の他人でも信頼できることを学んだという素晴らしい事実です」

信頼の希薄な世界でリスクをうまく管理する方法を編み出した企業がもう一つある。ネットフリックス社だ。DVDのレンタルとオンデマンドのビデオストリーミングサービスを提供している会社で、米国とカナダに二〇〇〇万人余の会員を持つ。この会社もeBay社と同様、人は概して信頼できるという考え方に立っている。

月額料金を払って会員になると、一度に一定枚数のDVDを借りることができ、それを郵便で受け取る。DVDが紛失したり、だまし取られたりすることもなくはないが、ネットフリックス社のコミュニティは概ね誠実で、この会社は顧客を信頼するビジネスモデルによって経営を成功させている。

ネットフリックスは、ごく一部の信頼できない人たちによってビジネスが狂わされるようなことを許さない。やはりeBayと同様に、不審な行動を監視し、顧客のみならず郵便配達員も含め、不正者を特定できる堅牢かつ精巧なシステムにより、不正の発見・排除に積極的に取り組んでいる（不正行為をした顧客はアカウントを抹消され、郵便配達員は告発を受ける）。これで犯罪者を一掃できるわけではないが、毎週、何百万枚ものDVDを配達している数千人の郵便局員を含む信頼のシステムが、うまく稼働していることは注目に値する。

もう一つの傑出した例はL・L・ビーン社だ。衣服やアウトドア用品を専門に取り扱う、二〇億ドルのオンライン／カタログ販売業者である。この会社の卓越した顧客サービスは有名で、MSN（Microsoft Network）による「二〇一一年カスタマーサービスの殿堂」では第三位にランクされた。その秘密は顕著なサービス保証にあり、これが実に強力なロイヤリティと信頼を生み出している。同社の保証書には次のように記されている。

弊社の製品はあらゆる面でご満足いただけるものと確信しております。お気に召さない製品がございましたら、いつでもご返品を承る所存です。一〇〇％の満足をご提供できない製品をお客様に販売することは、L・L・ビーンの本意ではございません。

この保証で特に注目すべき点は、この会社は顧客満足度の評価を完全に顧客の手に委ねていることである。それも、たった三〇日間とか一年間ではなく、無制限なのだ。現在の会長で、創業者レオン・レオンウッド・ビーンの孫にあたるレオン・ゴーマンは、この保証制度を一九六八年に初めて導入したとき、次のように説明している。

「製品を通販で買われるお客様にわが社を信頼してもらいたいと思う以上、こちらもお客様を信頼し、その製品がその耐用年数の期間を通して満足できるかどうか判断してもらう必要があったのです」

現在、顧客がこの方針を悪用して、L・L・ビーン社の製品を詐取する可能性があることは想像に難くない。また、極めてまれではあるが、会社側で顧客資格を抹消せざるを得なかったケースもあった。同社の幹部たちは我々に次のように語った。

「我々の側の盲目的信頼ではありません。心苦しいのですが、注文を受けられない旨をお客様に申し上げなければならないことも時としてあります。でも、珍しいと思いますが、わが社の場合、不正利用はほとんどありません。わが社のサービス保証はお客様から高い評価を頂戴しており、だから顧客ロイヤリティが高いのです。お客様としても、信頼されれば悪い気はしないでしょう。特に昨今のような不況下において、信頼に値する価値提案を行い、しかも本気度が伝わるような会社にこそ、お客様は信頼を寄せるものなのではないでしょうか」

eBay社、ネットフリックス社、L・L・ビーン社といった企業の例をここまで紹介してきたが、お気づきだろうか。これらの企業が実践している信頼は、同じ信頼でも一味違うということに。盲目的信頼ではなく、そうかといって不信でもない。そう、これが「スマート・トラスト」なのである。

「スマート・トラスト」とは？

「スマート・トラスト」においては、判断力が重要な役割を果たす。判断力とは、信頼の希薄な世界であっても高い信頼をもって行動することを可能にする能力であり、プロセスである。判断力を発揮することでリスクが最小化され、可能性が最大化されるのだ。判断力によって、「スマート・トラスト」の二つの主要な要因、信頼性向と分析力の最適な組み合わせが可能になるからである。

①信頼性向

信頼性向とは、人を信頼しようとする傾向または願望である。第二章で述べたように、幼い子どもは通常この信頼性向が高い。また、個人的な体験や条件付けが与える影響も無視できない。

信頼性向は主に心の問題だ。高い信頼性向を備え、信頼を意図的に提供することは、「スマート・トラスト」に不可欠である。信頼性向が低い人というのは、信頼を提供しようという気持ちに水を差されるような経験をしていることが多い。

「スマート・トラスト」を実践する上で、信頼性向は常に最高のきっかけとなる。つまり、まずは相手を信頼するということだ。分析行為はひとまず保留にして、「大概の人は根は善人である」という態度で接することにより、可能性に満ち溢れた全く新しい世界が開けてくるのである。

また、高い信頼性向を発揮するということは、必ずしも誰かに信頼を提供することを意味するわけではない。分析した結果、提供をやめるという判断もあり得るからだ。

では、何を意味するかといえば、「可能性に対して自分の心を開く」ということなのだ。最初から不信の態度で臨むとしたら、可能性に気づきさえしないで終わってしまうだろう。偏光サングラスをかけないで川面を見るのと同じことだ。

あるワークショップでのことだった。プログラムの一つが終わったとき、一人の弁護士が我々のところに来て、次のように言った。

「私はこれまで何をやってきたんでしょう。自分が不信のメガネをかけて世界全体を見ていたことに、たった今気づいたんです。職業柄、まずは疑ってかかる癖が染みついてしまっていたのでしょう。こういう態度は仕事上は有効だったこともありますが、それ以外では途方もなく大きな代償を払ってきたような気がします。私生活では特に大きな障害になっていたんでしょうね。疑ってかかるよう脳に刷り込まれていたせいで、もっと楽しく元気が出るような関係を築く機会をたくさん逃してしまいました。それと、もっと優れた成果を出す機会もね」

高い信頼性向を発揮するムハマド・ユヌスのような人や、eBay、ネットフリックス、L・L・ビーンといった企業にとって、可能性は無限に存在する。彼らは信頼できない五％よりも、信頼できる九五％を念頭にビジネスを組み立てており、その結果、高い信頼という相互利益を享受しているのだ。この世界的な信頼の再生の最中、我々が持って生まれた信頼性向を再び取り戻すことは、多くの人々にとって、人としての再生を意味するといってもいいほどだ。

②分析力

「スマート・トラスト」を実践するためには「まずは高い信頼性向を発揮する」と先に書いたが、だからといってそれだけで行動するのは危険だ。盲目的信頼に陥りやすく、信頼が希薄な世界では、痛い目に遭うことにもなりかねない。

高い信頼性向と同等の高い分析力を組み合わせることが必要になる。成功している個人や組織が、高い信頼性向を持ちつつも、五％ほどの不心得者のために状況や背景に応じて規定を設けているのはそのためである。

たとえば、すでに紹介したeBayのシステムは、透明性と評価手続きという強固な土台の上に構築されており、これが取引者たちにサイトの自主規制を促すとともに、そのための手段を提供している。さらに、不適切な行動、詐欺、模倣品の販売を察知する高度な手法を採用してシステム管理を徹底し、信頼に値しない取引者を排除している。つまり、彼らのシステムは確かに信頼を基礎にしているが、その信頼は決して盲目的信頼ではないのだ。その違いは、高い分析力を組み合わせている点にある。このことは、ネットフリックスとL・L・ビーンにも当てはまる。

信頼せよ、されど検証せよ　　ロシアの格言

信頼性向は主に心の問題だが、分析力については頭脳の出番である。分析力とは、影響や結果について、そのリスクも含めて評価・検討する能力だ。高い信頼性向と同様、強力な分析力も「スマート・トラスト」に欠かせない要因となる。

しかし、分析に走りすぎるのも危険だ。たとえば、非常に低い信頼性向で臨んだ場合、我々は得てして分析にのめり込みがちであり、結果的に判断が歪められる恐れがある。上司、部下、パートナー、顧客、仕入れ先、同僚、しまいには家族さえも、あれこれ理由をつけて信頼できなくなってしまいかねない。要するに、分析力は必要だが、それだけでは問題が生じるため、多くの場合、

分析を先行させるべきではないということだ。

幸い、ネットが普及した今日の世界では、情報技術やインターネットの透明性によって、より速く、より徹底したリアルタイムの分析が可能であり、これらをうまく用いれば「スマート・トラスト」を強化することができる。

「スマート・トラスト」のために分析を行う際、見極めるべき重要なものが三つある。

①目的（人を信頼しようとしているのは何のためか？）
②リスク（どの程度のリスクを伴うか？）
③信用（相手の人格と能力はどうか？）

以上の三点について、一つずつ見ていこう。

分析対象①：目的

目的を見極めるとは、要するに、自分が誰かを信頼しようとしているのは何のためなのか、を明確にするということだ。在宅勤務のため、契約の締結のため、プロジェクト管理のため、サプライチェーンにおける提携のためなど、他者を信頼する目的は多様である。たとえば、ネットフリックス社ならDVDを返却してもらうため、グラミン銀行ならばローンの返済を受けるために、顧客を信頼しているのだ。

分析対象②：リスク

人生、至る所にリスクが潜んでいる。これはどうにも避けられないものだ。その意味で、信頼することには常にリスクが伴うといっていいだろう（ただし、信頼しないこともまたリスクを伴う）。「スマート・トラスト」の意図は、リスクを賢く管理することにある。具体的には、繁栄、活力、そして幸福を徐々に最大化すべく、信頼を提供するということだ。そのためには、そこに存在するリスクの程度を評価する必要がある。

・起こり得る結果にはどのようなものがあるか？
・それらの結果が生じる可能性はどれくらいか？
・生じる結果の重要性および見通しをどう読むか？

リスクにも種類がある。どのような違いがあるか、二つのケースを比較してみよう。どちらも、ワークショップで実際にあったエピソードだ。

〈エピソード一〉

あるプログラムを行っていたとき、原子力潜水艦の司令官をしているという人が発言した。

「原子力潜水艦では、何事にも手続きというものがあります。トイレを使うにも決まりがあるくらいです。それは信頼がないということだとあなたはおっしゃっているのでしょうか。我々が行っている手続きを廃止すべきだということですか？」

我々はこう答えた。

「いや、とんでもありません。何しろ、原子力潜水艦ではリスクがとても大きいですからね。そうした決まりはそのリスクを念頭に置いてつくられたものであり、むしろ信頼を築くのに役立つはずです」

〈エピソード二〉

別のプログラムでは、米国赴任中の外資系銀行の社員が、幼い娘との会話を披露した。

「アメリカでは、どんな感じなの？」と娘に聞かれた彼は、次のように答えた。

「通りを歩いていると、新聞の自動販売機があったりするんだ。中に新聞がいっぱい入っていて、二五セント硬貨を二枚入れるとフタの鍵が外れ、新聞を取り出せる。フタを閉めると、また鍵がかかるという具合だ。でも、二部以上持っていく人がいないかどうか、チェックする人はいないんだよ」

「へエー！」

娘は叫んだ。彼女には見知らぬ人を信頼するということが信じられなかったのだ（このような自動販売機は、別名「信頼の箱」とも呼ばれている）。

この二つのケースは両極端のリスクを含んでいる。リスクを見極めるとは、「今の状況は、原子力潜水艦のケースか、それとも新聞のケースか？」、つまり、リスクの程度はどのくらいかと考えることなのだ。

礼節には二つの要素がある。高い代償を寛容に受け入れることと、リスクを承知で信頼することだ。

スティーブン・カーター（歴史家／エール大学法律学教授）

前述した「知らない人は悪い人」プログラムの場合は、リスクが極めて大きいため、十分に用心するのが正しいといえるだろう。子どもが誘拐や虐待に遭うのは絶対に避けなければならないからだ。こうした状況で「スマート・トラスト」を実践するためには、何重もの防御手段を講じる必要がある。だが、すでに述べたように、人は概して根は善良である、という成熟した捉え方を子どもたちに教えることも重要である。子どもの頃の、あるいは大人になってからの人生において、不信が支配的なパラダイムにならないようにするためだ。

ムハマド・ユヌスは、小額融資プログラムを進める過程において、担保が全くない借り手でもリスクは小さいと感じていた。銀行や財務アドバイザーたちとは意見が分かれたが、大部分の貧困者はローンを返済してくれる、と彼は信じていた。彼のその信頼が正しかったことは、返済率九八％という数字で証明されている。

なのに、彼は互助グループを組織させた。それは、互いに励まし合い、助け合えるようにするためだけではなかった。自己規制システムを導入し、全員の評価を一体化させることで、メンバーとしての責任ある行動を確保するという狙いもあったのだ。

グローバルな電子社会で取引をする人々のリスク軽減を、明確な事業目的として掲げている会社もある。その一つ、ベリサイン社は、インターネットサイトの合法性と安全性をチェックし、顧客の円滑な取引をサポートしている。この会社の「ベリサイン・トラスト・シール」を自社ウェブサイトに掲載すると、オンライン取引が一〇~三四％増加することが調査で判明している。

さらに、ペイパル社もそうだ。この会社は、全世界の顧客八七〇〇万人のクレジットカードや銀行口座の番号をセキュアサイト上で保管するサービスを提供している。顧客は自分の財務情報を多様なネット販売業者と共有するリスクを回避しつつ、オンライン取引の決済を迅速かつ容易に行うことができる。ペイパル社のこのシステムは販売業者側にもメリットがあり、顧客の決済の有効性を確認できることが安心感を生む。

> 信頼を核にした産業は、どんどん成長しているのだ。
>
> ジェフ・ジャービス（ジャーナリスト／著述家）

分析対象③：信用

信用とは、相手の人格であり、能力である。少年が母親に頼まれて、深くて暗い穴の中で掘削作業をしている父親にお昼の弁当を届けるという話をご存じだろうか（真偽のほどは定かでないが）。

少年が穴の縁まで来ると、父親の呼ぶ声がした。弁当を投げてくれと言うので、少年はその通りにした。すると、父親がまた言った。

「おーい、二人分はありそうだ。ここへ飛び降りなさい。一緒に食べよう」

少年の目には明るい太陽光線がまだ焼きついていて、穴を覗き込んでも何も見えなかった。それで、少年は言った。

「でも、パパがどこにいるか見えないよ」

「パパにはお前が見えているぞ。いいから、飛び降りるんだ。キャッチするから」

この話では、暗闇の中に飛び降りた少年は父親のたくましい腕に受け止められ、一緒に楽しく弁当を食べる、という結末になっているのだが、あなたがその少年だったら、どうするだろうか。

少年は父親を絶対的に信頼していた。だが、穴の底で待っている人が父親でなかったら、どうしただろう。さほど親しくない別の作業員だったり、全く見知らぬ相手だったりしたら。この少年は飛び降りる気になっただろうか。

信頼の提供は信念を示す行為であり、時には大きな賭けとなる。たとえ賭けであったとしても、信頼を提供する際には十分な注意を払い、相手の信用を確認する必要がある。信用できない、信頼を提供するのはリスクが大きい、と思われる場合は、信頼しないという選択肢を選ぶこともできる。また、これは慎重に行う必要があるが、先方の信用を高める目的で、あえてリスクを承知で信頼を提供する場合も考えられる。

人を信頼に値する人間にする唯一の方法は、その人を信頼することであり、信頼に値しない人間にする最も確かな方法は、その人を信頼せずに不信感を露わにすることだ——これが、私がこれまでの長い人生で学んだ大きな教訓である。

ヘンリー・L・スティムソン（米国の元国務長官）

いずれにせよ、相手の信用を検討することは、適切な分析を行う上で不可欠だ。あなたがたとえば、ハンツマン・コーポレーションの創業者であるジョン・ハンツマン・シニアのような人と提携するチャンスを与えられたらどうするだろうか。ハンツマンのことを調べれば、彼がかつて、英国の大企業インペリアル・ケミカル・インダストリーズ社のチャールズ・ミラー・スミス社長兼CEOとの難しい交渉を成功させた経歴の持ち主であることを知るだろう。

ハンツマンはこの合併話を、自分の人生最大の取引と表現していた。事実、ハンツマン社の規模が倍に膨らむような取引だった。しかし、複雑な取引であり、双方に強いプレッシャーがかかっていたことから、交渉は難航した。

最後のほうになると、スミスは感情的に取り乱すようになっていた。彼の妻が末期がんを患っていて、交渉成立を待たずして他界したのだ。したたかな交渉者として評判の高かったハンツマンの読みでは、さらにもう二億ドル引き出せるはずだったが、それによってスミスの精神状態をズタズタにしてしまう恐れがあった。そこで彼は、契約の最後の二〇％の内容にはあえて注文をつけないことにした。

「契約はあのままで十分でした。両社とも得るものがありましたし、私は生涯の友人まで手に入れましたよ」

当時を振り返り、彼はそう言った。

ハンツマンはさらに別の時期、タイに工場を設立する目的で三菱と共同事業を立ち上げている。それからしばらくして、ハンツマンのところに三菱のある経営幹部から電話があった。タイでビジネスをする企業はどこも、毎年政府の役人にリベートを払わなければならず、共同事業のこの年のリベートのうち、一二五万ドルを分担してほしいとのことだった。三菱はこのリベートをビジネスのコストと考え、ハンツマンには知らせずに毎年支払ってきたが、今後は彼にも一部を負担してもらおうと決めたのだ。ハンツマンは次のように説明している。

ゆすり以外の何物でもないものに、わが社は五セントたりとも出す気はないと私は言ったんです……その翌日、私は三菱側に連絡しました。うちは撤退するから、持ち分を買い取ってくれ、とね。三菱は思いとどまるよう説得してきましたが、我々は応じないで持ち分を売却しました。すると、三菱は割り引いた金額を支払ってきました。わが社は目先、三〇〇万ドルほどの損失を被りました。ところが長い目で見れば、「災い転じて福となる」というやつでした。それから数年後のアジア経済危機の影響で、業界全体が不振に陥りました……わが社がタイで、いわば「手数料」の支払いを拒否したことが知られてからは、我々があの地域で賄賂の問題に悩まされることはなくなりました。ハンツマンは「ノー」と言った、という噂が広まったんです。そして、他の多くの企業も我々に倣ったんです。

私は信頼の欠如を理由に取引を拒否されたことは一度もない。

ジョン・ハンツマン・シニア（ハンツマン社 創業者）

ハンツマンの信用の高さを物語るエピソードは、探せばまだまだ出てくる。倫理感と思いやりに溢れ、信頼に値する彼の行動の実績は誰もが認めるところだ。

信用には人格（誠実さと意図）と能力（力量と実績）という二つの要素がある。いくら有能でも嘘つきとかいかさま師と言われている人と取引をしたくはないだろうし、逆に正直者だが能力に欠ける人も願い下げだろう。

誰かを信頼して何かを任せる場合、その人の持つ能力と任せる事柄との関連性も考慮に入れなければならない。同僚に休暇中の仕事を肩代わりしてもらうことはあっても、ヘアカットや娘の膝の手術を頼む気にはならないだろう。

信用できるとわかっている相手なら、「この人は信頼に値する」という大きな確信を持つことができる。これは個人でも組織でも変わらない。問題が発生するのは、相手の信用について必要な確認を怠ったときや、以前信用できたので今も大丈夫だろうと軽率な判断をしてしまう場合だ。証券取引委員会がバーナード・マドフを徹底的に調査せず、その結果、数十億ドルもの詐欺を許してしまったケースはこれにあたる。

誰彼かまわず信頼するのではなく、信頼する価値のある人のみ信頼しなさい。前者の態度は思慮に欠け、後者は慎重さの証である。

デモクリトス（紀元前五世紀のギリシャの哲学者）

「スマート・トラスト」モデル

信頼性向と（目的・リスク・信用に対する）分析力という、「スマート・トラスト」に必要な二つの要因の組み合わせを図に表してみよう（次ページ参照）。

まず、高い信頼性向に低い分析力が組み合わさると、だまされやすさ、すなわち「盲目的信頼」（ゾーン1）になる。

高い信頼性向と高い分析力が組み合わさると、優れた判断、すなわち「スマート・トラスト」（ゾーン2）になる。

低い信頼性向と低い分析力の組み合わせでは、不安定や優柔不断、すなわち「懐疑」（ゾーン3）となり、低い信頼性向と高い分析力では、疑心、すなわち「不信」（ゾーン4）となる。

この図を眺めながら、ゾーンによってその人の精神状態がどう変わるか見ていこう。

・ゾーン1（盲目的信頼）：満足感が感じられる場合が多いが、その快感は通常、長続きしない。だまされやすいため、遅かれ早かれ痛い目に遭う。心を働かせても、頭を使わなかったことのツケが

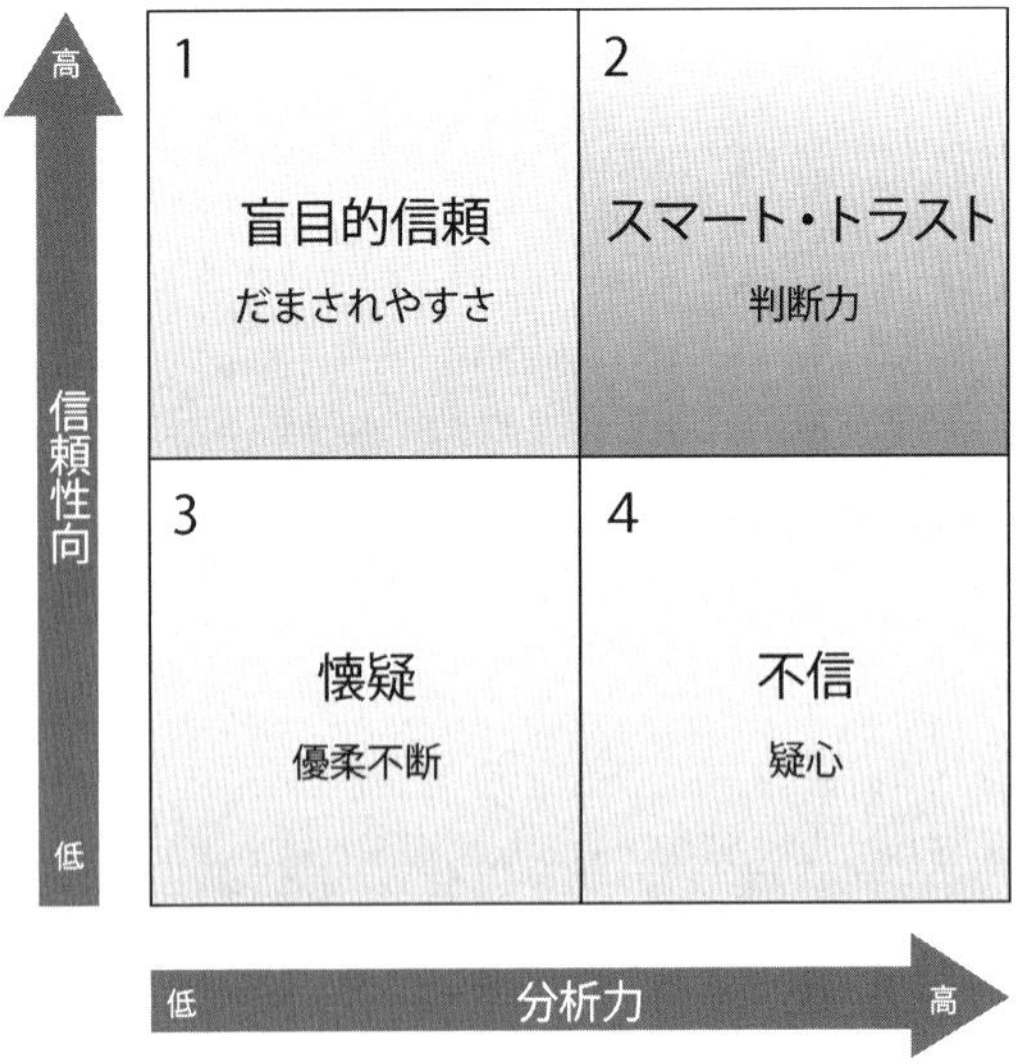

必ず回ってくる。

・ゾーン３（懐疑）：頭脳も心も使わないため、決断できず不安定になり、自分自身も含めて誰も信じられなくなる。組織やチームにおいては、官僚主義的な優柔不断によって勢いが鈍り、ことさらもどかしく感じられる。

・ゾーン４（不信）：頭だけを働かせる。その結果、とても疑い深く、そして用心深くなるため、自分以外の人間は信じられず、他者との豊かな人間関係によってもたらされるメリットを逃がしてしまう。

・ゾーン２（スマート・トラスト）：心と頭脳をともに働かせる唯一の場所であり、生まれながらの信頼性向と分析力を用いてリスクを賢く管理する。いつ信頼し、いつ信頼すべきでないか。リスクが最小化し、チャンスが最大化するように信頼を提供するにはどうしたらよいか。こうした見極めを行う際に必要な判断力を我々に与えてくれる唯一のゾーンである。

「スマート・トラスト」に欠かせない要因が明確になったところで、もう一つ指摘しておきたいことがある。「スマート・トラスト」とは単なる科学ではなく、アートの一種であるということだ。「スマート・トラスト」とは、判断する行為なのである。

『いまを生きる』（一九九〇年日本公開）という映画をご存じだろうか。全寮制の受験校で国語を教えている型破りな教師ジョン・キーティングという架空の人物をロビン・ウィリアムズが演じた、アカデミー賞脚本賞受賞作である。

あるシーンで、キーティングは一人の生徒に、詩の教科書の導入部分を読ませる。Ｊ・エバンズ・プリチャード博士が執筆した教科書だ。そのページには、詩の出来栄えを評価するための、無味乾燥な数学のような公式が記されていた。そのあと、キーティングは生徒たちに語りかける。

じゃあ、そのページを破りなさい。いいから、ページをまるまる破るんだ。聞こえたのか？　破れと言ったんだぞ……そのページだけじゃなくて、導入部分全部だ。そんなの、クソ食らえだ。これっぽっちも残すんじゃない……Ｊ・エバンズ・プリチャード博士なんかおさらばだ……聖書じゃないから大丈夫だ。地獄に墜ちる心配はない。やりたまえ。きれいさっぱりと破るんだ……こいつは闘いだ。戦争だ。お前らの心と精神が犠牲になるかもしれないんだぞ。

子どもたちは最初は驚き、おどおどしていた。だが、そのうちにためらいながらも何ページかを破り始める。キーティングはさらに続ける。

我々が詩を読んだり書いたりするのは、それが魅力的だからじゃない。我々は皆、一人の人間だから、詩を読んだり書いたりするんだ。そして、人間の心には激しい感情がいっぱい詰まっている。確かに医学や法学、ビジネスや工学なんかも立派な学問で、生活していくには必要だろう。だがな、詩、美、ロマンス、愛、こういうのは我々が生きていく上で心の糧になるんだ。

このシーンを紹介したのは、我々が「スマート・トラスト」を通じてやろうとしていることは詩と同じで、科学ではなくアートだということをわかっていただきたかったからだ。「スマート・トラスト」は判断を必要とする。それも、賢明な判断でなければならない。ただし、どんな状況にも通用する「万能」の答えは存在せず、「正解」は一つとは限らない。さらにいえば、信頼性向と分析力の相互作用が我々の本能や直感を高め、優れた判断を可能にする。

判断力は経験を通じて形成されていくため、我々は時に過ちを犯す。そして、それは我々が人を信頼する際にも起こり得る。だが、自分の信頼性向と、目的・リスク・信用を効果的に分析する能力を認識し、実践することができれば、また、それらの間にそうした力を与えてくれるようなシナジーを生み出すことができれば、高い信頼に基づく関係や機会が創出され、繁栄、活力、幸福が増大する可能性も高まるはずである。

優れた判断は経験から生まれ、経験は誤った判断を通じて得られる。

マーク・トウェイン

コインのもう一つの面

この「スマート・トラスト」モデルは、信頼を他者に与えるべきか否かを判断する際にとても役立つ。さらに、「スマート・トラスト」にはもう一つ重要な側面がある。自分自身が信用や信頼に値すれば、他者からも信頼を提供してもらうことができるということだ。「スマート・トラスト」というコインがあるとすれば、この二つの面がその表裏を成しているということになるだろう。

ただ、二つの面には大きな違いが一つ存在する。「スマート・トラスト」では、自分の信頼性向と、目的・リスク・信用に対する自分の分析をもとに、信頼の提供を行うか行わないかを判断するが、自分自身が信頼に値しないという状況は決してあり得ない。自身に信用があるということが常に前提となるのだ。

たとえば、先に紹介したジョン・ハンツマン・シニアには高い信用がある。そのため、さほど信頼に値しない人には開かれることのない可能性、すなわち、繁栄、活力、幸福を生み出す可能性が無数に開かれている。

また、バークシャー・ハサウェイ社の会長兼ＣＥＯで、歴史上最も成功した投資家と評されるウォーレン・バフェットも同じだ。彼は、「オールスター」と呼んでいる七七名の部下に手紙を定期的に送ることで、信頼性に対する自身の絶対的で揺るぎない決意をいっそう強固なものにしている。さらに、信頼性を維持する自身の努力に部下を巻き込むことにも成功している。バフェットは次のように説明する。

わが社がお金を失うことは致し方ありません。たとえ、大きな額であっても。ですが、評判を失うわけにはいきません。たとえ、ほんのわずかでも。我々の職務上の行動はすべて、無愛想ながら知的な記者によって記事にされ、全国紙の一面に載る可能性があるということを肝に銘じましょう。買収も含め、数多くの分野でバークシャーがこれだけの実績を残せたのはよい評判のおかげであり、どんな形であれ、評判に傷をつけるようなことは絶対にできません。わが社は、『フォーチュン』誌の「世界で最も賞賛される企業」ランキングで第二位になりました。ここまでくるのに四三年という歳月を要しましたが、それを失うのは四三分もあれば十分なのです。

本書冒頭の「はじめに」でも引用したが、バフェットはさらにこんなことも述べている。

我々が知れば不快に思うようなことを、今日、バークシャーで誰かがやっていることでしょう。それは避けられません。わが社には現在、二〇万を優に超える数の社員がいます。それだけの数の人間が問題行動を起こすことなく一日を終える可能性は皆無といっていいでしょう。

彼はさらにこうも語っている。

しかし、不正のにおいが少しでもしたら、直ちにあらゆる措置を講じるようにすれば、そうした行為を最小限に食い止められるはずです。この種の問題に対して君たちがどのような姿勢で臨むのか、それを行動と、さらには言葉によって示してください。その姿勢が、君たちのビジネス文化がどう発展するかを決める鍵となるでしょう。文化が組織の行動のあり方に与える影響は、規則集などの比ではないのです。

その典型的な例が二〇一一年に見られた。バフェットのオールスターの一人が、彼の信頼を著しく踏みにじるような行動をしたことが明るみに出た。一部の者がこの違反行為を捉えて、バフェットの信頼スタイルはもはや機能していないと主張した。だが、その結果はどうだっただろうか。

その管理職は退職金なしで辞職し、バフェットは証拠をすべて証券取引委員会に提出した。信頼を裏切る行為は割に合わず、バークシャー・ハサウェイ社としても容赦しないことを、マネージャーたちに改めて示したのだった。

バフェットが賢明だった点は、一人の裏切り行為によって他の七六人の部下まで信頼できないかのような対応をとらなかったことだ。バークシャー・ハサウェイ社は確かに痛手を被ったが、高信頼文化の恩恵を今なお享受できているのはそのためである。

バフェット自身の信用が信頼を呼び起こし、マネージャーたちに信頼を提供する、そのやり方が、彼らの忠誠心と勤勉さを鼓舞している。その結果、バークシャー・ハサウェイ社は依然として信頼できる会社であるという評判が維持されているのである。

オールスター七七人の一人で、ビジネスワイヤ社のキャシー・バロン・タムラズCEO（彼女はこの会社を二〇〇六年にバフェットに売却している）は、次のように述べている。

「ウォーレンのことを思うと、我々は悪いことはとてもできません……我々は一日たりとも無駄にせずに名誉挽回に取り組むつもりです。だから、夜も寝てはいられません。それはもう、すごい気迫ですよ」

バフェットはその経営手法によって、世界で三番目に裕福な人物になった。四七〇億ドルに上る彼の資産の九九％は、主にビル＆メリンダ・ゲイツ財団を通じて、全世界の人々の生活向上を目指す慈善事業に寄付されることになっている。彼は繁栄、活力、そして幸福を数多くの人々に分け与えようとしているのだ。

信頼の希薄な世界では、「どうってことはないさ。皆やっているんだから」と、信頼に値しない行動が正当化されてしまうことがよくある。だが、誰もがやっているわけではない。その証拠に、バフェットが二〇〇六年にオールスターに送った手紙には、次のように記されていた。

ビジネスで最も危険な文句は、「世間では皆やっている」というものではないでしょうか。この考え方に同調して大損をした銀行や保険会社は数え切れません。

さらに悪いのは、提案される行動の倫理性をその文言によって正当化してしまうことです。ストックオプションの日付書き換えが問題になった企業はこれまでに一〇〇を超えており、この数がさらに増えることは間違いないでしょう。他の連中もやっているからと、自分を甘やかした結果であり、それさえなかったら、彼らの多くはそんなことに手を染めなかったと私は推測します。近年見られる、収益操作で投資家をだまそうとする不正会計も皆そうです。

こうした悪意ある行動にかかわった者たちが、仮にあなたの遺言の執行者であったなら、あるいは義理の息子であったなら、問題を起こさずに済んだかもしれません。でも実際は、世間で尊敬されている経営者たちもやっているのだから大丈夫、といつの間にか考えるようになったのです（監査人かコンサルタントなどから勧められたものと推察されます）。誘惑に負けたのです。

しかし、これほど間違った行為はありません。「他の人たちも皆やっている」という言葉を耳にするたびに、皆さんは肝に銘じるべきです。然るべき根拠に基づいてやることであれば、そんな理屈をつける必要はありません。そんな理屈を頼りにするということは、その行為に少なくともある程度の疑問を抱いていることは明らかです。

信頼に値しない行動をとることは、「スマート・トラスト」とは相容れないものである。なぜなら、スマートではないからだ。

信頼に値しない行動をとりながら罪を免れている個人や組織もあるかもしれない。あなたにも思い当たる例がいくつかあるだろうが、いつまでも逃げ切れるものではない。いつか天罰を受けるはずだ。

バーナード・マドフの場合、何年もしてからだったが、天罰が下ったことは間違いない。信頼に値しない行動が、持続可能な繁栄、活力、幸福を生み出すことは、いつの世でも絶対にないと断言する。

「スマート・トラスト」の実践

すでに紹介したeBay、ネットフリックス、バークシャー・ハサウェイ、L・L・ビーンなどの企業の事例をもう一度思い起こしていただきたい。「スマート・トラスト」のメガネをしっかりかけて、これらの成功企業が信頼性向と分析力をどのように組み合わせて魅力的な「スマート・トラスト」の手法を生み出しているか考えてほしいのだ。併せて、一〇世紀中東のマグリビ商人やムハマド・ユヌスについても同様に考えてみてもらいたい。

また、保険金請求詐欺の被害に遭ったオランダの保険会社の事例も思い出してほしい。経営陣は悪意がないことを証明した顧客からの請求のみ正当なものと見なす、という方針を立てたが、多くの顧客に逃げられる結果となった。だが、この話にはまだ先がある。彼らは方針を変更したのだ。

「弊社はお客様を信頼しております。お客様の保険金請求には、誠心誠意お応えさせていただく所存です」と、顧客に訴えるステートメントを発表した。それと同時に、誠実な顧客のみに対応したいという旨を伝え、そうでない一部の顧客を排除した。さらに、分析を行った結果、悪質な請求への支払いよりも、官僚主義的プロセスを管理するコストのほうが実際は大きいことがわかった。

この新方針の導入によって何が起きたかといえば、そう、信頼とスピードが飛躍的に向上したのだ。何週間も何カ月もかかっていた請求処理が今では長くても数日、早ければ数時間で終わるようになり、顧客にも喜ばれた。その結果、顧客ロイヤリティが強まり、紹介件数も増加した。そして、誰もが驚いたことに、請求件数の合計が大幅に減少したのだ。顧客は信頼されていると感じ、些細な被害での請求を慎むようになったものと思われる。

「スマート・トラスト」がもたらした成果は企業にとどまらず、地域警備などの公的分野にも見られる。

コロンビア国家警察は一九九〇年代初め、ドラッグや凶悪犯罪が横行する地域をパトロールカーで巡回していた。こうした地域では、ドラッグの窃盗や販売に小さな子どもやティーンエイジャーたちが利用されることが少なくなかった。従わなければ脅され、従えば労働の対価をドラッグで支払われる。警察自体が信頼されていなかったため、事態の改善に向けて地元住民側からの協力もなかった。

そうした状況の中、一九九四年にボゴタ市長に選ばれたアンタナス・モックスは、いくつかの重要な改革に乗り出した。彼は低い信頼性向を高めるべく、パラダイム転換を行ったのだ。

住民にも地域活動に参加してもらうという目的、そしてそのリスク分析において、この変化は大きな影響を及ぼした。警察官に社会的スキルの訓練を行った上で、二名ずつのチームをつくり、このチームを数年単位で特定の地域に配置することになった。パトロールは車ではなく自転車で行い、警察官は地元住民の住居を訪問したり、街角で人々と立ち話をするようになった。自警団を育成するためのワークショップの企画や、学校が子どもたちに防犯教育を行う際のサポートも行った。地域ごとに犯罪監視委員会を組織して警報システムを稼働させ、警察との情報の共有化も図った。あるレポートには次のように記されている。

この活動は優れた成果を生んでいる。現時点（二〇一〇年九月）で、ボゴタはこの国の主要都市の中で殺人発生率が最低水準にある。

また、警察に対する市民の意識も大きく変わった。一九八三年の聞き取り調査で、対象となったコロンビア人の七三％が、警察には悪いイメージを持っていると答えていたが、二〇〇二年にハベリアナ大学が実施した調査では、ボゴタ住民の八五％が地域警備を高く評価している。また、地域警備プログラムが自分たちのニーズや苦情に対応してくれたという回答が八六・三％、地域の警察が一般市民にとって親しみやすいとの回答が九九％、警察の成績が向上したとの回答が八六・五％に上った。

ボゴタの警官たちは、「スマート・トラスト」を提供することで地域住民の信頼を勝ち取ったのである。自分の住む地域をよくしたいと思っている市民たちが、そうした活動に参加することに伴うリスクを軽減させ、犯罪の減少という目に見える成果を上げたのみならず、信頼関係の構築にも成功した。結果、これまでならドラッグに手を染めていたであろう子どもたちに、まっとうな道を歩むチャンスを与えたのだ。

カナダ・ブリティッシュコロンビア州のバンクーバーでは、王立カナダ騎馬警察リッチモンド署が、また別の手法で「スマート・トラスト」を実践している。地元企業と提携し、よいことをしている若者を対象に「ポジティブ・チケット」を発行する制度を導入した。このチケットは若者たちへの信頼を示す証書のようなものだが、それだけではない。これを近所の店に持っていくと、アイスクリームやピザ、映画のチケットに換えてもらえる。そこには彼らが地元商店街の人たちと知り合い、有益な関係を築けるようにという願いが込められているのだ。

警察は従来の罰則チケットの三倍にあたる数のポジティブ・チケットを発行したが、この手法はかなりの効果をもたらしている。警察官の士気が大幅に向上し、若者に限らず地域全体との信頼関係が深まった。バンクーバーにおける裁判所からの照会や青少年の逮捕の件数が三年間でおよそ半減した他、再犯率も五％に下がった。つまり、司法による更生プログラムを通じて派遣される若者の九五％は、再度、警察の世話にならずに済んでいるということだ。おまけに、犯罪者への対処費用も九〇％削減された。

この活動のリーダーであるウォード・クラパムは、目下、五三カ国以上と協力して、このポジティブ・チケット制度の導入を推進している。クラパムは次のように説明する。

「チケットの引き換え枚数は問題ではありません。大事なのは、このチケットが人間関係への入場券になるということです。つまり、関係をつくることが狙いなんです」

関係を築くと信頼も築かれる……そして、信頼があれば何でも可能になる。

ウェイン・イー（リッチモンド市 青少年課顧問）

信頼を返す

以上の例が示すように、他者に対し信頼をスマートに提供し、自分も信頼されることによって大きな配当がもたらされる。その最大の魅力は、信頼の持つ相互性から生み出される上向きの好循環だろう。信頼を誰かに提供すると、相手からも返ってくる。信頼というものにはそういう特性があるようだ。逆に、信頼を提供しなかったり不信を示したりすれば、相手も同様に不信を返してくる。

企業で社員たちが経営者を信頼しないのは、大概の場合、経営者側が社員を信頼していないからだ。つまり、社員たちの不信は経営者の不信の裏返しなのである。この現象は、企業と顧客、サプライチェーン内のパートナー間、さらには親子間でも頻繁に見られる。

赤の他人同士の関係も含め、さまざまな状況下において「信頼の相互性」が見られることは、いろいろな調査で確認されている。そうした調査の一つに、ポール・ザク率いるグループが実施したものがある。この調査では、積極的な社会的行動を促進するオキシトシンというホルモンの分泌と、信頼および信頼性との関係を調べる実験が行われた。

この実験の参加者には元手として一〇ドルが与えられる。それからパートナー（初対面の人で、実験中に話すことはできない）が割り当てられ、「意思決定者一」または「意思決定者二」という役割を無作為に与えられる。最終的にいくら持ち帰ることになるかは、自分自身と初対面のパートナーの選択次第で決まる。なお、連絡はすべて実験室にあるコンピュータのインターフェースを通じて行われる。

意思決定者一には、自分の元手の一〇ドルの中からいくらか（何ドルでもよい）をパートナーに送るよう指示される。送った金はパートナーの口座に入ると三倍に増える。ザクによれば、送金額は、送った人の「信頼しよう」という気持ちの強さを表す。パートナーは、意思決定者一から金を受け取ったあと、いくらでも好きな額（何ドルでもよい）を返すように促される。この額は、パートナーがどの程度信頼に値する人物なのかを示す。金額が決められるたびに、血液を採取してオキシトシンのレベルを測定する。一通りのやり取りが済むと、自分の手持ち額を渡されて実験を終える。

この実験で特に興味深い点は、二つの異なるシナリオの下で行われることだ。一回目については上で説明した通りである。二回目は、パートナーへの送金額を意思決定者一が自分で決めるのではなく、〇から一〇までの番号が記されたボールを無作為に引いた結果で決まる。

さて、実験結果はどのようなものだっただろうか。意思決定者一が送金額を自分で決めた場合、すなわち意図的な信頼のシグナルを送った場合は、無作為で決まった場合よりも、受け取るパートナーのオキシトシンレベルが二倍になることがわかった。これは、両方の状況における送金額の平均が同じでも当てはまった。

要するに、意識的に信頼を提供する行為は、大きな生理学的効果をもたらすということだ。また、経済的効果も大きかった。意図的な信頼が提供された場合、相手は受け取った額の五三％ほどを返したのに対して、送金額が無作為に決まるときはわずか一八％だった。

「スマート・トラスト」を実践する組織や個人は、この相互性の原則をよく理解している。グーグル社のケースを見てみよう。この会社はエンジニアたちに信頼を提供している。各人の勤務時間の二〇％（または週の一日相当分）を、職務記述書にはなくても、会社に関係するもので個人的に興味を感じることに使ってよいことになっているのだ。エンジニアたちはこの時間で、何か壊れているものを修理したり、新しい物を開発したりして、会社の信頼に応えている。そして、これがグーグル社のイノベーションと、ひいては収益性を際立たせている。

「わが社では、エンジニアたちに自分の時間の二〇％を、何でも希望することに使えるようにしています。何か面白い物が生まれるのでは、と我々は期待しています」

グーグル社のマリッサ・メイヤー副社長はそう説明する。エンジニアたちは実際、会社側のそうした信頼に応え、与えられた二〇％の時間を使って、Gmail　Google News　Google Sky　Google Talk など数多くの製品（全体の半数を占める時期もあった）をこれまでに生み出してきたのである。

人が何かに情熱を抱き、しかも、そのアイデアに自信があるときは、取り組み方も変わってくるはずだ。グーグル社の優れたアイデアのすべてが、社員たち独自のアイデアに打ち込める二〇％の時間や、そうした類のものから生まれたように。

アレック・プラウドフット（グーグル社エンジニア）

信頼の相互性を理解している組織は他にもある。BestBuy.comがその一つだ。このグループ会社は、オンラインの小売業者に特有の柔軟性を活かして、期限内に仕事を完了させることを条件に、勤務の時間や場所は社員の判断に委ねている。

こうした信頼の提供を受けると、もともと朝型の人であれば早朝に、夜型の人なら深夜の時間帯に、といった働き方ができる。その結果、病院に行ったり、子どもの学芸会を見に行ったり、のんびり骨休めをしたりすることが可能になる。その代わり、勤務時間内は全精力を傾けて働くことで、社員たちは会社側の信頼に応えているのだ。

この新制度を導入して間もなく、生産性が三五％上昇した。米国の報道番組「シックスティ・ミニッツ」のあるコーナーで、この会社が紹介されたとき、経営陣の一人、チャップ・アーヘンは、「面白いことに、彼らの勤労意欲を高めているのは、その信頼という要素なんです」と述べている。仕事量について質問された一人の社員は、「信頼されていますから、私としては以前より満足です」と答えた。

信頼されると、普通の人間であれば、頑張らなければと思うものである。

エクトル・ルイス（アドバンスト・ナノテクノロジー・ソリューションズ社 会長兼CEO）

ノードストローム社もその意味で先進的な存在だ。この会社は世界で最も信頼されている小売業者の一つで、模範的な顧客サービスで知られている。だが、その顧客との信頼関係は、経営陣が社員との間に築いた信頼の上に成り立っている。

この会社では「ノードストローム・ハンドブック」なるものを全社員に配布している。ハガキ一枚に印刷されたこの手引きには、顧客対応に役立つ短い規則が一つ記されている。

「いかなる場合でも良識を働かせよ」

社員たちは皆、こんな素晴らしい信頼を与えてくれる会社の期待に応えよう、この信頼を裏切ったり壊したりしてはならないと思っている。そして、彼ら自身もまた顧客に信頼を提供することで、数多くの得意客を獲得しているのだ。その甲斐あって、ノードストローム社は世界有数の小売業者へと成長し、「最も働きがいのある企業一〇〇社」の常連になっている。

信頼は伝染する：上向きの好循環

要するに、信頼には両面があり、こちらから信頼を提供すれば信頼が呼び起こされ、信頼を提供しなければ不信を生む、ということだ。我々の行動は、繁栄、活力、幸福を生み出す上向きの好循環をもたらすこともあれば、それらを最終的に台無しにしてしまう下向きの悪循環へと陥ることもある。

個人の生活、家族、地域社会、組織やチーム、国家、世界において、信頼の再生を促進するか、はたまた信頼の危機を助長するか、二つに一つの選択しかない。それゆえ、我々の行動の一つひとつ、関係の一つひとつが大きな意味を持つ。信頼は伝染するものであり、不信もまたそうなのである。

十分信頼しない人は、十分信頼されない。信頼を与えなければ、受け取ることもない。

老子（古代中国の思想家）

ヴィクトル・ユゴーの名作、『レ・ミゼラブル』に登場するジャン・ヴァルジャンはどんな人物か、ご存じだろうか。

ヴァルジャンは不景気の最中、パン一個を盗んだ罪と数度に及ぶ脱獄の罪で一九年間投獄される。釈放されても、囚人であることを示す黄色い紙の仮出獄許可証の携帯を義務づけられているため、宿屋に行っても部屋を貸してもらえず、どこで働いても賃金を全額もらうことができない。

そんな状況の中、ようやく親切なミリエル司教に助けられ、食事とその晩の寝床を与えられる。ところがヴァルジャンは、夜の間に司教の銀の食器を盗んで逃げてしまう。彼は捕らえられ、司教のところに連れ戻される。しかし、驚いたことに、司教は警官の目の前でこう言ったのだ。

「銀の燭台もさしあげたのに忘れていったね」

司教の証言により、ヴァルジャンは放免される。

「銀の食器を使うたびに、正直な人間になるという約束を思い出しなさい」

司教の信頼に当惑しつつも、大きな感銘を受けたヴァルジャンは、それから真の正直者になった。モントルイユ・シュル・メールの市長になって町を繁栄させ、死を目前にした女性に安らぎを与え、その娘を引き取って育て、その娘が愛する男の命も救うのである。そして、長年彼を逮捕しようと追いかけ回し、やがてフランス革命の捕虜となった非情でずる賢い警官を結局は解放するのだ。司教が実践した信頼という一つの単純な行為がジャン・ヴァルジャンの人生に、そして彼が出会った多くの人々に強い影響を与えていたことが、物語の結末で明らかになる。

要するに「スマート・トラスト」とは、いかなる状況にあっても信頼をスマートに提供することを意味する。そのことが、繁栄、活力、幸福の上向きの好循環へとつながることに疑いの余地はない。これまで世界のあちこちで見てきた何千もの実例をもとに、私は自信を持って断言する。今日のような信頼の危機の最中でも、その一方で信頼の再生が起きている。「スマート・

トラスト」には、繁栄、活力、幸福という三つの重要な果実を生み出し、実現させ、強化する、とてつもないパワーがあるのだ。

詳しくは第八章で述べるが、自ら率先して行動することもリーダーの務めであることを肝に銘じてほしいと思う。会社、チーム、業界、国家、家族、教室、地域社会、さらには個人間など、どのような関係のリーダーであったとしても、自ら積極的に信頼に値する行動をとり、「スマート・トラスト」を他者に提供する機会が必ずある。そして、痛い目に遭ったことがあろうと、自身や組織の信頼を失うような行動を過去にしたことがあろうと、あきらめる必要は全くない。信頼の構築や再構築に早く取りかかれば、計り知れない信頼の恩恵を享受できる機会もそれだけ早まるのである。

次からの第二部では、「スマート・トラスト」で結ばれた人間関係や文化を築くために、リーダーたちが実践している「五つの具体的な行動」を紹介する。さらに、第三部で詳しく述べるが、たった一人の人間でも変化を起こすことは可能だということを忘れないでほしい。そういう人間になろうと思ったら何をしなければならないか。それが本書のこれから先のテーマとなる。

◉さらに考えてみよう！

・あなたは誰を信頼しているか？　あなたは誰から信頼されているか？　それはなぜだと思うか？

第二部

「スマート・トラスト」の五つの行動

SmartTrust

第四章

「スマート・トラスト」の行動 その一：信頼がもたらす効果を信じる

長期的成功は概して、信念、アイデア、目に見えない概念といった、形のないものから生まれるものである。

イサドア・シャープ（フォーシーズンズ・ホテル・チェーン創業者／現CEO）

人が心に秘めている信念は、その人の生き方に必ず現れる。

ジェームズ・アレン（著述家）

私はある晩、本書を執筆するにあたり、八歳になる私の娘アーデンと話をしていた。「スマート・トラスト」について少し説明すると、「あら、『空っぽの鉢』のピンみたいじゃない！」と、彼女は興奮気味に言った。そして、走って行って、その本を取ってきた。娘のお気に入りの一冊なのだ。ある皇帝が自分の跡継ぎ探しをするという内容の美しい絵本を、我々は一緒に読み始めた。

花をこよなく愛していた皇帝は、国中の子ども一人ひとりに花の種をいくつか与え、一年後に一番綺麗な花を咲かせた子どもに自分の跡を継がせようと考えた。子どもたちは皆、喜んだが、特に大喜びしたのはピン少年だった。彼も花が好きで、育てるのがとても上手だったからだ。ピンは鉢に肥えた土をたくさん入れ、慎重に種を植えた。そして、毎日毎日水をやり、世話をし、じっと眺めていた。だが、花は一向に咲く気配がなかった。それで、もっと大きな鉢に植え替えてみたが、結果は同じだった。やがて、鉢を皇帝に見せにいく日が来たが、ピンはいたたまれない思いだった。他の子たちは皆、鉢いっぱいに美しい花を咲かせていたのに、彼の鉢だけは空っぽだったからだ。だが、彼の父親は、お前は精一杯頑張ったんだから、胸を張って皇帝にお見せすればいいんだよ、と息子に言った。

子どもたちが持っている鉢を順番に見ていった皇帝は、ピンの前に来て初めて口を開いた。なぜ空の鉢を持ってきたのかと、皇帝はピンの顔を見ながら尋ねた。種を育てるためにあれこれやったけれど、うまく行きませんでした、とピンは涙顔で答えた。皇帝はにっこりと微笑み、こう言った。

「見つけたぞ、この子だ！　皇帝にふさわしい人間が見つかったぞ！」

子どもたちに与えた種はどれも火を通してあり、もともと花などつけるはずのないものだった、と皇帝はピンに打ち明けた。ピンは、あえて空の鉢を持っていくという正直な行動が認められ、ご褒美として王国全土と、全土を支配する皇帝の地位を授けられたのだった。

本を読み終えたとき、娘が叫んだ。

「パパ、わかった？　きっと信頼できる人が見つかる、って皇帝は思ってたんだよ。で、その人が皇帝に一番向いてる、って。これって、『スマート・トラスト』と同じじゃない？」

「本当にその通りだね」

私はそう答えた。


『空っぽの鉢』のお話を一言で説明するなら、信頼の効果を信じていた皇帝がそれを試す試験を行った、ということになるだろう。皇帝になるための第一の条件は、信頼に値する人間であることだと皇帝は考えていた。だから、ピンに信頼を提供すれば、自分の王国が繁栄、活力、そして幸福に満ち溢れた国になることは間違いないと確信できたのだ。そうした信念が、実際の行動を導き出したのである。

人生のどんな側面においても、成果を出そうと思ったら、信じることが不可欠だ。我々は世界中のリーダーやチーム、組織を相手に仕事をしてきた経験から、持続する成功にとって何よりも肝心な土台は信頼である、と確信するに至った。

実際、我々の態度や行動は信念から生み出される。したがって、何を知っているかよりも、何を信じるかということのほうが、重要なのだ。この原則を裏付ける科学的証拠には事欠かない。

ブルース・リプトン博士は著書『思考のすごい力』（PHP研究所）の中で、「信念は行動を……そして、ひいては我々の人生の展開をコントロールする」と述べている。我々の信念が正しいか否かにかかわらず、これは、まさにその通りなのだ。

この話のおおまかな原型は、ニール・サイモンの舞台劇をもとにした映画『二番街の囚人』のシーンにある。主人公は、ニューヨーク市を訪れている男だ。強盗が出るから街では気をつけろ、と友人から忠告されていた彼は、神経質になっていた。だが、街を散歩してみようと思い立つ。すぐにジョギング中の人とぶつかり、体勢を立て直してお尻のポケットに手をやると、そこに入れてあった財布がなくなっていることに気づき、慌てて先ほどぶつかった男を追いかける。追いつくとシャツをつかみ、男の身体を激しくゆすりながら叫ぶ。「俺の財布を返せ！」と。

相手は明らかに怯えた様子で、すぐに財布を差し出す。彼が手を放すと、男は振り向いて走り去る。彼はホテルに戻るや、他人の財布を盗もうとする、とんでもない不届き者がいる、と怒りをぶちまける。だが、事前の忠告のおかげで助かった、と胸を撫で下ろす。自分の部屋のドアを開け、化粧台のほうに歩いていくと、突然うろたえたように立ち止まる。化粧台の上に、自分の財布があるのだ。朝、何げなく置いたのだろう。自分はジョギングしていた男の財布を、逆に奪い取ってきてしまったのである！

勘違いからとはいえ、彼の信念が自らを誤った行動へと駆り立て、図らずも、自分が恐れていたものになってしまったのである。乱暴かつ傲慢な強盗に。

基本的に不信の態度をとっている人も同様に、その行動によって望ましくない結果に至る場合がある。だからこそ、最初の「スマート・トラスト」の行動がとても重要なのだ。

信頼の効果を信じようとすることは、一つの選択である。しかも基本的な選択であり、そこから他のすべての「スマート・トラスト」の行動が生み出される。信頼の効果を信じようと決めること。その行為なくして、「スマート・トラスト」を実践する行動にはつながるはずもない。このことは、組織やチーム、さらには国家にも当てはまる。我々の行動すべてにおいて、繁栄、活力、幸福が創出されるような状態を生み出すには、信頼に対する信念を絶えず実践することが不可欠なのだ。

あなたの信念があなたの考えになる。あなたの考えがあなたの言葉になる。あなたの言葉があなたの行動になる。あなたの行動があなたの習慣になる。あなたの習慣があなたの価値観になる。あなたの価値観があなたの運命になる。

マハトマ・ガンジー

信頼に対する自分の考え方を理解する

信頼の効果を信じようとするその行為によって、その人生来の信頼性向が強化される。この行為は信念と信頼の原則に基づいている。

その逆は、信頼の効果を信じない、あるいは不信の効果を信じることだ。つまり、他者に対して疑念を持って接するほうが有利であり、出世のためならどんなことでもする、という考え方だ。

偽りの行動としては、信頼について表面上だけ調子を合わせること、自分に都合のよいときだけ信頼の効果を信じること、信頼を中核的信念としてではなく一つの「テクニック」として利用すること、他者を操る目的で信頼の効果を信じているかのようなふりをすることなどがある。


信頼の効果を信じられない、という人がいる。誤ってジョギング中の人を泥棒扱いした男のエピソードのように、疑いの目で見る癖が体に染みついているため、どんな状況でも無意識のうちに疑念のメガネを通して見てしまうのだ。職場の同僚に裏切られたとか、辛い離婚を経験したとか、信頼を提供して痛い目に遭った経験がそうさせているのかもしれない。

あるいは、「嘘をついたり、だましたり、盗みを働いたり」といった行為をしていながら罪を免れている人が、おそらくあなたの周囲にもいるのではないだろうか。この世の中で何かを成し遂げようと思ったら、「皆やっている」という態度で臨むほうが好都合で効率的であるかのようにうそぶく人が。

また、信頼すると主導権を掌握できなくなるとか、信頼するのはリスクが大きい、などと心配する人もいるかもしれない。

理由は何であれ、我々の中には信頼の効果を心底信じていない人が大勢いる。効果がないと内心では思いながら、あるいは、特に自分には効果がないと思いながら、理想的で心地よいお題目として、上辺だけ信頼の効果を唱えるような人もいるだろう。

こうした考え方の背後にある根本的な問題は、不安の存在だ。いいように利用されるのでは、痛い目に遭わされるのでは、従来とは異なる危なっかしい手段が必要になるのでは、成功できないのでは……といった不安のために、信頼の効果が信じられないのである。

反対に、信頼の効果をすんなり信じられる人々もいる。たとえば、高い信頼を基礎にした家庭や近隣、社会の中で育った人。成長過程で有益な手本や師となる人物にめぐり会えた人。高い信頼で結ばれた友情や結婚を経験した人。自分を信頼してくれる上司の下で、あるいは高信頼のチームや会社で働く機会に恵まれた人。そういう人は、自分も他者を信頼しようという気になり、以前なら存在しなかったような可能性の扉に気づきやすくなるだろう。

自分の状況がどうであれ、信頼の効果を信じようとする行動が信頼性向を高めていく。この行動は、「スマート・トラスト」の「五つの行動」の中でも特に基本的なもので、他の四つの行動へとつながるものだ。さらにそこから、繁栄、活力、そして幸福が生まれる。

信頼を重視する考え方に「口先だけ賛同」しても意味はない。自分に有利な特定の状況においてのみ、信頼を実用的なテクニックとして利用するのもいただけない。リスクがなさそうな場面に限って信頼するというのも十分とはいえないだろう。

自分自身の基本的な態度、すなわち日々の選択や意思決定を絶えず支配する行動基盤として、信頼を選択するべきなのだ。それ以外に、信頼がもたらす最大かつ永久的な配当を手にすることはできない。

幸い、どんな刷り込みを受けていようと、過去にどんな経験をしていようと、我々は信頼を選択し、手にする成果に影響を及ぼすことができる。この選択を実践した世界中のリーダーや個人の事例を本書で紹介しているのは、そのためである。彼らの体験談を読みながら、信頼の効果に対して、より正確で強力な確信を築いてほしい。それが私の意図するところである。

信頼についての三つの信念

高い信頼で支えられた個人やチーム、組織と世界中で仕事をし、かかわり合う中で、我々はある確信を持つに至った。それは、彼らの行動が、信頼についての以下の三つの明確な信念から生まれているということだ。

①信頼に値することの効果を信じる
②大部分の人は信頼できると信じる
③信頼の提供はリーダーにとって有効な手段であると信じる

①信頼に値することの効果を信じる

まずは、信頼性や信用の効果を信じる気持ちが存在しなくては話にならない。自分が信頼できる人間であるということを自分自身に証明すると同時に、信頼に値する明らかな人格と能力を他者に対して示す必要がある。

こうした信念については、すでに紹介した事例の中にも見てとることができる。

たとえば、ウィプロ社のアジム・プレムジは、出張経費の水増しという些細な不正を働いたゼネラル・マネージャーを解雇し、重要な荷物を低い関税で通してもらうために賄賂を贈ることを拒否した。

また、ジョン・ハンツマン・シニアは、末期がんの妻を持つ交渉相手に精神的負担をかけまいと、あえていささか不利な条件で契約を締結した。また、リベートの要求を「ゆすり以外の何物でもない」と突っぱね、三〇〇万ドルの損失を覚悟で事業を売却した。

さらにウォーレン・バフェットは、「我々の職務上の行動はすべて、無愛想ながら知的な記者によって記事にされ、全国紙の一面に載る可能性があるということを肝に銘じておきましょう」と部下に呼びかけた。

もう一つの顕著な例は、フォーシーズンズ・ホテル・チェーンの創業者で現CEOのイサドア・シャープだ。彼は著書『Four Seasons（フォーシーズンズ）』で、父親が左官工事の請負業者を始めたときのエピソードを紹介している。ポーランドからカナダに移住した父親は、英語でひどく苦労していた。シャープは次のように記している。

父は最初の仕事で図面を読み間違えた。図面に建物の半分しか記されていないことに気づかなかったのだ。建物の残り半分は全く同じなため、省略する旨が図面に記載されていて、当時はそれが一般的な手法だった。このため、父の見積額は本来の半額となり、相手は当然、これを受け入れた。

父が気づいたのは、作業の開始からかなり経ってからのことだった。あとは誰かに頼んで引き上げることもできたかもしれない。だが、途中で投げ出したら面子がつぶれると、父は腹を決めた。品質を落とすことなくその家の工事を終えると、その後の数年間は、このときの借金を返済するために働くことになった。私がこの話を聞かされたのはかなり後のことだが、商売をしていく上での貴重な教訓となり、私のキャリアを通して忘れたことはない。

シャープは父のこの一件から、信頼に値することの大切さを知り、そのおかげで豪華なホテルチェーンの経営を大成功へと導くことができたのである。

信頼に値することの効果を本気で信じている人たちは、そうした信念についてどう考えているのだろう。多くの事例からは、欲するものを手に入れるための単なる実用的手法とか、一つのテクニックとは考えていないことがわかる。むしろ、難しい状況にあっても、代償を伴うことがわかっていても、自分は信頼に値する人間でありたいと強く思い、そのように行動している。実際、信頼性や信用が真に試されるのは、代償や重大な結果を伴うときである。そうした状況でこそ、正しい選択が求められるのである。

② 大部分の人は信頼できると信じる

高い信頼で成功している個人や企業は、大部分の人は信頼できると思っており、それが彼らに成功をもたらしている。信頼できないごく一部の人々のせいで信頼できる大多数の人々が割を食うことを、彼らは許さない。分析を行う過程において、そうした一部の人々を切り離すことで、多くの人々に高い信頼を提供する方法を見つけ出し、このやり方を、顧客、パートナー、投資家、チームメンバー、家族、友人といった利害関係者すべてに適用しているのだ。

このことは、これまで紹介してきた事例からも見てとれる。

たとえば、ムハマド・ユヌスは反対の声が多い中で、担保を提供できない貧しい人々を対象に、信頼をベースにした小額融資制度を導入し、九八％もの返済率を実現した。ユヌスは顧客に対する信頼を、「グラミンは、すべての借り手が正直であると思っています」と表現している。

また、ピエール・オミダイアも同様で、大部分の人々は基本的に善良であるという前提に立ってeBayを創設し、赤の他人同士による日々一〇〇万件余の売買取引を可能にした。メグ・ホイットマン元CEOは、eBayの考え方の本質を次のように説明する。

「私はピエールから学んだのです。基本的に我々のコミュニティを構成するメンバーは、誠実な取引の場を求めている善人であると。そう考えることが、わが社にとって重要だということを。それが我々の文化に深く浸透していて、社内での社員同士の接し方だけでなく、eBayのユーザーやパートナーたちに対する対応の仕方の核心になっているのです」

ネットフリックス社もそうだ。数百万もの会員を信頼して、レンタルDVDを顧客に直接郵送している他、社員たちにも信頼を提供し、報酬の受け取り方（現金か株式か）や休暇の期間を彼らに委ねている。

また、グーグル社は、エンジニアたちを信頼して、勤務時間の二〇％を自分が選んだプロジェクトに使えるようにしている。マリッサ・メイヤー副社長は、「二〇％という時間は、エンジニアたちへの信頼を示す強力なメッセージになっています」と説明する。

L・L・ビーン社は、「あらゆる点で一〇〇％の満足」を謳い文句にしたサービスで顧客を信頼し、「弊社でお買い上げいただいた商品にご満足いただけないときは、いつでも返品をお受けします」と宣言している。

ザッポス社では、顧客サービスオペレーターを信頼してマニュアルなしで顧客対応にあたらせ、往復送料無料で三六五日返品可能の方針を採用している。

さらに、信頼の効果を強く信じている組織がもう一つある。W・L・ゴア・アンド・アソシエーツ社だ。ゴアテックスファブリクスなど、フッ素重合体を使った製品を製造販売する会社である。市場開発部に所属するダイアン・デヴィッドソンは、次のように述べている。

「ゴアに移ってきたとき、誰が何をしているのか、物事がどんなふうに進んでいくのか、見当もつきませんでした。気が変になりそうでしたよ。『私の上司はいったい誰なの？』ってずっと思っていました」

すると「その言葉は使わないようにね」と、同僚に忠告された。彼女がとまどったのも無理はない。信頼の効果を強く信じていた創業者ビル・ゴアが、早くから「マトリックス型組織」

を導入し、それが今日まで脈々と受け継がれているからだ。
社員は「共同経営者」と見なされ、自分の強みに合ったプロジェクトを自分で選んで会社に貢献するよう期待されている。報酬についても、専門職の人が集まって共同経営する法律事務所のように、二〇～三〇人の同僚同士でお互いの貢献度を評価し合って決める。ゴア社では、信頼や信用を勝ち取って責任を与えてもらうまでには時間がかかる。ある同僚社員は次のように述べている。

「我々は自分たちの行動を評価し合います。たとえば、会議を招集したけど一人も集まらなかったとしたら、たぶん、その人にはリーダーの資格はないんです。誰も従おうとする人がいないわけですからね」

そんなゴア社にも、もちろんＣＥＯはいる。二〇〇五年にチャック・キャロルがＣＥＯ職から退いたとき、取締役会は、意欲のある後継者をゴア社員の中から広く募った。ロンドン・ビジネススクールのゲイリー・ハメルが著書『経営の未来』（日本経済新聞出版社）に書いているが、社員の一人テリー・ケリーは、自分が新ＣＥＯに抜擢されたことを知って驚いた。この会社はケリーの指揮の下、年間三〇億ドル近くを売り上げており、「世界で最も革新的な企業の一つ」として世界三〇カ国に展開する九〇〇〇人余の社員たちとともに成長を続けている。ゴア社はまた、「働きがいのあるグローバル企業」ランキングにも常に名を連ねている。

「大部分の人は信頼できる」という考え方を企業やリーダーたちが採用すると、それが組織の設計に表れ、システムやプロセス、組織構造、ひいては戦略にまで効果が及ぶ。社員は信頼できると考える場合と、信頼できないと考える場合とで、経費清算制度はどう変わるだろうか。規則や方針、手続きを定める際にどのような影響があるだろう。

ハメルはゴア社の開放的な管理体制について話す中で、次のように分析している。

水に浸かっていない世界を想像できない魚のように、我々の大多数は、自分の経験の枠と一致しない経営管理慣行を想像できないのである。我々の言語さえ、我々のパラダイムの考えに縛られている。一例として、階層構造の概念が経営管理の用語にどれほど深く浸透しているかを考えてみよう。「指揮系統」「ピラミッド」「上司」「部下」「直属の部下」「組織のレベル」「トップダウン」「ボトムアップ」「カスケード（情報の階段的伝達）」――これらのすべての用語が権力や権威の公式の階層を前提としている。

トップダウン式の階級組織は管理することを基本とし、大部分の人間は信頼できないという考え方に立っているところが多い。もっと正確にいえば、ごく一部の人間が信頼できないから大多数の人間も信じられない、という考え方だ。これは、管理と信頼の関係を誤解し、信頼すると掌握が難しくなると思い込んでいるためでもある。結果、信頼を裏切られると、問題を取り締まる規則を増やすといった対応に走りがちになる。一部の不心得者のために大多数を罰することになってしまうのだ。

だが、ジェフ・ジャービスが著書『グーグル的思考』（ＰＨＰ研究所）で指摘しているように、「管理と信頼の間には逆相関関係が存在する」のだ。管理の最高の形態は、高い信頼に支えられた文化を持つことから生まれるのであって、過度の規則から生まれるのではない。「大部分の人は信頼できる」という考え方を前提にすれば、我々はそれまで得られなかった可能性を手にできる。このことはW・L・ゴア社の例がはっきり物語っている。

> 管理すればするほど、信頼は得られなくなる。管理を委ねれば、それだけ多くの信頼を獲得できる。
>
> ジェフ・ジャービス（ジャーナリスト／著述家）

もう一つ典型的な例は、ノードストローム社の「規則は一つだけ」という手法だ。この考え方は規則でがんじがらめにするのとは違って、社員たちに常に信頼に値する行動をとらせ、同僚たちが「それを認識」し、さらに「その認識を維持」できるようにする効果が大きい。さらにチャパラル・スチール社もそうだ。同社のゴードン・フォワード元CEOは次のように述べている。

> 何らかの不正行為を企んでいる三％を対象に手続きをいろいろ定めている組織が多いように感じました。それで我々は、信頼できる九七％の社員を対象に規則を策定しようと思ったんです。三％が目立てば、そのうちに彼らは会社を去るだろう、と考えたんです。まさにその通りになりました。

確認しておくが、ここで話しているのは「スマート・トラスト」についてであり、盲目的信頼ではない。したがって、個々の状況については、目的やリスクを分析することにより、一定の条件の下で信頼を提供する、という態度が求められることが明らかになる可能性もある。

また、「信頼できる大部分の人」の比率が低く、別の考え方に基づいた「スマート・トラスト」の実践を正当化するような文化も存在する。エンロン社などの企業、あるいは「腐敗認識指数」で最下位にランクされるような国家がこれに該当する。だが、ほとんどのケースでは、「大部分の人は信頼できる」という考え方を前提にするほうがはるかによい。

③信頼の提供はリーダーにとって有効な手段である

高い信頼を提供し、成功を収めているリーダーたちは、信頼がリーダーにとって有効な手段であると考えている。信頼は部下の成績向上意欲を刺激し、相手の信頼を引き出し、最終的にいっそうの繁栄、活力、幸福を実現する、というのがその大きな理由だ。

こうした考え方が明確に表れている企業の一つがBestBuy.comだ。この会社は社員たちを信頼し、質の高い仕事を期限内に終えることを条件に、勤務の時間や場所を彼らの判断に委ねたところ、生産性が三五％も跳ね上がった。

また、ウォーレン・バフェットもそうだ。彼は自分の部下たちに、バークシャー・ハサウェイ社の傘下にある七七社の社員二五万七〇〇〇人について、「我々が知れば不快に思うようなことを、今日、バークシャーで誰かがやっていることでしょう。それでも、不信ではなく『相応の信頼』を基礎にして行動する道を選ぼう」と語りかけている。

さらに、高い信頼で結ばれた文化を持つウェグマンズ・フード・マーケット社は、社員離職率が平均四七％にも上る業界にあって、三％以下という水準を実現している。

マイクロソフト社のロス・スミスは、二〇〇七年、Windows セキュリティ試験チームを信頼することで、八五名のメンバーから成るこのチームの生産性を上げられると考えた。世代間ギャップを埋めようと、カルト的な人気を誇るスラップスティックSFの傑作『銀河ヒッチハイク・ガイド』（ダグラス・アダムス著、新潮文庫）を参考に、チーム名を「四二プロジェクト」に改めた（この本の中で、「四二」という数字は普遍の真理とされている）。ロスはそのときの苦労を、次のように振り返る。

このチームに「我々を信頼してほしい」などというメッセージを送っても意味がないことは、我々もわかっていました。この段階で信頼を持ち出すのはあまりにも唐突で、かえって感情的にぎくしゃくしそうでしたからね。信頼は時間をかけてでも築く価値のあるものだということを、どうしたら部下たちにわかってもらえるか。信頼は低いよりも高いほうがよいということに反対する者は一人もいませんでしたが、信頼構築のために「本来の職務」の時間を割くという提案には半信半疑でした。以前から週一回、ピザを食べながら、アイデア、プロジェクト、提案、リサーチなどを持ち寄る気楽な討論の場を設けていたので、こうした「ピザ・ミーティング」のうちの一回を使って信頼に影響する行動を拾い出し、意見を述べ合うことにしたんです。その結果、信頼に影響を及ぼす行動が一五〇ほどピックアップされました。

その結果、このチームはさまざまなゲームなどを考案し、自分たちの進捗度を記録しながら連携を強化し、行動に優先順位をつけるなど、目覚ましい変化を見せた。このプロジェクトは完全な自主参加制で、メンバーはウェブサイトを作成して参加を呼びかけた。

ロスは、さまざまな尺度から効果のほどを報告している。それによると、定着率はこのチームの過去の実績や他のチームと比べて二〇～五〇％上昇し、生産性も一〇～六〇％も向上した。また、ロスのいう「好循環」が生まれたことで、人材獲得の競争でも有利になった。「有能で満足している人間が優れたアイデアを出し、新たな思考法が新人を惹きつける」と、ロスは指摘する。

ビル・ゲイツの高校時代の友人でマイクロソフト社の社員第一号だったメンバーの一人、マーク・マクドナルドは次のように説明している。

「四二プロジェクトは、大規模組織の階級をぶち壊すことによって、新興の小企業や業界の人たちに見られる気持ちや情熱をもう一度呼び覚まそうとするものです」

「信頼がもたらす効果を信じる」という考え方は、顧客サービスのエキスパートであるジーン・ブリスも、著書『I Love You More Than My Dog（私の愛犬よりあなたが大切です）』で全編にわたって詳しく述べている。良いときも悪いときも会社への愛着心や強烈な顧客ロイヤリティを生み出す、リーダーや組織による意思決定とはどういうものか。それをこの本は示している。その一つが、彼女のいう「信じると決める」ことだ。一節を紹介しよう。

人々に愛される企業は、信じると決める旨の決定を社内で行う。社員を信じ、顧客を信じる、と。その結果、信頼と信念が彼らの関係の土台になる。余計な規則や方針、幾重もの階層があると、顧客との間で障害になるものだが、顧客を信頼すると決めると、そういうものから解放される。また、社員には適切に行動する能力や意志があると信じることで、あとでとやかく口を出したり、行動を隅々までチェックしたりする必要がなくなる。また、社員たちが自分の頭で考える力がつき、活力やアイデア、やり遂げたいという願望を全員が持つようになる。信じられ、信頼されているという思い、その信頼を顧客や社員に返そうという気持ちが活力を生み出すのだ。

「信頼がもたらす効果を信じる」という考え方は、我々の同僚で、フランクリン・コヴィー・ラテンアメリカを運営しているホセ・ガブリエル・ミラージェスの感動的な体験談にも見ることができる。

私の両親は私が一二歳くらいのとき、プエルトアルムエイェスに移り住んだ。バナナの輸出を主要産業とする、パナマの小さな町だった。ここは私の祖先がもともと住んでいたところで、両親は常々、この故郷に帰りたがっていた。両親は自分で商売をする元手を貯めて小さなスーパーマーケットを始め、家族全員がそこで働くことになった。

両親がその店を始めたとき、街にはストリートキッドの集団がいた。年齢は八歳から一六歳くらい、全部で二五人ほど。この子たちは船員のガイドや盗みをしながら、昼も夜も街をぶらついていた。周囲の人々からは、人間のクズのように見られていた。真っ白なシャツについた黒い染みのように。

店の主人たちは皆この子たちに用心し、どの店も立入禁止にしていた。ただ一軒、うちの店を除いて。私の母は最初から彼らに話しかけていた。何人かのグループに、あるいは一人ひとりに。そのメッセージは一貫していた。

「あなたたちは立派な人間なんだから、いつでもうちの店に来ていいんだよ。誰も見張ったりしないからね。私はあなたたちを信頼するよ。だから、その信頼を裏切らないでおくれ」

このように価値のある存在と認められたのは、彼らの何人かにとっては初めてのことだった。結果は即座に表れた。しかも好ましい結果だった。他では盗みを働いているこの子たちが、うちの店にくると礼儀正しく、きちんと振る舞ったのだ。誰一人として、うちでは万引きをしなかった。それどころか、店に怪しい人が入ってきたりすると、我々に教えてくれたりもした。

時が経つにつれ、この子どもたちの多くが心を入れ替えていった。今では、知的な仕事に就いている子もいれば、肉体労働をしている子もいる。大部分が善良な市民として、家庭を持っている。母は、まず自分のほうから信頼を提供した。その結果、彼らは心を開き、さらに多くの励ましやアドバイスに耳を傾け、それを行動に活かすようになったのだ。

母があの子どもたちに信頼を提供したのは、信頼の効果を信じていたからだ。人は信頼されると心に何かを感ずるものであり、あの子どもたちも与えられた信頼を返してくれるはずだ。母はそう信じていた。そして、彼らはその信頼に応えたのだ。

ミラージェスの体験が示しているように、信頼の提供がリーダーにとって有効な手段となる最大の理由の一つは、それが信頼性と相互性の両方を刺激するという点にある。他者から信頼されると、人はその信頼に応えたいと思うものだ。こちらから信頼を提供すると、相手はそれを返してくれるものなのである。

他人に敬意を払うと、自分も敬意を払われるようになる。このことは、リーダーが提供すべき忠誠心や信頼をはじめとする、あらゆる美徳に当てはまる。

ジョン・ウッデン（ＵＣＬＡバスケットボール部の伝説的コーチ）

信頼の効果を信じる ―― 経営哲学として

マイクロソフト社のインタラクティブサービス部門担当副社長カイ・フー・リーが二〇〇五年七月、メディアの注目を浴びた。マイクロソフトを去り、グーグル中国法人の社長に就任したときのことだ。リーは、グーグル社の強みの秘密を彼なりに公式化し、中国のあるウェブサイトに掲載した。工学を学ぶ若い学生たちが集まるサイトで、式は次のようなものだった。

若さ＋自由＋透明性＋新しいモデル＋一般消費者にとっての価値＋信頼に対する信念＝グーグルの奇跡

グーグル社の場合も他の成功事例と同様、信頼の効果に対する信念はテクニックやその場限りの手法などではない。むしろ基本的な行動基盤であり、それが繁栄や活力、そして幸福を生み出しているのだ。ここまでに紹介してきたリーダーや企業などが、この哲学をそれぞれの人生や組織との関連でどう表現しているか、次の表にまとめた。

リーダー／企業	経営哲学／行動基盤
イサドア・シャープ（フォーシーズンズ・ホテル＆リゾーツ）	信頼はフォーシーズンズの精神的資本、成功を持続するための倫理的規範、そして企業文化において重視される掟であり羅針盤だった……それが我々の成功の最大の秘密であり、あらゆる取引、あらゆるホテル開業、あらゆる事業における我々の前評判に不可欠だった……自由市場を支配する見えざる手と同様、信頼の見えざる手は我々の道しるべであると同時に原動力でもあった。そして、信頼が年々高まるにつれ、それと並行して我々の評判も上がっていった。
アル・ケアリー（フリトレー社）	我々のチームは互いに信頼し合っている。難しい意思決定も、より迅速に行うことができる。お互いに信頼し合っていると、余計なお役所的手続きが一切必要なくなる。管理者層の圧縮も可能である。互いに信頼しているため、より迅速かつ直接的に意思決定へと進むことができる。さまざまなグループが監督し合って社員たちの不正をチェックする必要もない。
アンドレア・ユング（エイボン社）	わが社のモデルは全体として、顧客との個人的関係を軸にして築かれており、その関係は信頼に支えられている。そうした関係から生まれる力が、我々に成功をもたらし、未来の扉を開く鍵となる。

チャーリー・マンガー（バークシャー・ハサウェイ社）	我々のモデルは切れ目なく張りめぐらされた信頼関係であり、それは双方にとって価値あるものになっている。それこそが我々の目指しているものである……手続きは簡素で、まさに完全に頼りになる人間同士が正しくお互いを信頼し合っている、そういう関係だ。
メグ・ホイットマン（eBay 社）	一〇年以上経った今もなお、私は、ピエール・オミダイアは正しかったと確信している。eBay がうまくいった理由は基本的に、大部分の人は基本的に善人だということだった。ツールを提供し、価値を強化したのは我々だが、eBay という会社を築いたのはユーザーたちである。eBay を、そしてお互いを信頼し合おうという我々のコミュニティの精神が、eBay 成功の基礎だった……eBay は信頼がすべてである。
ムハマド・ユヌス（グラミン銀行）	銀行は無意味な契約書の紙切れなどではなく、人間に対する信頼という基礎の上に築かれるべきだと我々は確信していた……高い信頼で結ばれた環境で暮らしたい、というのが万人の願いである。
ジム・グッドナイト（SAS社）	経営者たる者は自分の部下を信頼しなければならない、と私は考える。社員が力を発揮できるように扱うことが重要である。そして、それを実践すると、彼らもそれに倣うだろう……社員たちを信頼して彼らの力を最大限引き出すと、売り上げは自ずと増えるものだ。経済が厳しい時代にあっても、それは変わらない。

アジム・プレムジ（ウィプロ社）	価値観は結局、信頼で決まる。あなたの行動の一つひとつが信頼を反映したものでなければならない。信頼は築くのに長い時間を要するが、たった一度の無節操な行動であっという間に失われる。
テリー・ケリー（W・L・ゴア社）	ゴアをつなぎ合わせている基本的なものがいくつかある。その一つは、我々全員が同意している、お互いの接し方に関する価値観である。ゴアの文化には大きな信頼の要素が存在するのだ。
トニー・シェイ（ザッポス社）	各顧客への対応は、社員それぞれの最善の判断に基づいて行われている、と我々は確信している。
ケネス・シュノールト（アメリカン・エキスプレス社）	信頼が生み出す競争優位が今日ほど重要かつ貴重な時代はない。
ジョン・ウッデン（UCLA）	「信頼せずに始終わびしい気分でいるよりは、時に当てが外れたとしても信頼するほうがましだ」と、私は思う。
グーグル社	多くの企業は、消費者への信頼ではなく、規則や禁止事項を基盤に機能している。やってはいけないことを客に提示し、それを破った者には罰則を科す。しかしグーグルは、我々への信頼を基盤に帝国を築き上げたのだ（ジェフ・ジャービス著『グーグル的思考』より）

信頼の賭け

一九八九年の映画『インディ・ジョーンズ／最後の聖戦』をご覧になった方は、あのハラハラドキドキのクライマックスシーンを覚えておられるだろう。考古学者で、並外れた冒険家でもあるインディ・ジョーンズが、高さ何百フィートもある断崖絶壁の端に冷や汗をかきながら立っている。悪党に撃たれて瀕死の重傷を負った自分の父親を救うには、その渓谷を急いで渡って聖杯を手に入れなければならない。だが、渡れるような道は見えない。息子同様、考古学者である父親が手帳に記したいくつかの手がかりにインディは大急ぎで視線を走らせる。すると、「獅子の頭上より飛び込んで、その者の価値を示せ」という文字が目に入ってきた。その意味を理解した彼の顔に、すぐさまショックと恐怖の表情が浮かぶ。だが、その直後、彼の顔に決意がみなぎる。観客が固唾を呑んで見守る中、足を踏み出す（信頼の賭け）と、彼の姿は跡形もなく消え去る。ここで奇跡が起きる。彼の足下に突然、橋が現れるのだ。インディは谷を渡って見事に聖杯を取り戻し、観客は大きな安堵の溜め息をつく。

第三章でも述べたが、信頼の提供には賭けを伴う場合がある。インディ・ジョーンズの空中へのジャンプのように劇的なケースは滅多にないとしても、信頼の賭けは時に困難で、しばしば決定的瞬間となる。

たとえば、位置情報サービスを提供するハイテク企業、スカイフック社のテッド・モーガンCEOは、自分の技術を売り込もうと、何カ月も前から大手企業に働きかけてきた。二〇〇七年のある日のこと、モーガンが留守電をチェックしていると、次のようなメッセージが残っていた。

「テッド、アップルのスティーブ・ジョブズです。スカイフックのことで話をさせてもらいたいんですが。電話をもらえますか」

どうせチームの誰かのいたずらだろうと思ったモーガンは、そのメッセージを削除した。彼はその日、スカイフック社の共同創立者であるマイク・シェインに言った。

「努力は買うけど、スティーブ・ジョブズの物真似はまだまだだな。スコットか、この間アップルで会った他のマネージャーの名前にでもしときゃよかったんだよ」

そんなメッセージは知らない、とシェインは答えた。あの電話がアップル社のCEO、スティーブ・ジョブズ本人からのものだったことに気づいたモーガンは、慌てて姿勢を正した。

モーガンが折り返し電話をしてジョブズと会うと、状況が一気に動き始めた。とてつもなく大きな取引が進んでいくような感じだった。ある日、ジョブズからモーガンのところに電話が入った。アップル社で近く「Macworld」という大規模なイベントをやるが、スカイフックとの契約がかなり煮詰まってきたから、その技術を披露したいので、コードを教えてもらえないか、とのことだった。モーガンは電話を保留にし、経営陣のほうを向いて小声で告げた。

「うちのコードを教えてほしいそうだ」

「ダメダメ！　絶対にダメだ！」

彼らは即座に言った。それで、モーガンはジョブズに言った。

「スティーブ、おわかりいただけるかと思いますが、我々はコードをどなたにも教えていないんです。そのコードはうちの知的財産でして。我々にとっては全財産なんですよ」

「それはわかりますよ。でも、これからは私を信頼してもらわないと」

ジョブズはそう食い下がった。

モーガンは経営陣の反対を押し切って、ジョブズにコードを教えた。私は後にモーガンに尋ねた。

「もし『スティーブ、教えるわけにはいきません』と答えていたら、どうなっていたと思いますか?」

彼の返事は次のようなものだった。

「それはわかりませんが、たぶん彼は話を打ち切ってきたと思いますよ。他を当たったでしょう」

実際には二〇〇八年一月の Macworld で、ジョブズはスカイフックの技術を自ら実演してみせることで、モーガンの期待に応えた。それがどういう技術なのか動画も交えて説明したあと、次のように言った。

「どうです? すごいでしょう。とってもクールじゃないですか」

モーガンはジョブズが行ったセンセーショナルな紹介を、「企業が行い得る最大の宣伝イベント」と評している。

スカイフックのWPF（Wi-Fi ポジショニングシステム）は、Google Maps や、二〇一〇年四月まで iPhone と iPod Touch の両方で使用できるその他のアプリケーション用の主要なロケーションエンジンになった。同社はアップル社の他、サムスン社、モトローラ社、デル社、クアルコム社、テキサス・インスツルメンツ社など、多くの情報技術大手に位置情報サービスを提供し続けている。そのソフトウェアは何千種類ものモバイルアプリケーションを動かし、全世界の数千万台ものデバイスに導入されている。モーガンが打って出た信頼の賭けは、スカイフック社を躍進させる大きな原動力になった。

この事例はまた、信頼することにはリスクが伴うが、信頼しないことにもリスクはあり、後者のリスクのほうがしばしば大きいことを裏付けている。

他人を信頼する人は他人を信頼しない人よりも、過ちを犯すことは少ない。

カミッロ・ベンソ・ディ・カヴール（イタリアの政治家）

マクドナルド社はコーディア・ハリントン相手に、信頼の賭けを選択した。ハリントンの経営する六〇〇〇万ドルのベーカリーは、マクドナルド社やその他のレストランにバンズを供給しており、今や彼女は「バンズ・レディー」の愛称で親しまれている。

一九九〇年代、彼女はシングルマザーとして、必死の思いで三人の息子を育てながら家計を支えていた。イリノイ州でマクドナルドのフランチャイズ権を購入したが、貧困者の多い地域だったため売り上げは伸び悩んでいた。そこで、一か八かの気持ちでグレイハウンドバスのフランチャイズ権も購入し、バスの運行ルートを変更させ、自分の店の前を通るようにした。その甲斐あって、一日に六八～一〇〇台ほど通るバスの乗客が店を訪れるようになった。

マクドナルドがバンズを仕入れる業者を探していることを知ったハリントンは、パンづくりについてはずぶの素人であるにもかかわらず、自分にやらせてほしいと掛け合った。四年間に三二回も面接を重ねた結果、彼女はマクドナルドの信頼を勝ち取り、ついには契約成立の握手を交わした。この取引は以来、一六年も続いている。ハリントンは次のように述べている。

「この関係は非常に神聖なものです。なにしろ、契約書などつくらず、握手だけで決めたわけですから。私の握手を彼らが信頼してくれているということが大きな意味を持つんです」

握手をした以上、その約束は守らなければならない。どんな犠牲を払ってでも。厳しい交渉は契約が同意されるまでだ。握手をした瞬間、交渉は終わる。言葉はその人の最大の資産である。誠実さはその人の最大の美徳である。

ジョン・ハンツマン・シニア（ハンツマン社 創業者）

事業資金を調達するため、ハリントンは銀行の融資を受けた。銀行は彼女の職業倫理と自ら築いた信用を勘案して、彼女に一二〇〇万ドルの資金を貸した。またしても、握手一つで。メリーランド女性会議で基調講演を行ったハリントンは、女性たちに次のように語りかけた。

「互いに信頼し合える銀行を見つけて計画を立てることです。いつもお金が必要とは限りません。むしろ、創造性が重要なんです……私は三一回断られました。でも、胸に秘めた夢があるのなら、とことんそれを追いかけましょう。銀行が一三〇〇万ドルの融資に応じてくれたとき、この人たちは正気かと疑ったほどです。たかがパン屋のために、それも握手一つで貸してくれたんですから」

銀行側からすれば、全くの正気だった。彼らは分析の結果、ハリントンには高度な信用力と、素晴らしい実績と、そして大量の予約注文を含むマクドナルドとの契約があると判断したのである。

信じるという決断

我々にとって最も重要な信念は、信頼の効果を確信するという信念だろう。具体的にいえば、どんな否定的な刷り込みや出来事を経験していようとも、また周囲に信頼の危機が広がっていようとも、信頼を自らの基本的パラダイム、自分自身の行動基盤にする決断ができるということだ。

私の同僚の一人が、退役軍人たちの看護にあたるナースマネージャーや管理者、チームを対象に、二日間の信頼に関するプログラムを実施した。その際の経験談は以下の通りである。

一日目の朝、このプログラムで何を学びたいか、と全員に質問した。すると、ホームレスの退役軍人たちを診ているクリントという男性が、「どうしたら再び人を信頼できるようになるか、学びたいと思います」と答えた。もう少し詳しく聞かせてもらえないかと聞くと、「アフガニスタンでの体験の影響で、私は誰も信頼できなくなってしまいました」と言うのだ。そして、彼は詳しく話し始めた。

彼は二二年間に及ぶ兵役の中で、イラクとアフガニスタンに二度ずつ派遣されたあと、アフガニスタンでの最終派兵に加えられた。そこで彼は、米軍撤退後に治安維持を引き継ぐアフガン軍にそのための訓練を施す部隊を指揮した。彼と部下たちは何週間もアフガン兵士たちと一緒に訓練や戦闘に従事し、食事や寝起きをともにした。そんなある日、アフガンの兵士何人かが米国人の訓練士に銃口を向けるという事件が起きて、クリントは重傷を負った。

「それ以来、私は誰も信じられなくなりました。命を落とすことだってあるんですから」

彼はそう話を結んだ。私はこの話を聞いて、彼のこの信頼の問題が彼の家族、とりわけ息子との関係に深刻な影響を及ぼしていると思った。

私は気持ちを鎮めてからクリントに言った。どんなに辛いことか自分には想像もできないが、今日と明日の二日間、希望を捨てずに頑張ってほしい。そうすれば、もう一度信頼できるようになる方法や言葉が見つかって、心の安らぎが得られるかもしれないから、と。そうしたら、彼は頑張ってみると言った。

二日間、彼は自分の意見やアイデアを発表したり、他の参加者たちと話し合ったりと、プログラムを熱心にこなしていた。私は彼に一部のエクササイズのリーダー役を任せたりしながら、裏切りに遭った人の心を、この講座がどこまで「動かす」ことができるだろうか、という思いで見つめていた。

そして二日目の最後に、何か得るものがあったかと参加者たちに尋ねた。そうしたら、共通の関心事について話し合ったり、ビデオやエクササイズ、信頼を生み出す行動を記したカードなどを皆で一緒にできたことがよかった、という答えが返ってきた。そのあと、クリントが手を上げて発言した。

「私の息子が今日学校から帰ってくるまでに、さっきのカードを四枚、彼のベッドの上に置いておこうと思います。そして、それを使って話し合ってみようと」

他の参加者たちから大きな歓声が沸き起こった。

それから数カ月後、私はクリントと偶然、再会した。すると、彼の変わりようは半端ではなかった。息子とキャンプに行った帰りだったそうだが、二人でとても楽しい時間を過ごしたように見えた。彼はまるで別人のようだった。粗野で薄気味悪く、威嚇するような態度が消え、温かく開放的な雰囲気を漂わせていたのだ。息子だけでなく、他の人たちとも高い信頼で結ばれていることは疑いようがなかった。

一生涯消えないような強烈な刷り込みの体験を克服するのは、時に想像を絶するほどの困難を伴う。しかし、決して不可能ではない。信頼性向からまず高めなければならないとしても、あきらめる必要はない。

まずは、信頼のメガネをかけて、自分の周囲の世界をもっと深い思慮をもって見つめるようにすることだ。そして、自分自身や他者の人生、あるいは人間関係において、信頼がどのように表れているかを分析する。自分自身で調査し、テストするわけだ。さらに、信頼を築くための、また、時には信頼の賭けに出るための策を講じれば、成果が見えてくるはずだ。

私は今、確信を持っている。信頼の効果を信じる気持ちを持つことこそ、我々が自らの人生で信頼の恩恵にあずかれるかどうかの最大の鍵なのだ、と。

自分はやれると確信していれば、最初はなかった能力も必ず身についてくるものだ。

マハトマ・ガンジー

この章では、リーダーたちがそれぞれの個人間、チーム、組織、および国家において、高い信頼を築くために実践している行動の一つを紹介した。その他の四つについても、このあとの章で一つずつ見ていくが、彼らの根底には信頼に対する確信がしっかりと横たわっていることを確認しながら読み進めていただきたい。また、「信頼がもたらす効果を信じる」という一つ目の行動を実行していなかったら、彼らが逃したチャンス、あるいはそこに存在することにすら気づかなかったであろう機会が、どれほどのものになるか、それも併せて考えてみてほしい。

◉さらに考えてみよう！

・信頼に対するあなたの基本的な考え方は、あなたの行動にどのように表れているか？ あなたのその考え方は、人生において得られる結果にどのような影響を与える可能性があると思うか？

・あなたが以下の信念を持っていることを裏付けるものが何かあるか？ また、他者の目にはどのように映っていると思うか？

A 信頼に値することの効果を信じる。

B 大部分の人は信頼できると信じる。

C 信頼の提供はリーダーにとって有効な手段であると信じる。

・あなたには異なる信念があると、あなた自身や他者に思わせるような明らかな証拠が何かあるだろうか？

・あなたの考え方は、あなたと他者との関係や、あなたの繁栄、活力、幸福にどんな影響を及ぼしていると思うか？

SmartTrust

第五章

「スマート・トラスト」の行動
その二：
まずは自分から始める

自分を信じなさい。そうすれば、生き方も見えてくる。　ゲーテ

周囲の信頼を勝ち取る唯一の方法は、自分が信頼に値する人間になることだ。特に、自分が自分を信頼できることが重要である。

シドニー・マッドウェッド（著述家／コミュニケーションの専門家）

我々の友人であり、仕事上の同僚でもあるロジャー・メリルから、最近、次のような経験談を聞いた。

父は私がまだ子どもの頃、自らカリフォルニアで立ち上げたドライフードを扱う会社でCEOをしていた。一時期は、多額の投資をして売り出した新製品がとても好調だったが、相場が突然、急降下した。数人から破産宣告をするよう勧められたが、父にはそれを受け入れる気は全くなかった。返済の時期や方法はさまざまだったが、父は長い期間をかけて自分の手で借金を全部返済し終えた。

私は大学を卒業するとカリフォルニアに戻り、父と一緒に別の会社で働いた。父の下でトレーニングを受けていた頃、ベトナムに派遣されている軍隊にココアパウダーを供給するという、政府との大口契約を獲得した。この契約の履行に必要な資金を確保するため、父はある日、私を連れて銀行に行った。支店長で、その銀行の上級役員でもある人の前に座ると、「いかほどでしょうか？」と聞かれ、父は金額を答えた。

すると、支店長は「わかりました。いつ御入り用ですか？」と言った。「なるべく早く」、父はそう答えた。「午前中でいかがでしょう？」と、支店長が言ったので、「結構です」と父が答えた。それで話は終わりだった。我々が帰ろうとしたとき、支店長が私を脇に連れて行き、こうささやいた。

「息子さん。あなたのお父様には、私の権限でいつでも、いくらでも、どんな状況でもお貸しできますからね。お父様は、ご自分の責任ではないことまでちゃんとやろうとするお方ですから。お父様のご人徳なんですよ」

信頼の効果を信じることは重要だが、それだけでは十分ではない。今日の世界で成功している個人、リーダー、組織、チームは、そうした決断に基づいて、きちんと行動しているのだ。自分自身を信頼することができ、なおかつ周囲の信頼も得られるような人格と能力を身につけている。そして、そこに生まれる信用が強みと自信をもたらし、それがより大きな繁栄や活力、幸福へと至る扉を開くのである。

我々は多くのクライアントと仕事をする中で、信頼を確立し、さらに拡大を目指す上で、あるいはそれを取り戻そうとする際に有効な「六つの主要プロセス」を開発した。どのステップも最初は、「まずは自分から始める」から始まることになる。

具体的にいえば、鏡に自分の顔を映し、自分自身の信用はどの程度かを考えてみるということだ。自分で自分を信頼できるか。そして、他者から見て信頼に値する個人、リーダー、チーム、企業、国家といえるか。この二つの重要な点について自問自答するという行為は、信頼を生み出したり、取り戻したりする際に、あなたが踏むであろうどのステップにも、どの決定にも、影響を及ぼすはずだ。なぜなら、あなたの信用が他のすべての「スマート・トラスト」の行動の基礎になるからである。

「まずは自分から始める」というステップは責任と信用の原則に基づいている。その逆は、相手の人間が変わるか、責任を取るまで待つというものだ。つまり、自分の信用や成功に対して、責任を負わないということになる。その行動としては、ふりをする（実体よりも見かけ）、信用がないのに、あるとうそぶく（「私を信頼して！」）、失敗は他者のせいにし、成功は自分の手柄にする（「私は自分がやるべきことをやった／我々が失敗したのは彼らのせいだ」）、「自分勝手」を始める（結果や他者への影響におかまいなく、自分がやりたいことをやる）、エゴや傲慢で自分への真の信頼を補おうとする、などがある。

人格と能力

第一部で述べたが、信頼性とは「スマート・トラスト」のために行う分析の対象項目三つのうちの一つだ。さらに信頼性は、人格と能力という二つの要素で決まる。人格には、人の誠実さ（正直、一貫性）と意図（動機、思惑）が含まれる。正直でないとか、策を弄して人を操るとか、利己的、などと思われるよりは、正直で率直で信頼でき、相手のことを本気で考えていると見られるほうが、人々の信頼を得やすいことは明らかだ。

だが、人格だけが優れていても十分ではない。信頼性には能力も必要であり、この能力は力量（才能、スキル、専門技術）と結果（実績、パフォーマンス）から成る。やはり、役立たずとか、場違い、あるいは経験不足、時代遅れのスキルしか持っていない、などと見られるよりも、博識で熟練し、成果を出すことができ、改善に熱心に取り組んでいる、などと思われるほうが、人々に信頼してもらえるだろう。

つまり、人格と能力はどちらも必要なのだ。この二つが両方そろって初めて、信頼性を高め、信頼を獲得することができるのである。個人であれ、組織であれ、国家であれ、それは変わらない。政府と国家の努力により、成長著しい国として近年台頭してきたシンガポールを例に考えてみよう。

この国はここ数十年の間に、人格（不正が少なく、国家に対する奉仕精神が旺盛である）と能力（国の仕組みを改革しつつ生産性や競争力を強化してきた）の両方で信頼度を高め、国民から見ても世界から見ても信頼できる国になった。

我々は新たなリーダーシップを必要としている。それは、最高の誠実さを備え、持続性のある組織の構築に執念を燃やす真のリーダー……あらゆる利害関係者のニーズに応える会社を築く勇気を持ち、自らの仕事が社会にとって有意義なことを認識しているリーダーである。

ビル・ジョージ（メドトロニック社 元CEO／ハーバード・ビジネス・スクール教授）

自分を信頼できる自信を持ち、自分に対する信頼を他者の心に呼び起こすためには、人格と能力の両方がそろわなければならない。この二つが組み合わさって初めて、本章で取り上げる「自分を信頼できるか？」「自分は他者から見て信頼に値する人間か？」という二つの重要な問いかけに「イエス」と答えられるのである。

自分を信頼できるか？

あるセミナーの休憩時間に、一人の男性が我々のところにやって来て言った。

「あなた方のセミナーを聞いていて、私は自分自身の問題に気づかされました。何とお礼を言っていいかわかりません。長年、キャリアに関しても、また組織や私生活でもなかなか思うようにいかなかったんですが、私はそれを他人のせいにしていました。マネージャーが信じられないとか、会社が信頼できないとか、部下や上司、さらには配偶者さえも信じられない、と。でも、お話を聞いていて、それが問題ではないということにようやく気づきました」

それから、誰かに見られていないかを確認するように周囲を見回してから、前かがみになって小声でささやいた。

「問題は、私が自分自身を信頼していないことだったんです。そして、それが他の人たちに対する私の態度にも表れていたんです。自分が信頼に値しないと思っていると、他人まで信頼できなくなってしまう。問題は私自身であって、それが他の人たちに対する見方やかかわり方に出てしまうんですね」

自分を信頼できないと、それがしばしば他人に対する不信となって表れる。

フェルナンド・フローレス／ロバート・ソロモン（ビジネス書の著述家）

問題の核心に気づいたことで、この男性の人生にどのような変化が生じただろうか。彼が悟ったものは、状況に応じて対処するためのテクニックやスキルのようなものではなかった。あらゆる状況、あらゆる問題、あらゆる機会、自分自身との関係を含むあらゆる関係を、それまでとは違うメガネを通して見ることだった。

自分を信頼できるか否か。それは、自分が信頼に値するかどうかだけではなく、他者に対する見方や他者との関係、時には他者の自分に対する見方や自分との関係にまで、大きな影響を与える。

もし彼に、自分を信頼できるという自信があったなら、状況はどう変わっていただろうか。自分自身や他者と交わした約束を守ることができると思っていたら。そのときの気分や周囲の事情で反応するのではなく、自分の原則や価値観に基づいて行動できることを知っていたら。自分が誠実であり、透明性を高めても何もまずいことはないという自信があったら。知識やスキルを身につけて能力を高め、その自信を裏付ける実績も備えていたら。おそらく状況は全く変わっていたはずだ。

自分を信頼できない人は、他人も絶対に信頼できない。

カーディナル・ド・レッツ（一七世紀のフランス人牧師）

自分を信頼できるようになるための要素として、個人としての一貫性は非常に重要なものである。我々の心に、他者の心にも信頼を呼び起こすような自信と信用を植えつけてくれるからだ。自らの内面を深く探り、底力を発揮して組織やチームを立て直したリーダーたちを数多く見てきたが（その多くは非公式のリーダーだった）、その一例として、今、脳裏に浮かぶのは、一九八〇年のNBAバスケットボール世界選手権での強烈なエピソードだ。

七連戦の勝負で、それまでロサンゼルス・レイカーズはフィラデルフィア・セブンティシクサーズに三対二と勝ち越していた。だが、レイカーズでセンターを務める身長二一八センチのスタープレーヤー、カリーム・アブドゥル・ジャバーが第五戦で足首をひどく捻挫し、フィラデルフィアでの第六戦には出場せず、第七戦に向けて治療に専念することになった。

そこへ、思いもかけない選手がヒーローとして名乗りを上げた。ミシガン州立大学からドラフトで獲得されたばかりの一九歳の新人、アーヴィン・「マジック」・ジョンソンだ。

マジック・ジョンソンは自分より経験が豊富なチームメートたちに、疲労と不安と絶望の色を感じ取っていた。チームはシーズンを通してジャバーに頼ってきた。ジャバーは第五戦でも、足首を捻挫しながら第四クウォーターで奇跡ともいえる一四ポイントを叩き出し、チームを勝利に導いたのだった。

このチームのコーチ、パット・ライリーの回想が、ピーター・グーバーの著書『成功者は皆、ストーリーを語った。』（アルファポリス）の中で紹介されている。勝つのは無理というチームメートたちの言葉を耳にしたマジック・ジョンソンは、次のように言い放ったという。

「ジャバーが試合に出られなくなったからって、なんでそんなに怯えているんだ。僕がジャバーの分まで活躍する。僕がジャバーになる！」

ライリーはさらに続ける。

「フィラデルフィアに向かうためにいつものように専用機に乗った……座席番号『1A』の席はジャバーの指定席だった。彼が病気でチームを離脱していたときも、誰もそこに座らなかった。ジャバーは暗黙裏に、『ここは俺の座席だ。俺はジャバーだ』というメッセージを発していたんだ。だけどジョンソンは平気でその座席に陣取ってこう言った。『ここに座るぜ、僕はジャバーだからな。ジャバーはここにいるぞ』ってね」

ＮＢＡ事典には次のように記されている。


ジョンソンは、自信溢れる態度でチームを引っ張るとともに、その自信をＮＢＡプレーオフ史上に残る試合で実証してみせた。彼はまず、試合開始のトスにアブドゥル・ジャバーに代わってジャンプし、その後、本来のポイントガードからアブドゥル・ジャバーが務めているセンターまで、状況に応じてあらゆるポジションでプレーを続けた。結局、ジョンソンは四二得点、一五リバウンド、七アシストを記録した。また、レイカーズはセブンティシクサーズを一二三対一〇七で圧倒し、彼にとってＮＢＡ選手権五回の優勝のうちの一つ目をもぎ取った。試合後、彼はテレビカメラを覗き込むようにして、ベル・エアに残ったアブドゥル・ジャバーにメッセージを送った。

「この勝利をあんたに捧げるよ。のっぽさん！」


マジック・ジョンソンの自信は自分自身に向けてのものではない。苦況に陥っても、自分の人格と能力に対する信頼によってチームを鼓舞したい、という強い願望に対するものだった。ピーター・グーバーは次のようにコメントしている。

「マジック・ジョンソンは、『自分がジャバーになる』というストーリーでチームを鼓舞した。彼はその名の通り魔法のような活躍でチームを救ったが、それを影で支えたのはジョンソンが主人公だと確信したチーム全員だった。ルーキーのジョンソンにとって、自分が主人公だと先輩に語るのは勇気がいったに違いない。だがジョンソンは見事に目的を果たした。ジョンソンは能力に絶対的な自信をもち、ジャバーの代わりになり得ることを知っていた。そしてそう公言することが、チーム全員に役立つと確信していた」


その後、マジック・ジョンソンの人格と能力が徐々に知れ渡っていったことは、一〇年後に書かれた以下の『ニューヨーク・タイムズ』紙の記事で証明されている。

「マジック・ジョンソンが多くの人々から尊敬されたのは、とりわけコート外の時間の多くをチャリティの募金活動に注いだからだ。またコート内でも、どんなに凄い選手になってからも絶えず自分の能力を磨き続けた。このことからも、この男の精神を垣間見ることができるような気がする」

自分を信頼するという行動は、エゴや傲慢さとは違うし、見せかけだけの虚勢でもない。内に秘めた静かなる自信なのだ。そして、我々が享受することになる最も重要な繁栄、すなわち我々一人ひとりの信頼口座（自分自身の信用の度合いを銀行口座にたとえた比喩表現）の大きな残高を、自分がどの程度意識しているかがそこに表れる。

ただし、幸いなことに、我々（または我々の組織やチーム）の現時点の残高がたとえ少なくても、人格と能力を育み、実践しながら定期的に預け入れを行っていけば、残高はいくらでも増やすことができるのだ。

忘れないでほしい。行動というものは、変えようと思えば変えられるものなのだ。管理職を指導するコーチとして名高いマーシャル・ゴールドスミスは次のように述べている。

「私が指導しているリーダーたちから、自分の行動は本当に変えられるのか、と尋ねられます。私はこう答えているんです。キャリアの階段を上っていく過程で、我々が唯一大きく変えることができるのは自分の行動だけだ、とね」

自分を信頼できること……勇気の真髄……それが成功の一つ目の鍵である……自分に対する信頼はあらゆる美徳を内包する。

ラルフ・ウォルドー・エマーソン（講演家／随筆家／詩人）

自分は他者から見て信頼に値する人間か？

二つ目の重要な問いかけ、「自分は他者から見て信頼に値する人間か？」は、さまざまな形をとり得る。チームのマネージャーであれば、「自分はチームメートから見て信頼に値するリーダーか？」となるだろう。企業なら「自分たちは社員、顧客、パートナーから見て信頼に値する企業か？」、一国のリーダーなら「自分たちは国民や世界から見て信頼に値する国か？」、子を持つ親なら「自分は子どもたちから見て信頼に値する親か？」などとなるだろう。

自分の人格や能力をいかに行動に発揮するかによって、他者から見て、どの程度信頼に値する個人、チーム、組織、国、親であるかが決まるのである。

> 信頼で結ばれたパートナーシップを構築できるか否かは、結局、相手よりも自分自身がどの程度信頼に値するかで決まる。
>
> ロッド・ワグナー／ゲイル・ミュラー（ともにギャラップ社幹部／著述家）

本章ではこのあと、いくつかの実例を紹介していく。これらの事例があなたの心を奮い立たせることを願っている。そして、あなた自身が信頼に値すれば、相手の心にあなたに対する信頼を呼び起こすことができる、ということを理解するきっかけになれば幸いである。「スマート・トラスト」を実践する際、信頼性に対する分析が欠かせない理由もそこにあるのだ。

さらに、既成概念にとらわれずに考えることで、これらの事例から何かをつかんでいただけたらと思う。ある分野で用いられている信頼構築の原則を、他のジャンルの人々が創造的に活用することで、成果を上げたケースが後に登場するが、まさに驚くべきことである。あなたの置かれた環境や状況とは異なるものがあったとしても、どうか、しっかりと目を見開き、役立つヒントを見いだしていただきたい。

社員たちから見て信頼に値するリーダーになる

ピーター・アセートは、世界最大の金融機関ＩＮＧグループの主要部門、ＩＮＧダイレクト・カナダ社のＣＥＯである。ＣＥＯ就任の一年後、彼は社員一〇〇〇名ほどに次のようなメールを送った。件名の欄には、「リーダーシップ：あなたの決断次第」と記されていた。

チームメート各位

真のリーダーというのは、取締役会や株主たちによって選ばれるものではありません。その人が得ている尊敬、達成した成果、そして、そのリーダーの下であればうまく機能するというチームの自信に基づいて、チームメートたちによって選ばれるのです。私はまだ、株主と取締役会によって選ばれたリーダーに過ぎません。皆様の信任を受けてはいないのです。私がＣＥＯに就任して、この五月一日でちょうど一年になりました。この素晴らしいINGダイレクトチームのリーダーとして私がふさわしい人間か、そろそろ皆様のご判断を仰げる時期かと思います。

私がCEO職にとどまるべきか否か、このリンクをクリックして皆様の意思表示をお願いいたします。併せて、わが社のビジネス、あるいは私のリーダーシップに関して何か建設的なご意見があれば添えてください。皆様の総意として信任をいただけない場合、私は職を辞する所存です。

このアンケート調査への回答は無記名でかまいません。どうか偽らざるお考えをお聞かせください。私が職にとどまることを皆様が選択された場合は、皆様の自由な意思表示と受け止め、私は引き続き、全身全霊で経営にあたる決意です。

投票期限は五月一二日火曜日とさせていただきます。

ご協力のほど、よろしくお願いいたします。

ピーター

アセートのメールへの回答率は九五%を超えた。そして、なんと回答者の実に九七%が彼の留任を支持し、辞任を希望したのはわずか三%に過ぎなかった。ちなみに、米国の元司法長官ロバート・F・ケネディはかつて、「国民の五分の一は常に何にでも反対する」と述べている。では、ピーター・アセートはどうして、こんな大胆な行動に打って出ることができたのか。私は彼と話をするうちに、確信を持った。彼は自分を信頼しており、それだけでなく社員たちにとっても信頼に値するリーダーだったのだ。彼はそのことを認識していたし、社員たちも同様だった。つまり、彼の信用は折り紙つきだったのだ。

アセートは社員たちからの評価をやみくもに求めたわけではない。信頼への確かな認識を持つと同時に、大きな信用と一貫性ある行動から生まれる自信を胸に秘め、こうした行動をとったのだ。

このように部下を巻き込み、ある意味で彼ら自身の手でリーダーに選んでもらえば、自分に投票した者たちの忠誠心はいっそう強まるだろう。また、自分に投票しなかった者たちの意見も自分にとって的確な助言となり、自分の行動の改善に役立つはずだ。そういう考えもあっての行動だったことは明らかである。

さらに、アセートが大胆な行動に出た理由にはもう一つ、彼の組織ＩＮＧダイレクトもまた、大きな信用と自らに対する信頼を備えているという背景があった。ソーシャルメディアに関するある会議で、アセートは次のような発言をしている。

もし皆さんに、あるいは皆さんの会社に、本物を目指す気持ちがあるのなら、もし皆さんが真実を語りたいと思うなら、もし皆さんが誠実な行動を心がけ、その約束を日々実行できるのなら、それが……あらゆる関係において信頼を築き、皆さんのお役に立つことでしょう……私は、正面の扉も、裏の扉も、横の扉もすべて開け放し、自分たちの行動を知ってもらえるような企業のために働けたら光栄だと思っています。そうした価値観を持たなければなりません。率直かつ誠実であるよう努めなければなりません。そうすると、自分が気づかなかったことが見えてきて、それについて何かしようという気持ちが芽生えるかもしれないのです。そういう決意を持ち続けることができない方は、この会社を去っていただくしかないでしょう。

プレーヤーやファンから見て信頼に値するコーチになる

ジョン・ウッデンはスポーツの歴史の中で最も成功し、尊敬されたコーチの一人だ。UCLA男子バスケットボール部での彼のコーチ生活は二七年間に及び、七〇年代初めにブルーインズを八八連勝へと導いた他、NCAA全米選手権では一二年間で一〇回もの優勝を果たした（その中には七連覇という前人未踏の記録も含まれる）。ナショナルチームのコーチにも六度選ばれ、プレーヤーとコーチの両方で「バスケットボールの殿堂」入りを果たしている。両方のカテゴリーで選ばれたのは彼が最初で、現在でもわずか三人しかいない。ESPN（娯楽スポーツテレビ放送ネットワーク）はウッデンを、「二〇世紀における最も偉大なコーチ」と評した。

ジョン・ウッデンの素晴らしさは、彼が達成した記録もさることながら、それを達成した方法にある。彼はバスケットボールだけでなく、人生における成功術も選手たちに教えたのだ。ウッデンは、チームワーク（「チームのスターはチーム全体である。『全員』が『個人』に優先する」）、忠誠心（「自分自身に忠実でなければならない。自分の部下に対して忠実でなければならない」）、人格（「人は評判よりも人格を気にするべきだ。なぜなら、評判は他者の想像に過ぎないが、人格はその人の真の姿なのだから」）、利他の心（「報酬を期待せず他者に奉仕して初めて、人は心満ち足りた日々を送ることができる」）を奨励した。信頼（「信頼しないで始終わびしい気分でいるよりは、時に当てが外れることがあったとしても信頼するほうがよい、と私は信じている」）の効果を強く信じ、指導と実践を通じて信頼を築き上げた。

ウッデンが二〇一〇年に九九歳でこの世を去ったとき、AP通信社は彼の生涯を振り返る記事を配信した。その中で紹介されたキャリア初期のエピソードは、彼の高い信頼性を物語るものだった。

メガネをかけたハイスクールの元教師がUCLAのコーチに決まったのは、ほとんど偶然だった。ウッデンが待っていたのはミネソタ大学からのコーチ就任要請だったが、電話がこなかったため、選考から漏れたと思った。そうこうしているうちにUCLAから電話があり、彼はロサンゼルスでの仕事を引き受けたのだった。

ミネソタの担当者からは、その晩遅くに電話があり、吹雪のために連絡が遅くなったが、仕事を引き受けてほしいと言った。ミネソタでの仕事を希望していたウッデンだったが、すでにUCLAに返事をしてしまったため、今さら変更はできないと答えた。

ジョン・ウッデンがコーチ業を通じて手にしたものは、経済的なものが中心ではなかった（彼の一シーズンの報酬は三万五〇〇〇ドルを超えることは一度もなく、コーチを始めて間もない頃は二つの仕事を掛け持ちして生計を立てていたほどだ）。むしろ、彼が獲得した莫大な財産は、選手やありとあらゆる職業の人々から受けた尊敬と感謝の念だった。彼の死後、謝意が多方面から次々と寄せられた。デューク大学バスケットボール部のコーチ、マイク・シャシェフスキーは、次のように述べている。

「多くの人はウッデンを『コーチの鑑』と言っていましたが、私が思うには、彼は『人間の鑑』だったんじゃないでしょうか」

ウッデンはまた、自分自身の行動に大きな活力と幸福を見いだしていた。彼が率いるチームに所属して選手権を戦い、その後はＮＢＡのプレーヤーとして、さらにスポーツキャスターとして輝かしい成功の道を歩んだビル・ウォルトンは、二〇〇〇年、ウッデンについて次のように語っている。

八九歳のジョン・ウッデンは、それまでよりも楽しそうでしたし、積極的で楽観的でした……熱意と活力と勤勉さによって先頭に立って人々を引っ張り、人生を謳歌しているところは相変わらずでした。そのためか、毎日とっても早起きでしたね。もっとも、最近は脚を悪くしてしまいましたが。「今日もバスケットができるんだ。頑張ろう」という意気込みは衰えていません……ジョン・ウッデンの人生における喜びと幸福は、他人の成功から生まれるんです。それは今だけでなく、これまでもずっとそうでした。エイブラハム・リンカーンとマザー・テレサという二人の偉人を人生の師としていました。それで、この二人から学んだことだと我々によく話してくれたのは、他人のために生きていない人生は人生ではないというものでした……心のこもった贈り物や教訓、一緒に過ごした時間、ビジョン、特に忍耐強さなど、私は彼からいろいろなものをいただきました。私は毎日、ジョン・ウッデンに感謝しています。我々が彼に対して使う「コーチ」という呼び方には、そういう意味も込められているんです。

人をトップに押し上げるのは能力かもしれないが、人をその位置に保つのは人格である。
ジョン・ウッデン

患者から見て信頼に値する医者になる

オーストラリアの『リーダーズ・ダイジェスト』誌は毎年、「オーストラリアで最も信頼されている人」を選出している。この名誉に五年連続で輝いたのは、ロイヤル・パース病院の熱傷治療室長フィオナ・ウッド博士だった。

ウッド博士が国際的な注目を浴びたのは、二〇〇二年にバリ島で起きた爆弾テロがきっかけだった。このとき、二八人がこの病院の熱傷治療室に運び込まれた。彼女が率いるチームは、全身やけどの他、致命的な感染症やショックに苦しむ患者たちを救うべく、昼夜にわたって治療活動を続けた。その甲斐あって、奇跡的にも二八人全員が命を取り留めた。ウッドは当時を次のように振り返る。

「嬉しかったですよ……あの日の夜、患者さんのやけどの痕に改善が見られたときはね。私の言う傷痕というのは、見た目じゃありません。身体の動きや機能なんです」

ウッドは、患者自身の皮膚を増殖して熱傷部分に直接付着させるという治療法を開発した。この方法だと、新しい皮膚の培養期間が数週間からわずか五日間に短縮される。「外傷も心の傷も残さない治療」の実現に情熱を燃やしているのだ。彼女は次のようにも語っている。

「明日という日がよりよき日となるように、我々は日々の仕事の中で治療成果を向上させる努力を怠ってはならないと思っています。『これが限界だ』と思うのは、定年退職する日です」

あなたがもし、大やけどをして治療を受けることになったら、どんな医師に診てもらいたいだろうか。

地域社会にとって信頼に値するリーダーになる

ジェフリー・カナダは一九五〇年代から六〇年代にかけて、貧困と暴力がはびこるニューヨークのサウスブロンクスで子ども時代を過ごした。離婚してシングルマザーとなった母親の手で育てられた彼は、「他の人種や民族、経済的階級から隔離され、貧困の中で」育つということが、子どもにとってどういうものか、身をもって知った。喧嘩の仕方やひるむ気持ちの隠し方、必死に生き残る方法などを一〇代の友人から教わった。

カナダが一〇代半ばになった頃、母親は彼をフリーポートに住む彼の祖父母のところに預けた。不幸な生い立ちにもめげず、彼はよい成績を取り、大学の奨学金を獲得できた。そして、メイン州にあるボードイン・カレッジで心理学と社会学の学士号を、マサチューセッツ州のハーバード教育大学院で修士号を取得した彼は、数多くの問題が渦巻く貧民街で育った子どもたちに救いの手を差し伸べたいという熱い思いを膨らませた。

カナダは一九九〇年、ニューヨーク市でリードレン・センター・フォー・チルドレン・アンド・ファミリーの社長兼CEOに就任し、その七年後にHCZ社（ハーレム・チルドレンズ・ゾーン）を立ち上げた。米国で最も貧しいとされるハーレム地区で貧困の世代間連鎖を断ち切るプログラムを展開するため、この地区を二四（現在では約一〇〇）のブロックに分け、一度に一ブロックずつ、一軒ずつ、そして子ども一人ずつに働きかけていった。

「お宅のお子さんがこの学校に来てくれれば、必ず大学まで入れてみせますよ。わが校に入学したときから大学を出るまで、我々があなたのお子さんのお世話をいたしますから」

彼はそう親たちに語りかけた。

カナダのプログラムは劇的な成果を上げ、大部分の生徒たちの学力を学年レベルまで引き上げることに成功した。その結果、このプログラムは一部で、「ハーレムの奇跡」と呼ばれた。「黒人と白人の学力格差」なるものが解消されたことは、多くの人々にとって驚きだったのだ。

HCZは教育事業にとどまらず、社会事業（ローン救済相談、家庭危機の解決、法律相談など）や医療事業（特殊な小児肥満や喘息の予防運動など。セントラルハーレムに住む一三歳以下の子どもは三人に一人が喘息持ちである）も手掛けている。こうしたサービスはどれも、HCZの寄宿生には無償で提供される。『ニューヨーク・タイムズ』誌は次のように報じた。

（このプログラムは）教育、社会、医療の各事業を統合したものであり、子どもの誕生とともに始まり、大学まで続く。これらのサービスを網の目のようにからませ、その網を地域全体にすっぽりと被せる……セーフティネットを細かく張りめぐらせ、地域の子どもたちが網の目からこぼれ落ちないようにすること、それがこの事業の狙いである。

HCZは全国のメディアに大々的に取り上げられ、『ニューヨーク・タイムズ』誌からは、「現代における最も野心的な社会実験の一つ」との評価を受けた。全米で目下、増設が計画されている二一カ所の「プロミス・ネイバーフッド」のモデルになっており、今後さらに広がるだろう。カナダは数々の栄えある賞や名誉学位を受け、二〇〇五年には『USニューズ&ワールド・リポート』誌の「米国最高のリーダー」の一人に選ばれた。

ジェフリー・カナダの目を見張る実績は、人々を貧困から救い出したいという強い意志とのシナジーもあり、彼の信頼性をいっそう高めている。ハーレム街の人々から信頼に値するリーダーと認められているのだ。彼は、自分がしてもらったのと同じことを他の人々にしてあげることを自分の使命と考えている。

「我々の支援を必要としている子どもたちはたくさんいます。我々の一人ひとりが適切な相手を見つけ、子どもが新たな人生を生きられるように、信頼を築いてサポートを提供するのは可能なことなんです。相手は意外とすぐ近くにいるものですよ」

我々の心の奥深くに何か貴重なもの、耳を傾ける価値のあるもの、信頼するに値するもの、我々が気づくのをひたすら待っているものが潜んでいることを誰かから教えられて初めて、我々は自分自身の価値を信じられるようになる。ひとたび自分の力を信じられると、我々は好奇心、驚き、自然発生的な喜び、あるいは人間の精神を明らかにするあらゆる経験に、あえてわが身をさらすことができるようになるのだ。

E・E・カミングス（詩人／随筆家／著述家／劇作家）

社会から見て信頼に値するビジネス／思想リーダーになる

ハーバード・ビジネス・スクールのビル・ジョージ教授は、かつて医療機器を生産するメドトロニック社の会長兼CEOを務め、PBS（米国の公共放送ネットワーク）の「過去二五年間におけるビジネスリーダー上位二五人」に選ばれたこともあった。

そんな彼が最近、二〇一一年のMBA卒業生を前にスピーチをした。それによると、MBAを取得した頃の彼には二つの目標があったという。一つは、価値重視のリーダーとして組織を引っ張り、社会に重要な貢献をすること、もう一つは、同じく価値を重視する他のビジネスリーダーたちに多少なりとも範を示すことだった。また、自分を信頼できるようになった瞬間について、次のように語っている。

私にとっての決定的瞬間は一九八八年秋に訪れました。ミネソタ州ミネアポリスのアイルズ湖近くにある自宅に向かって車を走らせていたときのことです。ふとバックミラーを覗くと、そこには非常に不機嫌そうな顔をした男が映っていました。

表向き、私は順調な人生を歩んでいました。妻のペニーと結婚して二〇年近くになり、息子のジェフとジョンは学校の成績がよく、我々夫婦は一九七〇年から「ツイン・シティーズ」コミュニティに住んでいます。私はハネウェル社で次期CEOの有力候補の一人と目されていました。

でも、「鏡の中の男」を見て私は気づきました。CEOになるために周囲の印象をよくしようと必死で、私の内なる道徳的指針、いわば自分の「真北」というものを見失っていたのです。そして、目指していたはずの価値重視のリーダーになれていなかったのです。仕事そのものに情熱を持てず、自分自身にあまり満足できていなかったのです。

私は家に着くや、そのことを妻に話しました。私のこうした批判的な自己評価に彼女も同感でした。そして、一度は断った、メドトロニック社の社長就任の話をもう一度考えてみては、と妻は言いました。それから数カ月後、初めてメドトロニック社の門をくぐったとき、私は家に帰ってきたような気分になりました。価値重視のリーダーになれそうだ、と感じたのです。この会社の素晴らしい社員たちと一緒に働き、何百万もの人々の生活と健康の向上に大きな貢献ができるのでは、と。

ジョージとメドトロニック社は、医療関係の機器や技術の仕事を通じて、多数の人々の健康に多大な貢献をしたのみならず、財務面でも並外れた成績を残した。ジョージのリーダーシップの下、この会社の時価総額は一一億ドルから六〇〇億ドルへと跳ね上がり、年平均三五％という驚異的な市場価値の伸びを記録した。

ジョージはその後、二つ目の目標の実現に向けて、メドトロニック社での輝かしいキャリアから身を引き、ハーバード・ビジネス・スクールでリーダーシップ学を教え始めた。今では数社の取締役の他、カーネギー国際平和財団と世界経済フォーラムの理事の職も兼ねている。また、『ミッション・リーダーシップ』（生産性出版）や『リーダーへの旅路』（生産性出版）など、ビジネス書の執筆にも精力的で、高い評価を得ている。さらに、多作の思想リーダーとして、優位に立つリーダーシップ原則を説いた記事やブログの投稿も数多い。

人々の心に信頼を呼び起こすジョージの主張は、ＭＢＡを新たに取得した学生たちに対して彼が行ったスピーチに、より鮮明に表れている。

> カリスマ性や見栄え、イメージなどで「ロックスター」的CEOをリーダーに選んでも、特に外部組織から招いた場合、失敗に終わることを我々は学びました。今日では人格、中身、誠実さを基準にしてリーダーを選ぶようになっており、八〇％以上が社内の人間です。こうした新しいリーダーたちは、株主に目先の利益を提供することよりも、価値重視、顧客中心の姿勢を貫くことによって高いパフォーマンスを達成しようとしています。

世界から見て信頼に値する非営利組織のリーダーになる

今は亡き現代経営学の父、ピーター・ドラッカーは、何年か前に「米国で最も偉大なリーダーは誰か」と尋ねられたことがあった。彼がとっさに答えたのは「フランシス・ヘッセルバイン」、当時の米国ガールスカウト連盟の女性CEOだった。この質問をしたジャーナリストが、非営利組織に限った答えかと確認すると、ドラッカーは答えた。

「フランシス・ヘッセルバインなら、米国のどんな企業だって経営できますよ」

ヘッセルバインは一九七六年に米国ガールスカウト連盟のCEOに就任した。この組織がまだ、六〇年代から七〇年代初めにかけての社会変化の影響と格闘している時期だった。ガールスカウトは少女や女性のための組織としては世界最大だったが、その重要性が低下して存在意義を失いつつあり、会員数は八年連続で減少を続けていた。

そこで、ヘッセルバインは「根本的な改革」を主導して、組織の存在意義を高めるという難題に取り組んだ。そのためには、カリキュラムの改訂やハンドブックのデザイン変更なども必要になる。「保留地に住むナバホ族の少女から、ホーム&インテリア雑誌に載るような豪邸で暮らす青い目の少女まで」、すべての女の子たちが共感を持てるようなものでなければならなかった。彼女が連盟を去った一九九〇年、組織の会員数は史上最多を記録し、少数民族の会員数は三倍に増えていた。ヘッセルバインはこうした変革のリーダーとして果たした役割を振り返りながら、我々に次のように語った。

「彼女たちは私を信頼してくれ、私も彼女たちを信頼していました。信頼が単に言葉で終わらず、行為の一つひとつ、行動のすべてに組み込まれるとき、我々は自らの価値観に従って生きることになります。会員たちは我々をよく見ていますから『信頼に値する』と思ってもらえれば、可能性は無限に広がるのです」

ヘッセルバインは「非営利組織のためのピーター・F・ドラッカー財団」（現「リーダー・トゥー・リーダー研究所」）の初代理事長に就任し、現在はCEOも兼務している。一九九六年には「女性、ボランティア活動、多様性および機会のパイオニア」としての活動が認められ、米国で民間人最高の名誉とされる大統領自由勲章を授与された。また、二つの大統領諮問委員会の委員にも任命され、数々の賞を受賞し、リーダーシップに関する書物二冊を共同執筆し、二七冊の本を共同編集し、二〇もの名誉博士号を与えられている。

信頼を築き、まずは自分が信頼に値する人間になることを重視するヘッセルバインの姿勢は、彼女の人生もさることながら、彼女の文章からも読み取れる。彼女は次のように記している。

我々はどうしたら……米国のビジネスが長年享受していた信頼と尊敬を、また、ビジネスが基本的に自主規制しなければならなかった自由を取り戻すことができるだろうか。長い間、我々に恩恵をもたらしてきた自由企業体制を維持するためには倫理革命が不可欠である。しかし、内部告発やCEOが年に何通かのメッセージを発するといった現在のやり方では、甚だ不十分といわざるを得ない。改革における責任遂行は、まず取締役やCEOのオフィスから始まらなくてはならない。

高い信頼で結ばれた個人の関係や組織から生み出される繁栄、活力、幸福に対するヘッセルバインの認識は、その生き方や言葉にも表れている。自らの仕事で感じる喜びについて語るときの熱意や輝きのみならず、彼女がリーダーたちに送るアドバイスがそれを示しているのだ。

意気消沈し、やる気を失くした社員たちの先頭に立つリーダーになるか、それともビジョン、原則、価値観を基礎にし、信頼を築き、社員たちの活力や創造性を解き放つような、新しいリーダーになるか……。

仕事における信頼、礼儀正しさ、優れたマナーが特徴的なチームと、不信、軽蔑、配慮のなさが当たり前になっているチームのパフォーマンスを比較し測定することを、私はあえて我々に課している。その差は歴然だ。気迫、動機、尊敬、感謝は例外なく好結果を生む。意気消沈し、意欲を失い、正当な評価を受けることなく仕事をしていたら、熾烈な競争世界ではとても太刀打ちできないだろう。

全幅の信頼を寄せられる相手がいることの喜びは、他の何物にも代え難い。

ジョージ・マクドナルド

子どもたちから見て信頼に値する親になる

シェフとして有名なエメリル・ラガッセは二〇一〇年五月七日、テレビ番組の制作クルーを引き連れて、ペンシルベニア州エリーにあるセントビンセント医療センターのロビーに入っていった。そこで清掃作業員として働いている、アルメズ・ゲイブラメヒンという名前の小柄なエチオピア人女性にビッグニュースを届けにきたのだ。

「グッド・モーニング・アメリカ」という番組が企画する「ウーマン・オブ・ジ・イヤー」に彼女が数千人の候補者の中から選ばれ、母の日の朝食をベッドで食べる権利を獲得したのである。彼女が勤務していた産科病棟の看護師たちによる選出に、ゲイブラメヒンは驚くやら照れくさいやらで、エメリルやカメラのほうを見る余裕もないほどだった。

ゲイブラメヒンの経歴が視聴者に紹介された。彼女は子ども時代をスーダンで難民として過ごし、一五歳のときに見合い結婚した。それから間もなく子どもを五人もうけたが、一九九三年に家族でペンシルベニアに移住した際、夫に捨てられた。彼女は見知らぬ国で、五人の子どもと幼い甥を女手一つで育てなければならなかった。生活保護は受けまいと決意した彼女は、清掃の仕事を三カ所掛け持ちし、毎日一六時間以上も働いた。このように生活費を稼ぐのに精一杯だったはずの母親について、子どもたちは次のように語っている。

「母は人に対する尊敬の仕方を私たちに教えてくれた」

「母は懸命に働くとはどういうことかを私たちに教えてくれた」

「母は無条件の愛というものを私たちに教えてくれた」
「母は与えることの重要さを私たちに教えてくれた」
「母は夢をあきらめずに追求することの大切さを教えてくれた」

彼女の五人の子どもは皆、ハイスクールを優等の成績で卒業し、奨学金を獲得してペンシルベニア州立大学への入学を果たした。そして二〇〇五年、彼女と子どもたち全員が米国に帰化した。世界中の大勢の大人たちと同様、アルメズ・ゲイブラメヒンは自己犠牲と献身により、子どもたちから見て信頼に値する親になったのである。

「まずは自分から始める」――顧客の信頼を獲得するために

「まずは自分から始める」は、個人としての自分だけでなく、組織においても信頼を生み出すための基本的な行動だ。このことは特に、顧客との信頼関係を築く際に顕著になる。

世界で最も刷新的な企業の一つ、アップル社について考えてみよう。コンピュータとソフトウェアからスタートしたアップルは、この一〇年間に何度となく自己変革を繰り返した。その結果、あらゆる年令層の消費者、企業や組織の心をとらえる企業へと成長している。今日、時価総額で世界の二位内に入り、複数のブランドランキングで世界ナンバーワンにランクされている。

ＢＭＷ社のノルベルト・ライトホーファーＣＥＯは次のように述べている。

アップルがかくも高い評価を受ける秘密は何でしょうか。その答えは、一にも二にも三にも製品です。アップルは、音楽の購入から製品デザイン、我々を取り巻く世界とのかかわりなど、ありとあらゆることのやり方を変革した会社といえるでしょう。イノベーションと強烈な顧客ロイヤリティを追い求めてきた、その実績により、トップランクの企業からも絶大なる尊敬の念を勝ち得ています。iPadの発表は、全世界が固唾を呑んで見守りました。これに勝るブランドマネジメントがあるでしょうか。

アップルの魅力は、優美なデザイン（この会社は自社製品の描写に「気が狂うほどすごい」というフレーズをよく用いる）を持つ、高品質かつ刷新的な製品を生産するだけにはとどまらない。「Genius Bars」（ジーニアス・バー）を通じて、実践的で優れた顧客サポートをリアルタイムで提供している。このサービスでは、「ジーニアス」と呼ばれる専門スタッフが顧客に対応し、質問への回答や問題解決のサポートを行う。それも、ほとんどは無償だ。さらに、店舗でも講習やトレーニングを提供し、通常はスタッフを多めに配置してスピーディな顧客対応を心がけている。そして店舗はまさしく、買物客が製品を試したくなるようなレイアウトだ。

その結果、アップルは現時点において、実店舗を構える世界の小売業者の中で、単位面積当たり最高の売上高（一平方フィート当たり年間平均四三二三ドル）を誇っている（ちなみに、米国内のショッピングセンターの売上高平均は三八六ドルである)。店舗ごとの具体的数値は公表されていないが、少なくともあるアナリストの推定によれば、ニューヨーク市五番街のアップルストアは毎年一平方フィート当たり三万五〇〇〇ドルを売り上げているという。

アップルのすべてのイノベーションがもたらす最大の恩恵は、顧客からの絶大なる信頼である。アップルによる新製品の発売や既存製品のアップグレードは、決まって大きな期待を集める。アップルが何かを出すといえば、スティーブ・ジョブズが好んで用いた「とってもクール」なものに決まっている、と顧客は信頼しているからだ。「アップルにとって大事なことの一つは、我々自身が本当に惹きつけられるような製品をつくるということです」と、ジョブズは述べている。

もう一つの傑出した例は、英国のロンドンにあるグレイト・オーモンド・ストリート小児病院だ。

心臓胸部外科部長のマーチン・エリオット医師は、心臓手術後の乳児死亡率を低下させる方法を模索していた。いろいろ調べた結果、患者にとって最も危険な時間帯は、手術チームからICUチームに引き渡されるときであることを突き止めた。エリオットは次のように説明する。

幼児につけられていたいろいろな装置を取り外し、その子の諸々のデータを疲れ切ったチームから別のフレッシュなチームに迅速に伝達しなければなりません。医師として生涯最高の手術をし、あとはその赤ちゃんを集中治療チームに引き渡すだけというとき、一つの場所から別の場所まで赤ちゃんを運ぶわずか二分ほどの間にとんでもないミスをしてしまうことがあるんです。

ある晩、エリオットのチームは手術室の隣にある休憩室に座っていた。テレビではＦ１レースが放映されていた。フェラーリのチームがピットストップに入ったあと、担当ごとに分かれたスタッフが互いに信頼し合い、実に手際よく作業をしていることにエリオットは気づいた。タイヤ交換、給油、そしてドライバーと情報交換を行って車を送り出すまで、わずか六・八秒だった。彼はそのときのことを次のように振り返る。

ピットストップで繰り広げられていた作業は、病院でやっていることと極めて似ているように思いました。ただし、一つだけ大きな違いがありました。患者が手術室から集中治療室に戻ってきたとき、我々は全員ベッドの周りに集まって、いろいろと早口でしゃべりますが、これではお互いに邪魔をしているようなものです。それに対してＦ１のピットクルーは、信頼に裏打ちされたチームとしてきちんと機能していることがはっきりとわかりました。各人が自分の役割を把握して黙々と実行し、終わればさっと脇によける。あとは他のメンバーがやってくれると信じてね。

エリオットは、フェラーリのチームに話を聞くため、自分のチームをイタリアのマラネッロに派遣した。そのとき学んだことを導入した結果、データの流れも、またグレイト・オーモンド病院の手術室から集中治療室に子どもを安全に引き渡すスピードも、飛躍的に改善したのだった。引き渡しの間のミスが四二％減少し、情報の伝達漏れも四九％減った。この経験における最大の教訓は何だったかとエリオットに尋ねると、彼は次のように説明してくれた。

「信頼が命綱だと思います。各自が分担をしっかり果たすはず、という信頼が不可欠なんです。そうした信頼を実践するとしたら、場所を空けて他の人の邪魔にならないようにすることが大切です」


コストコ社もまた、顧客から見て信頼に値する企業といえるだろう。この会社は、小売業者として世界第九位の規模を誇り、世界九カ国で事業を展開している。

ジム・シネガルＣＥＯによると、コストコが長年にわたって成功を維持できた鍵は、会員を信頼する姿勢と、社員たちとの間に生み出した絆だという。彼は次のように説明する。

「当社の会員は我々を信頼してくださっているので、どうしたらその期待を超えることができるか、その方策を我々は常に模索しています。わが社の社員に関しては……優れた人材をそろえ、彼らによい報酬とキャリアを提供すれば、ビジネスは順調に回っていく、という考え方で私はずっとやってきました」

シネガルは、コストコの四四〇〇万人の会員に低価格を提供することに確固たる信念を持っている。『ニューヨーク・タイムズ』紙のある記事は次のように評している。

コストコで食品マーチャンダイジングを担当するタイム・ローズ上席副社長は、スターバックスがコーヒー豆の価格下落分を還元しなかったときのことを語ってくれた。ＣＥＯのシネガル氏は、スターバックスのハワード・シュルツ会長と友人関係にありながら、納入価格を下げなければ自分の店舗からスターバックスのコーヒーを撤去すると警告した。すると、スターバックスは折れた。

「ハワードに言われましたよ。『君はいったい何だ？　価格Ｇメンか何かのつもりか？』と、ね」

ローズ氏によれば、シネガル氏は「その通りだ」ときっぱり答えたという。

シネガルＣＥＯの信念は、社員たちに最高水準の賃金と給付を提供することにも向けられている。コストコ社は株主よりも顧客や社員に手厚い、と指摘する評論家たちに対して、彼は次のように反論する。

「ウォール街では、今日から次の木曜日までに金を儲けるというビジネスをしています。批判するわけではありませんが、我々はそうした考え方には立てません。今から五〇年後も六〇年後も続いているような会社を我々は築きたいんです」（コストコの株価は二〇〇五年から二〇一〇年までの五年間で倍増し、社員離職率は小売業界で最低である）

「ジム」とだけ書かれた名札をつけ、電話が鳴れば自分で取り、会社のウェブサイトの役員リストでは彼の名前もアルファベット順で、最後のほうに出てくるなど、信頼を呼び起こす模範をシネガルは身をもって示している。

ウォーレン・バフェットは彼を、数少ない最高のＣＥＯの一人に選んでいる。バフェットのパートナーであるチャーリー・マンガーは、自分の会社（バークシャー社）以外で好きな企業はどこかと尋ねられたとき、次のように答えている。

「それは決まっていますよ。コストコです。世界でも指折りの優れた企業ですからね。それとジム・シネガルＣＥＯも、史上最高の小売業者の一人だと思います」

「まずは自分から始める」――社員の信頼を獲得するために

コストコをはじめとする組織が示しているように、「まずは自分から始める」は、顧客はもとより、社員たちとの信頼を築き上げる上で基盤となる行動だ。社員たちから得る信頼の定義について、リッツ・カールトンのゼネラル・マネージャーの一人は次のように述べている。

「自分は会社を信頼しているか？　愛着を感じ、貢献したいと思うような環境や職場を会社がつくってくれると信頼しているか？　会社は真実を述べ、率直なリーダーシップ・スタイルを実践すると信頼しているか？　会社には自分を理解し、自分のエンゲージメントの低下を防ぐのみならず、個人の弱点をチーム力でカバーすべく、自分の強みをさらに伸ばす努力をするつもりがあるか？」

これがすべての出発点になります。リーダーシップというものを我々はとても複雑に考えがちですが、要するに、我々は社員たちの信頼を得ているか、それとも、我々の持つ権限を盾にして彼らの服従を求めているだけなのか、ということなんです。

SAS社について考えてみよう。株式非公開のソフトウェア会社としては世界最大の規模を誇り、そのシステムは世界のほぼすべての業界で採用されている。この会社でCEOを務めるジム・グッドナイトは、口癖のように言う。

「私にとって最も大切な資産が毎日、社外へと流れ出ていく。それが確実に戻ってくるようにすること、それが私に課せられた使命だ」と。

この方針を踏まえて、上層部は、社員一人ひとりに繁栄、活力、そして幸福を提供できるように努力している。社屋内に素晴らしい運動施設を備える他、医務室、保育所、駐車場、給食サービスなどは、幹部社員も一般社員も分け隔てなく利用できる。そして、自由でオープンなコミュニケーションと、社員によるイノベーションや貢献に対する評価をとても重視している。

その結果、社員の離職率は業界平均を大きく下回る（業界平均二二％に対して、わずか二％）上に求職者数が極めて多い（二〇一〇年は一五六のポストに二万六、四三二人が応募した）。

また、SAS社は創業から三四年間、毎年の財務成績も好調に推移している。世界経済が危機に瀕したとき、ハイテク企業は軒並み社員の一時解雇に踏み切ったが、グッドナイトは社員たちにはっきりと宣言した。

「レイオフはしません。皆さんの職を守るためであれば、利益が多少減っても問題ありません」

実際、この会社の三四年間の歴史において、一時解雇は一度も行われていない。

多くの企業がＳＡＳの卓越した文化を真似しようとしたが、成功したケースは一つとしてなかった。「二〇一〇年働きがいのある会社」レポートは次のように指摘している。


ＳＡＳの違うところは、人材、品質、サービスについて「言葉」が行動で裏付けされていて、それがあらゆるメッセージに信憑性を持たせている点だ。言葉が空虚ではなく、中身がいっぱい詰まっているのである。そして、言行一致であるがゆえに、社員たちも上層部に対して信頼を抱く。組織の長期的繁栄を確信している分、目の前の仕事の質に集中できる。自分たちが公平に扱われ、職業訓練や学習機会を与えられ、私生活の面でもサポートしてもらえる、とわかっているのだ。彼らは、自分たちがＳＡＳの成功に不可欠な戦力であるという自覚の下、仕事のみならず、同僚や組織全体に対しても、各人のアイデアや創造性を提供し、周到な配慮をもって接している。


社員たちはまた、サステナビリティ（持続可能性）戦略ソフトウェアなど、「企業の社会的責任（ＣＳＲ）」への会社の大規模な取り組みを通じて、自分たちが社会福祉において継続的な貢献を行えることを誇りに思っている。

もう一つの好例は、医療・研究活動に従事する米国の非営利組織で、難病治療を専門にしているメイヨ・クリニックだ。

このクリニックには、際立って高い信頼に基づく文化がある。それは、患者重視、連携、研究や医学教育を通じた学習や改善など、一八八〇年から色褪せることのない創業者たちの特質に根差したものである。公共医療の充実に向けて最近の研究成果を最大限活用することにより、メイヨはスタッフの能力開発に努めている。

こうした文化が全スタッフの心を惹きつける鍵になっている。メイヨが掲げる理念は、チームで患者の世話をすること、どんな仕事にも意義があると考えることだ。

バークシャーのチャーリー・マンガーは二〇〇七年、南カリフォルニア大学法学部の卒業式でのスピーチを、次の言葉で締めくくった。

「文明が到達し得る最高の形態は、お互いを正しく信頼し合うことです。メイヨ・クリニックの手術室はそういう形で機能しているのです」

メイヨは『フォーチュン』誌の「最も働きがいのある企業一〇〇社」に、八年連続で選ばれているが、その背景にはこうしたスタッフの信頼があった。さらに二〇一〇年には、米国の病院の総合ランキングで、二二年連続で第二位にランクされた。また、四二部門合計一〇〇〇余のブランドを対象に信頼度を調べるエクイトレンド調査でも、非営利ブランド部門で第三位に選ばれている。こうした信用は、スタッフの信頼を呼び起こすと同時に、寄付をする人が提供先を決める際にも重要な判断材料になる。

社員同士が和気あいあいとした雰囲気の中で、お互いを、また経営側を信頼し、職場に誇りを感じている企業は、優れた製品を生み出すに違いない。社員たちが会社を信頼して誇りに思い、お互いを、また経営側を信頼するということがない企業は、たとえ研修や訓練を行ったとしても、そうした製品が生み出されることはないだろう。

ジェフ・スマイゼック（ユナイテッド航空CEO）

「まずは自分から始める」——投資家の信頼を獲得するために

ローラ・リッテンハウスは、ニューヨークを拠点とするインベスター・リレーションズ会社、リッテンハウス・ランキングス社の創業者だ。

彼女が我々に語ったところによると、投資家相手に率直な話のできるCEOのいる会社は投資家からの信頼が厚く、業績も優れているという。この会社が実施している調査は、会社の目標や目的、業績、課題への取り組みを詳細に説明した手紙をCEOが株主に毎年送っているかどうかによって、最終損益に直接影響することを示している。リッテンハウスは次のように指摘する。

「手紙に専門用語や一般論、理解不能な表現が多かったら、別の投資先を探したほうがよいかもしれません。読んでみて、CEOが何の話をしているのか理解できないようであれば、その会社の社員たちも同じではないかと想像されます。経営を取り巻く霧の濃さをチェックする必要があります。霧がとても濃くて、よほど耳を澄まさないと霧笛が聞こえないようであれば、乗り換えたほうがよいでしょう」

リッテンハウスによる過去一〇年間のＣＥＯ率直度調査のうち、九年間についていえば、手紙の率直さや説明責任など、信頼構築に資する特性でトップにランクされた企業は最下位の企業よりも、投資家へのリターンが平均一八％多かった。また、二〇一〇年の調査では、上位四分の一に属する企業は下位四分の一の企業を三一％上回っていた。

「まずは自分から始める」――国家レベルでも有効である

国家がその国民や世界から見て、信頼に値する存在になることは重要である。そう聞いてもピンと来ないかもしれない。だが、このことは、他の国々や企業、旅行者がその国に関して行う経済的、政治的意思決定のみならず、国民の繁栄、活力、幸福にも非常に大きな影響を及ぼすのだ。

デンマークという国について考えてみよう。デンマーク人は信頼の効果を信じているどころか、彼らの世界観は信頼を抜きにして語れないほどだ。二〇一一年の「腐敗認識指数」を見てみると、デンマークはニュージーランドやシンガポールとともに世界で腐敗が最も少ない国とされており、この指数が公表されるようになって以降、毎年上位一〇位以内にランクされている。

こうしたランキングが示すように、デンマークの人たちはお互いに、また社会全体に対して、抵抗なく信頼を提供しているのだ。最新の世界価値観調査によれば、デンマーク人の七六％が他人を信頼できると思っている。この比率は、世界のすべての国の中で最も高い。

特に素晴らしいのは、繁栄、活力、幸福の成果が社会に豊富に表れている点だ。わずか五五〇万人の人口にもかかわらず、繁栄を示す生産性は世界でもトップクラスで、ＩＭＤ（スイスに本部を置く世界有数の調査研究機関）が毎年発表している「世界競争力年鑑」では第五位につけている。ＧＤＰも世界第五位と非常に高く、レガタム研究所の「二〇一〇年繁栄指数」では第二位にランクされた。

活力に関しても、健康やエンゲージメントに関する尺度のほとんどで上位に入る。ＩＭＤは「企業で働く人々の勤労意欲の高さ」という評価基準で、この国を世界第一位としている。

幸福は、デンマークが本当に際立っている側面だ。「ギャラップ世界世論調査」で、この国は世界一幸福な国とされ、その他多数の調査や指標でもトップまたは上位に位置している。

デンマークで高い信頼が築かれている背景には、歴史、文化、人口、政治、環境、行動様式など、さまざまな要因が存在するだろう。しかし、自らの信用を高めつつ信頼を提供することにより、国民自身から見ても世界から見ても、デンマークが信頼に値する国になっていることは間違いない。

尽きない可能性／尽きない課題

信用を維持し、他者から見て信頼に値する個人、リーダー、あるいは企業になることは、今日の世界において、絶えず追求し続けなければならない課題である。ある状況ではそれができても、状況が変わるとできなくなってしまうケースもあるからだ。

一九八二年、ジョンソン・エンド・ジョンソン社の製品で、市販の頭痛薬として広く普及していた「タイレノール」にシアン化合物が混入され、それを服用した七人が死亡するという事件が起きた。その際、ジョンソン・エンド・ジョンソン社は信頼に値する危機管理の模範を示した。全面的に責任を認めたのである。さらに、顧客に直ちに注意を促すとともに、出荷済みのタイレノール約一億ドル相当分を回収し、顧客が購入済みのカプセル数百万ドル相当分については錠剤との交換を申し出た。そして、すべてのタイレノール製品用に安全シールを開発したのだ。

ところが、二〇〇八年、子会社のマクニール社が製造した鎮痛薬「モートリン」の溶解に問題があり、効能が疑われることに気づいたときの対応は全く別物だった。上層部は、周知に努めてリコールを実施するどころか、ある業者を雇い、その社員たちに常連客を装って欠陥製品をこっそり買い占めさせ、問題の隠蔽を図ったのだ。

この件が露見したのは、二〇一〇年、別のより深刻な問題が発生し、幼児・小児用の水薬一億三〇〇〇万ボトルの回収に至った際の調査においてであった。『USAトゥデイ』紙は社説で、「経営陣は自らつくった教科書を読んでいなかった」と非難した。
ジョンソン・エンド・ジョンソンのウィリアム・ウェルダンCEOは、米議会下院政府改革委員会で次のように証言している。

我々は国民を失望させてしまいました。高い品質基準を維持できなかった結果、子どもたちにわが社の重要な医薬品を利用していただけない事態に至りました……我々は姿勢を正さなければならない、と認識しております。ジョンソン・エンド・ジョンソンに対する国民の皆様の信頼を取り戻し、今回のような問題を二度と起こすことがないよう、全力を傾ける決意です。

もう一つの例はトヨタ社だ。確かな品質と信頼性の歴史を積み重ねてきたトヨタは、二〇一〇年、ハリス・インタラクティブ社が自動車メーカーを対象に行った「EquiTrend調査」でトップにランクされていた。ところが、その直後、トヨタの乗用車とトラック二三〇万台をリコールするという問題が発生した。アクセルペダルがひっかかり、ドライバーの意に反して車が急加速するためだった。このリコールは、同じ原因による自動車四二〇万台のリコールから間もなくのことだった。
インタラクティブ社は二〇一〇年二月二四日付のプレスリリースに、次のようなコメントを掲載した。

慎重に見守るべき一つの企業はトヨタだ。同社は、製品の安全性と消費者の信頼に関係する、前例のない問題への対処に追われている。EquiTrend調査が実施されたのがトヨタの大規模なリコールの直前だったことを考えると、この調査は、同社の評価額の変化をモニターする際の貴重な判断基準になる。

インタラクティブ社の翌月のコメントは次のようなものだった。

我々は自動車ブランドに対する消費者の信頼レベルを注意深く監視していく。とりわけ、肉体的安全と製品の品質に対する認識に関係するケースは重要である。最近の危機は、信頼の土台がいかにあっという間に崩れ去るかを如実に示している。

二〇一一年一月、スイスのダボスで開催された世界経済フォーラムにおいて、トヨタ創業者の孫息子にあたる豊田章男CEOは責任を認め、顧客に不安を与えたことについて次のように陳謝した。

「今までもそうであった以上に、より顧客目線というものを重要視し、お客様第一、かつ安全、安心に受け取っていただけるような対応をするよう今後もやっていきたいと思っております。本当に申し訳なく思っております。我々は心底お客様を第一に考えており、お客様に安全を保証いたします。我々をご信頼いただけたらと存じます」

信頼を回復するのは、最初に信頼を築くときよりもはるかに難しいのが常である。だが、トヨタとジョンソン・エンド・ジョンソンの両社にとっての救いは、信頼を築き、実績を上げるという行動を何年、いや何十年と積み重ねてきた歴史があることだ。両社は消費者、パートナー、一般国民との間の「信頼残高」を継続的に積み上げてきており、その残高のおかげで、自ら引き起こした問題を自らの行動によって解決することができるのである。そして、信頼回復のための行動原則は、「自ら引き起こした問題は、言葉だけでは解決できない。自らの行動によって解決する以外にない」ということなのだ。

これを見事にやってのけた男がいる。フランク・アバグネイル・ジュニアだ。

アバグネイルは一六歳のとき、両親の離婚を機に家出し、歴史に残るほどの悪名高き詐欺師として数々の犯罪を重ねた。二一歳で逮捕されるまで、自分を飛行機のパイロットと偽っていた。パンアメリカン航空の推計によれば、社員の特権である「無料乗客」に扮し、世界二六カ国に二五〇回余のフライトで一〇〇万マイルの距離を移動している。また医師にも扮し、ジョージア病院で常勤医師の欠員を利用し、一年近くの間、小児科筆頭研修医になりすましていた。一九歳のとき、ハーバード大学法学部の成績証明書を偽造してルイジアナ州の司法試験に合格し、州検事総長のオフィスで働いたりもした。犯罪に明け暮れたこの五年間の間に、総額約二五〇万ドルに上る偽造小切手を世界中で乱発した。

しかし、一九六九年に逮捕され、フランスとスウェーデン、さらに米国で刑期を務め終えたアバグネイルは生き方を変えた。そして、信頼を回復することに成功したのだ。

連邦当局の詐欺犯罪捜査に協力すること、週に一度出頭すること、という条件と引き換えに早期釈放を勝ち取ると、セキュリティ・コンサルタントとして雇ってほしいと銀行にアプローチした。最初は疑いの目で見ていた銀行も、結局、彼の申し出を受け入れた。詐欺のにおいを敏感に察知する能力と、信用を取り戻すために信頼に値する行動をとっていたことが決め手となったのだ。

こうして銀行はアバグネイルを信用し、さらには彼が後に設立した、詐欺防止に関するコンサルティングサービスを企業に提供するアバグネイル・アンド・アソシエーツ社を信用することになった。

アバグネイルは今日、セキュリティ・アドバイザー、コンサルタント、講演家としてFBIの信頼まで得ている。私生活では愛妻家、そして三人の子どもの父親であり、合法的な大金持ちになった。その著書『世界をだました男』（新潮文庫）は自らの犯罪歴を綴ったものであり、二〇〇二年に映画化され（『キャッチ・ミー・イフ・ユー・キャン』、二〇〇三年日本公開）、二〇一一年にはブロードウェイでも上演された。自分の過去について、彼は次のように記している。

人は皆、成長する。そして、願わくば賢くなりたいものだ。年齢が増すにしたがって知恵がつき、父親になれば生活がガラッと変わる。私の過去はモラルに反し、倫理的によくないと思う。私が誇れない部分である。だが、自分の人生を変えられたこと、この二五年間は知能犯罪や詐欺の問題でわが国の政府や自分のクライアント、何千という企業や消費者に協力してきた部分は誇りに思っている。

信頼を取り戻すため、まずは自分から始めた会社に、ナイキ社がある。スニーカーやスポーツウェアの世界的主要サプライヤーであり、スポーツ用具の大手メーカーだ。

この会社は一九九〇年代、パートナー企業の外国製造工場のいくつかで労働条件が基準に達していないとの理由で、社会的責任を十分果たしていないと痛烈な批判を浴びた。最初は弁明を試みていたが、ようやく正面からこの問題に取り組む決断を下した。フィリップ・ナイト会長は、当初の対応は「ちぐはぐで、私自身に非がありました」と陳謝した。

こうした言葉だけで終わらず、ナイキは行動と態度によって範を示した。より高い基準を設定し、コンプライアンスの徹底や透明性の向上に努めたのだ。こうした姿勢はナイキという企業を変革したのみならず、業界全体の向上にも貢献した。ナイキは今や、企業の社会的責任を推進するリーダーとの評価が広く定着し、『コーポレート・レスポンシビリティ・マガジン』の「二〇一一年企業市民ベスト一〇〇」では第一〇位にランクされている。ナイキは自らの行動を通じて、以前よりも高いレベルの信頼を獲得したのである。

信頼を回復する機会が永遠に訪れそうにない状況もある。手遅れな場合もあるかもしれない。だが、ほとんどのケースにおいて信頼の回復は可能である。ただ、決して容易ではなく、言葉だけでは不可能だ。言葉は意図を伝えるには有効だが、信頼を回復するには、信頼を築く行動を長期にわたり一貫して続ける必要がある。

信頼の瞬間

我々はほとんど毎日のように、「信頼の瞬間」とでもいうべきものを経験している。行動によって信頼を築いたり、与えたり、取り戻したりできる場面である。大きなものであれ小さなものであれ、そうした重要な瞬間に直面したとき、それにどう対応するかが重要となる。それが時には想像もつかないほどの差を生むのだ。

フェイスブックの生みの親、マーク・ザッカーバーグにも、あるとき、顕著な信頼の瞬間が訪れた。それは、彼がソーシャル・ネットワーキング・サービス（ＳＮＳ）として、二〇〇四年にフェイスブックを開設した直後のことだった。

ザッカーバーグはワシントン・ポスト社のドナルド・グレアム会長兼ＣＥＯと、必要な資金を提供してもらう口約束を交わしていた。ところが、そのわずか数週間後、ベンチャー・キャピタルのアクセル・パートナーズ社が、四〇〇万ドル余の融資話を持ちかけてきた。アクセル社との夕食の席、この取引をまとめようとしていた相手とは対照的に、ザッカーバーグは会話に乗り気でないようだった。そして、トイレに行くと席を立ったまま、戻ってこなかった。デヴィッド・カークパトリックはこのときのことを、「Facebook Effect」に次のように記している。

ザッカーバーグの幹部社員であるコーラーが様子を見にいくと、ザッカーバーグが頭を垂れたままトイレの床に座り込んでいた。彼は泣いていた。

「涙ながらに彼は話し始めました。『これは間違っている。こんなこと、俺にはできない。俺は約束したんだ』ってね」

コーラーはそのときのことを、こう振り返った。

「それで、私は言ったんです。『ドナルドに電話して、どう思うか聞いてみては？』と」

ザッカーバーグは少し間を取って気持ちを落ち着けてから、テーブルに戻った。

翌朝、ザッカーバーグはグレアムに電話をした。

「ドナルド、条件に合意して以来、話をしてなかったけど、あのあと、あるベンチャー・キャピタル会社からずっと高額の提示を受けたんだ。それで、道徳的には許されないことなんだけど、どうしたものか迷ってしまって」

ザッカーバーグがそう切り出した。

グレアムは落胆する気持ちの一方で、心打たれる思いでもあった。

「内心思いましたよ。若干二〇歳で大したもんだ。融資は他から受ける、って言ってきたわけじゃなく、腹を割って話すために電話をかけてきたんだ、とね」

極めて小規模で歴史も浅い会社にとって、自分の最初の提示額ですら非常に大金であることが、グレアムにはわかっていた。

「マーク、君にとってその金は絶対に必要なものかい？」

グレアムは尋ねた。ザッカーバーグは、そうだと答えた。その金さえあれば、フェイスブックは赤字を出したり、借金をしたりしなくて済むんだ、と彼は続けた。
「マーク、君をジレンマから解放してあげよう。いいから、そっちの融資を受けなさい。そして、会社を発展させるんだ。じゃあ、幸運を祈ってるよ」
グレアムは言った。ザッカーバーグは心底ホッとした。この一件は、グレアムに対する彼の尊敬と感嘆の念をいっそう強めたのだった。

ザッカーバーグのキャリアはまだ始まったばかりだが、この「信頼の瞬間」のあとに起きたことはまさに驚異の連続だった。フェイスブックは目下、全世界で六億人を超えるアクティブユーザーを擁している。日々の思いを友人と共有する若者たちのコミュニケーションから、二〇一一年のエジプト民主化暴動など大規模な社会運動の扇動に至るまで、小さな意味でも大きな意味でもまさに我々の世界を再定義しつつある。ザッカーバーグは二〇一〇年、『タイム』誌の「今年の人」に選ばれ、彼の会社の市場価値は今や八〇〇億ドルを突破し、さらに上昇を続けている。

だが、ザッカーバーグのような個人の例、さらにジョンソン・エンド・ジョンソンやトヨタなどの企業の例が示すように、人格と能力、そして信用を維持することは終わりのない課題なのだ。そして、それに立ち向かうことは、我々の権利であると同時に義務でもある。自分を、また自分の組織を信頼してもらうためには、自らが信頼できる人間とならなければならない。さらに、「スマート・トラスト」を提供すべきか否か、十分な情報に基づいて判断するためには、他者の信頼性を評価する能力が不可欠となる。

この章に登場した個人や企業はさまざまな洞察を与えてくれている。だが、出発点があなた自身であることは明らかだろう。鏡を覗き、そこに映った自分を信頼するとともに、周囲から信頼される個人、リーダー、組織、国家になること、それが今、あなたに求められているのだ。

◉さらに考えてみよう！

・あなた自身を含む人々から見て、あなたはどの程度、信頼に値する個人、親、組織のリーダーになっていると思うか？

・あなた自身、またはあなたの組織やチームの人格・能力を向上させ、人々から信頼を獲得するためには、どんなことをすればよいと思うか？

SmartTrust

第六章

「スマート・トラスト」の行動
その三：自分の意図を明確にし、
他者の意図を好意的に捉える

あなたの意図はどういう性質のものか？

サーグッド・マーシャル（米国の元最高裁判所判事）

私は最近、インドのバンガロールの通りを車で走り抜けるというスリリングな経験をした。事故には遭遇しなかったが、思わずハッとするようなニアミスは数え切れないほど目撃した。車線表示がはっきりせず、ドライバーたちは車の列に急に割り込んだり、飛び出したりしていた。他の車がいつ我々の前に割り込んでくるかもしれないため、常に用心している必要があった。

ここのドライバーたちの運転技術は平均よりかなり上で、あまり用心しすぎると、周囲の人間にとっては逆に危険だったのではないかと思う。とはいえ、私のようなよそ者にとって、その状況は全く無秩序のように見えた。しばらくしてから気づいたのだが、大部分のドライバーは車列に出入りする際、少なくともクラクションは鳴らしていた。だが、それだけでは到底安心できなかった。何度、目を覆い、シートベルトを強く締め直したことか。命あることをひたすら願いながら。

比較的、冷静でいられたとき、スイスでの経験と比較してみた。スイスは道路や車線が線ではっきり区分けされ、非常に明快な規則が定められている国である。特に、車線を変更する際、ほとんどのドライバーは前もってきちんとウインカーを点灯する。この合図は自分のためではなく、他のドライバーに自分の意図を伝えるためのものだ。そうすることで、こちらの動きを事前に察知してもらい、それに応じた行動をとりやすくしているわけだ。

このように二つの国の運転事情を比較しているうちに、クラクションであれウインカーであれ、両国のドライバーたちが自分の意図を伝えていることに気づいた。もっとも、バンガロールよりもスイスのほうが、その意図はより明確で、理解しやすかったが。

「自分の意図を明確にする」とは、本質的には、他者にこちらの行動を知らしめることを指す。運転中にウインカーを点灯したり、クラクションを鳴らしたりするように。自分が何をしようとしているのかを周囲に知らせること。これを極めて効果的に行えば、自分がなぜそれをしようとするのか、その理由を相手にわからせることさえできるのだ。

この章では「スマート・トラストの五つの行動」の三つ目について説明するが、この行動は二つの部分から成る。一つ目の「自分の意図を明確にする」は、目的と意図の原則に基づいている。その逆の行動は、意図を明確に示さなかったり、意図はすでに明確になっていると単純に思い込んだりすることだ。意図を隠したり偽ったりすること、隠れた思惑で動くこと、「でっち上げ」たり惑わせたりすること、ふりをすること、錯覚を起こさせること、過大な約束をすること、なども含まれる。

二つ目の「他者の意図を好意的に捉える」は、信頼と前向きな期待の原則に基づいている。逆の行動は、他者の意図を非好意的に捉えることだ。相手の意図に口先だけで賛同し、内心は疑念や敵意を持つこと、その人の前では信頼しているように見せかけ、陰ではこっそり調べたりすること、などが含まれる。

意図を明確にし、他者の意図を好意的に捉えるというこの一対の行動は、リーダーや組織が「スマート・トラスト」を実践する上で極めて有効な手段となるのだが、現実には軽視されることが多い。しかし、この行動は信頼への近道にはならないとしても、信頼を大幅に促進する効果がある。なぜだろうか。

「意図を明確にする」ことの二つの要素――「何を」と「なぜ」

意図を明確にするという行動には、二つの要素が含まれる。自分が「何を」したいかを述べることと、それを「なぜ」したいのかを示すことだ。

この二つは、どちらも欠かすことができない。組織のマネージャーを見渡したとき、「何を」（「コスト削減に向けた我々の行動計画は……」など）のほうは上手に示すが、「なぜ」（「我々がこれを考えた動機と意図は……」など）のほうは不得手な人が多い。「何を」の背後にあるはずの「なぜ」を相手に知らせると、自分がまず伝えたい事柄、さらには自分のその後の行動に対する相手の解釈が大きく変わってくる。

我々は、自分自身を見る際は自分の意図によって判断するが、他者については、その人の目に見える行動に基づいて判断を行う傾向がある。したがって、自分が他者から信頼されないときは、自分の行動によってそういう判断を下されたと考えるべきだろう。

逆にいえば、自分の意図、すなわち「何を」と「なぜ」の両方を明確に示せば、他者が下す判断に自分から影響を与えることができる。その結果、その人からの信頼を獲得し、維持できる可能性が高まるのである。

交渉において、意図を明確にするという行動を賢く行うと、形勢を一変させられる場合がある。我々のクライアント企業のケースを紹介しよう。

彼らが主要な取引先と重要な契約交渉に入ろうとしていたときのことだ。この交渉は以前にも何度か行ったもので、「お宅がこれこれをしてくれれば、うちもこれこれをする」といった、基本的には業務上の処理に関するものだった。大枠は合意に至ったが、その過程において、双方ともに「自分たちが損をしたのではないか」と疑心暗鬼になっていた。

だが、「スマート・トラスト」トレーニングをたっぷり受けた直後のことでもあり、それを試してみようと考えた。彼らは真っ先に自分たちの意図を取引先に明確に示すことにしたのだ。これは以前とは違うやり方である。手の内を明かさず、受け入れられる精一杯の妥協点を推し量るのではなく、自分たちの目的と目指す条件をすべて明らかにすることから始める、という手法を意図的に選択したのだ。

まず、自分たちが絶対に譲れない点を示し、その理由と、さらには譲れる点までさらけ出した。また、双方にとってあまりプラスにならないような契約なら結ぶつもりはない、と相手に告げた。最初は高めの条件を出し、中ほどで手を打つというのではなく、自分たちの最終的な条件、ぜひ実現させたいと思う条件を最初から提示した。

こうした手法に出た場合、取引先には二つの対処法がある。一つは、あくまで交渉だと考え、示された情報を利用して自分たちに有利な条件を勝ち取るというもの。そして、もう一つは、自分たちも信頼を与え、譲れない点とその理由を自らの意図として明確に示すというものだ。取引先は後者を選んだ。その結果、両者はそれぞれが最高に満足のいく条件で契約に至った。しかも、従来よりもずっと短期間で、かつ高い信頼関係を築くことができた。双方がそれぞれの意図を明確にし、思惑を明かし、透明性をもって行動したからこその結果だった。

この種のやり方にはある程度のリスクが伴うことは確かだが、それよりもはるかに大きなメリットを期待できる。このような交渉の場でうまくいかない手法があるとしたら、それは、最初にこちらの意図を明確にしないやり方だろう。すなわち、最初に意図を示さず、片方だけが交渉のポイントをすべて明かすという、全く異なる手法だ。

意図を明確にすると、どうして信頼が築かれるのだろう。

数年前、フロリダ州シャーロット郡公立学校の管理者ダグ・ウィテカーが、ある体験談を語ってくれた。

我々の学区は、組合との交渉の仕方を変えるという約束をしていましたが、来年度に向けた交渉に入る前に大きなハリケーンに襲われました。これは大変なことになると我々は思いました。二一ある施設のうち八つが使えなくなったんです。学校に行けない子ども、職場を奪われた教師、家を破壊された人々が大勢いました。

教育長のデイヴ・ゲイラー博士は会議を招集しました。地区管理者以外も集めましたが、その中に組合長二人が含まれていました。これは思い切った措置でした。そこで彼は宣言したんです。皆、働ける状況にはないが、全員ができるだけ早い時期に給料を受け取れるようにする。それが我々の第一の仕事だ、と。また、どういう事態になろうとも人員削減はしない、とも。

ゲイラー博士は会議のあと、放送が続けられているテレビとラジオの番組に出て、火曜日に職員の給料を支払うと発表しました。組合員たちのグループや管理者の代表たちも一緒に出演し、給料は確実に払われると訴えました。

被害状況の報告が入ってきたとき、我々は思いました。六つの学校は永久に使用できそうにないが、二校は修理が可能だ、と。我々は労働協約を部分的に放棄し、実行すべき重要課題を記載した覚書を作成して、速やかに二部制で授業を始める計画を立てました。

ハリケーンから二週間もしないうちに子どもたちは学校に戻り、教師や管理者たちも仕事に復帰しました。さらに、移動式の仮設校舎を運び込み、仮のキャンパスをつくりました。二部制に分けた授業を本来の体制に戻すまでに三カ月はかかりませんでした。

こうしたことがすべて積み重なって、学区と職員たちとの間に信じられないほどの信頼が築かれました。さらに、人々が学校制度を復興のシンボルと見なすようになり、地域社会との間にも信頼が生まれました。そして、組合との賃金交渉の時期が訪れたとき、うちの財務担当者はデータをスクリーン上に表示しながら言ったんです。

「我々の手元にある資金はこれだけです。これを三年間実施した場合、こんな感じになります」

これを機に、通常なら何カ月もかかる交渉が、たったの二時間で妥結したんです。支部会議は開かれませんでしたし、脅しなども皆無でした。スクリーン上に示されたデータに嘘偽りがないことは明らかでした。障害になっていた細かな点を調整するだけで協議は終わったんです。

職員や組合との信頼関係は急にはできないので、交渉は相当長引くだろう、と我々は覚悟していました。ところが、ハリケーンに見舞われて、本音の議論ができるようになったんです。「私が管理者で、君たちは一介の教師に過ぎない」みたいな垣根が取っ払われ、「私も家が破壊され、君たちも家の屋根が崩れ落ちてしまった」というふうに変わったことで、全員の心が一つになったわけです。我々は言いました。

「ここは我々みんなの財産です。我々はここで雇われているのであり、ここを通じて地域社会に貢献します。我々は子どもたちのことを考えなければなりません。そして、その親たちのことも。過去の経緯はすべて水に流しましょう」

その結果は驚くべきものでした。双方とも本当にその通りに行動したんです。

ウィテカーの体験談を聞いているうちに、全員が確信したことが一つあった。それは、この学校管理者たちが、組合との当面の交渉でも、また将来の交渉を見通しても、目的を達成できた最大の要因の一つは、ゲイラー博士が意図を明確にした点にあったということだ。

教師全員に給与を支払い、誰も解雇せず、給料の減額も行わないことを最優先に取り組む、とゲイラー博士は真っ先に明言した。会議の席だけではなく、公共のテレビやラジオにも出演して、教師や一般市民に向けて、直接その意図を明確に示した。この明言によって緊張が一気に解け、非常に難しい状況下で人々に希望を与えたのだ。

また、親身になって考えている人たちがいる、ということを伝える効果もあった。管理者たちがそのあと直ちに約束を実行に移したことで、これらの約束をした人たちが信頼に値することが実証された。そして、そこに高い信頼で結ばれた関係が芽生え、契約交渉が信じられないほど迅速に進んだのである。

私としては、最初に自分の意図を示すようにしている。

トミー・フランク(米国陸軍大将)

シャーロット郡学区の管理者たちの経験は、意図を明確にすることが信頼の構築につながることをはっきり示している。もう一つ、イリノイ州有料道路管理課の例を紹介しよう。

七億二九〇〇万ドルの費用を投じて有料道路システム全体をORT(料金所の高速通過)方式に変更するという、前例のない大事業に取り組んだときのことだ。これほどの規模のプロジェクトになると完成までに最長一〇年を要する、というのが業界の常識だった。ところが、課の上層部が真っ先に次のように発言した。

「今までの手法を改め、一緒に手を組んでやっていきたいと考えております。信頼とパートナーシップに基づく関係を築きたい、と。参加される多方面の方々のご協力を得て、新しい種類の取引を実現したいんです」

コンセプト、デザイン、入札、そして建設を迅速に進めるべく、彼らは設計者、技術者、建設業者、有料道路スタッフとの協力的なパートナーシップを構築した。その結果、新しい建設コンセプトやインフラの開発、サービスエリアの設計、契約の調印／レビュー／管理などを調整しながら進め、二〇のプロジェクトを同時に処理することができた。信頼に裏打ちされた連携という枠組みで当初から運営することにより、通常よりもはるかに迅速な行動が可能になり、プロジェクトは前例のない二二カ月という短期間で完了したのだった。

今ではウィスコンシンからインディアナまでノンストップで走れるようになり、通勤者一三〇万人に大いに喜ばれている。

意図を明確にすると――パフォーマンスが向上する

意図を明確にすると、背景が共有化され、期待感を呼び起こす。嘘偽りのない素通しの関係になるため、知識のみならず気持ちの面でも他者とのつながりができる。明らかな意図と目的を持って行動しているという自信が生まれる。相互性を促進し、目標の達成が容易になる。他者に敬意を払うことで、彼らの関与を得やすくなる。自分の発言に人々が親身に耳を傾けてくれるようになる。

こちらが意図を明確にしないと、「彼女はこれで何をしようとしてるんだろう?」「彼は何を企んでいるんだ?」などと、相手はあれこれ推測するしかない。このような見えないものに対する不安は、悪くすれば衝突へと発展する場合もあり、そこまではいかないとしても、相手が自分の発言に心を開いて聞いてくれるのは難しくなるだろう。

人は自らの戦略やリーダーシップを実践する一環として、自らの行動の意図を自分自身の背景に即して説明できるような、自分なりの言葉を見つける必要がある。自分の行動をいかに説明するかで大きな違いが生じる。

ピーター・センゲ（『最強組織の法則』〔徳間書店〕の著者）

実際、先方の動機や意図を信頼すると、あるいは少なくとも理解すると、そうでない場合とは異なる反応を引き出すことができる。自分の動機や意図を信頼してもらうには、意図を隠したりせず、明確に示せばよい。大切なのは、自分の意図をオープンにしていることを相手にわからせることなのだ。

米国の元大統領、ジョン・F・ケネディも自分の意図を明確にした一人だ。

彼は一九六一年五月二五日の演説で、「私は今後一〇年以内に月に人間を着陸させ、安全に地球への帰還を果たすことこそ、わが国の目標として取り組むべき課題であると確信します」と宣言した。

これは「何を」にあたるものだ。そのあと彼は「なぜ」も明確にした。

「我々がこの一〇年以内に月に到達することを目指すのは……それが容易だからではありません。むしろ、困難だからです。この目標は、我々の持つ最高水準の行動力と技術力がどれほどのものかを知るのに役立つことでしょう。我々はこの挑戦を先延ばしすることなく果敢に受け入れ、勝利を目指すべきなのです」

多くの人々の目には、このケネディの意図は突飛で実現不可能なものに映った。しかし、まさに一〇年足らずで、ニール・アームストロングとエドウィン（通称、バズ）・オルドリンは、地球から約二五万マイル上空で宇宙船から月面に降り立ったのだ。

「NASA（米国航空宇宙局）の有人宇宙飛行計画の大枠は、ケネディのこの演説によってレールが敷かれた」

米国航空宇宙局ではそう見ている。


意図を明確にする例を、より日常的な場面から拾ってみよう。

伝説的野球選手ベーブ・ルースは一九三二年のワールドシリーズ第三戦の五回、バッターボックスに入るや、センター後方の観客席の方向を指さす仕草をした。メディアやファンには堪えられないパフォーマンスで、彼の打った打球はセンターの頭上を軽々と超える大ホームランとなった。ボールは五〇〇フィート近く飛び、通りに設けられた仮設スタンドに飛び込んだ。

ミュリエル・サマーズは一九九九年、ノースカロライナ州ウェーク郡公立学区のある学校で校長をしていた。この学校は成績が学区内最低のランクに属し、「マグネットスクール」*としての資格を維持するためには、国内の他校と異なる新しい学習モデルを考え出す必要があった。ただし、予算や職員数を増やすことはできず、期間もわずか一週間に限られていた。

彼女は最近、こうした難局の中で自分の意図を明確にしたことによって生じた変化について、我々に語ってくれた。ABコームス小学校の場合、最大の難点は二七種類の言語を話す五八カ国の生徒を受け入れている点にあった。彼らのうち、学年レベル、またはそれ以上の成績を取っていたのはわずか六七％で、学校の給食に連邦政府の補助金を受けている子が四五％もいた。

＊「マグネットスクール」：特別カリキュラムの提供を通じて、当局が地理的に定める本来の学区を越える広範囲な地域から子どもたちを、磁石（マグネット）のように惹きつけようという狙いを持った学校。

この問題について調査したサマーズは、ABコームス小学校を全米初のリーダーシップ教育実践校にするという意図を明確にした。そして、「子ども一人ずつをリーダーに育てる」ことをこの学校のミッションとして宣言した。

この意図を実現しようとするサマーズや職員たちの努力は間もなく開花した。生徒の九七％が学年レベル、またはそれ以上に達して学区トップの成績となり、二〇〇六年には全米最優秀マグネットスクールとの評価を受けた。生徒たちは強力なリーダーシップ原則を暗唱し、学校でも家でも実践して大人たちを驚かせた。ＡＢコームス小学校のミッションは、今では「子どもも一人ずつをグローバル・リーダーに育てる」というものに進化している。

「生涯を終えるときまでに、それぞれの資産の少なくとも半分を慈善事業に寄付すると宣言してほしい」

ビル・ゲイツ夫妻とウォーレン・バフェットは、二〇一〇年、億万長者数百人にそう呼びかけた。

三人が「寄付誓約書」にサインしてから一年が経過した時点で同調者は六九人に達し、最年少はフェイスブックの共同創業者ダスティン・モスコヴィッツとマーク・ザッカーバーグだった。一〇年以上前にも、ＣＮＮの創業者テッド・ターナーが同様の寄付を行い、他の人たちにあとに続くよう呼びかけたことがあった。だが、バフェットとゲイツ夫妻の場合、呼びかけだけでは終わらず、意図の正式な宣言という形へと発展させた。このことによって、より広範囲に大きな影響を及ぼすことに成功したのである。バフェットは同輩の億万長者に寄付誓約書への署名を促した際、次のように述べた。

私の意図するところをもう一度述べ、その背景にある考え方について説明させていただいたほうがよさそうですね。まず私の誓約についてですが、私はこの世を去るときまでに自分の資産の九九％以上を慈善活動に寄付させていただきます。

かなりの財産を所有していることに対して私や私の家族が感じているのは、後ろめたさよりも感謝の念です。我々がいわば一時お預かりしている財産の一％以上を我々自身のために使ったとしても、我々の幸福や福祉が今以上によくなることはないでしょう。それに対して、残りの九九％は他の人々の健康や福祉に大いにお役に立てるものと思います。

そうであるとしたら、私と私の家族がとるべき行動は自ずと明らかです。考えられる範囲で我々が必要とする分以外を社会のために、そして社会が必要とするもののために提供すべきであると考えます。私の誓約書は、そうした行動をとるという我々の意志の表明なのです。

このように、意図を明確にすることのメリットは、他者を引き込むことだけにとどまらない。彼らが自らの時間、お金、そして活力を託す相手の人々や組織について、より賢明な意思決定ができるように促す効果もあるのだ。

意図を明確にすると――信頼が築かれる

意図を明確にすることは、希望を生み出し、我々の目標の実現に資するだけではない。信頼構築の速度が増してパフォーマンスも向上するのだ。

我々のクライアントだった、ある消費財メーカーの経営陣は、帳簿を公開する意図を明確にした。財務情報すべてを全社員に開示して事業の改善に協力を求めることにより、自社文化に対する信頼を築こうと決意したのだ。非公開会社であるため、これは経営者の義務ではなかった。しかし、透明性を確保することで信頼が築かれ、社員のエンゲージメントが強まってパフォーマンスが向上し、全員の職務満足度が上がると考えたのである。

社員たちは当初、上層部が何を目論んでいるのか測りかねていた。財務データの正確性を疑い、真意をあれこれ推測した。だが、経営陣はぶれなかった。率直さ、誠実さ、透明性を大切にし、意図を繰り返し説明し、自分たちがやろうとしていることとその理由を社員たちに訴え続けたのだ。

すると、数カ月もしないうちに、社員たちはデータが正直なものだと確信するに至った。隠れた思惑もなかった。上層部は、社員たちの経営への関与を高めて利害関係者として取り込むことで、社員の立場からも改善策を提供してもらおうと心底願っていたのだ。

帳簿の公開は、組織によっては信頼を築く手法として不向きな場合もあるかもしれない。だが、この会社のリーダーたちは、開示と透明性を実践しただけで信頼構築の質と速度が従来になく向上したと報告している。

信頼を築く最善の方法は、我々がやっていることを社員たちに明らかにすることだ。これが我々が学んだ教訓である。

ジョン・レックライター（イーライリリー社 会長兼CEO）

意図を明確にしないとどうなるか

協力関係を前提とする職場では、他の人たちの意図や動機を知っておきたいと思うのが普通だろう。そのためには、意図を明確にするのが最善の策といえる。そうすることでお互いの共通の理解が拡大し、疑念が減少するからだ。

自分が何をやろうとしているのか示さないと、相手は知らないままで終わるか、自分で見つけなければならなくなる。そういう場合、やろうとしていることをやり遂げたとしても、約束を守ったことに相手は気づかないかもしれないし、自分たちの価値を理解してもらえないかもしれない。これでは信頼は築かれない。さらに、信用を見極めて賢明な意思決定をする際に必要となるであろう重要な情報も、相手は逃すことになる。

もっとも、意図を明確にしたからといって、必ずしも行動に反映されるとは限らない。そういうケースに比べれば、意図を明確にしないまでも、何らかの形で遂行されるほうがましだろう。だが、意図を明確にしないでいると、何の考えもない人、約束や目的や希望、あるいはブランドや価値とは無縁な人と見られかねない。そして、群雄割拠の今日の市場において、それでは信頼を保てないのである。

また、意図を明確にしないと、相手としては推測するか、こちらの行動を自分の意図によって解釈するしかない。信頼が十分築かれていない場合、残念ながら最善のケースよりも最悪のケースを推測するのが人の常である。信頼が低い関係においては、希望や夢、願望よりも、不安、疑念、心配が脳裏をよぎることのほうが多いはずだ。生活のあらゆる場面で、毎日のように推測し、自分の意図を通してこちらを見ることになる。そうすると、相手としては不正確な情報をもとにした判断や意思決定をせざるを得ず、しばしば信頼を損なうことになる。

人の動機に疑惑の目が向けられたとたん、その人の行動すべてが歪めて見られるようになる。

ガンジー

数年前、CNNニュースのある通訳者が、イランのマハムード・アフマディネジャド大統領が行ったスピーチにおいて、重要な一語を誤訳した。その結果、大統領は「核技術」の開発ではなく、「核兵器」の開発について語ったと報じられた。イランの核所有をめぐり政治的緊張がすでに高まっていた最中、誤報したCNNは即座に国外追放となった。

イランのケイハン新聞のホセイン・シャリアトマダリ編集長は主張した。

「この誤った報道は、世論に核兵器を開発していると思い込ませる意図により、故意に行われたものだ」

CNNは公に謝罪して、ようやくイランに戻るのを許された。信頼が欠如した環境、意図が明確にされていない状況では、どのように判断され得るかを示すものとして、この事例は興味深い。

数年前、意図に対する誤った解釈が国際的論争に発展したことがあった。あるデンマーク人女性がニューヨークのイースト・ビレッジのレストランで夕食をとる間、一歳二カ月の女の赤ちゃんをベビーカーに乗せたまま窓の外に放置したとして逮捕されたのだ。客から通報を受けた警察はレストランに立ち入り、その女性に手錠を掛けて拘留した。そして、刑事訴訟を起こし、子どもを児童養護施設に収容した。四日後、彼女は娘を引き取ることが許されたが、観察下に置かれた。それから数日後、刑事法廷で裁判官は彼女に対して、「向こう六カ月再犯しない」ことを条件に不起訴判決を下した。

この女性はもとより、デンマークからの移住者たちは激怒した。後に判明したことだが、親が食事や買い物をする間、子どもを外に置いておくことは、高い信頼関係が存在するデンマークではよくあることだった。「frisk luft」、つまり「新鮮な空気」は、子どもたちに与えられる最も貴重なものの一つと考えられているからだ。

「ベビーカーは窓越しにいつでも見える位置にあり、自分は育児をしっかりやっている」と女性は主張した。

では、警察の意図は何だったたか。子どもを虐待から守ることだった。警察に通報した客の意図は何だったか。幼い女の子の身の安全を確保することだった。女性の意図は何だったか。混雑していて空気のよどんだ店内に赤ん坊を連れて入るのを避けることだった。当時、デンマークでは、それが親としてとるべき行動とされていた。

このように、関係者は全員、善意に基づいて行動したが、お互いの意図を理解していなかっために、悪意による行動という誤解が生じたのである。

意図を明確にしないと、自分の動機が誤解される恐れがあるどころか、その可能性が極めて高くなる。それに対して意図を明確に示すと、相手はこちらの動機を推測したり、自分なりの基準で解釈したりする必要がなくなる。意図が本人の口から直接伝えられるため、あれこれ想像しなくて済むわけだ。

ただし、信頼関係が築かれていないと、最初はこちらの言うことを信じてくれないかもしれない。「向こうは何を目論んでいるのだろう?」「どんな思惑があるのか?」「本当のところ、何をしようとしているのか?」などと思うだろう。

だが、優れたリーダーはそこであきらめない。半信半疑と思われる人が一人でもいれば、包み隠さず、誠実かつ明確に意図を伝える努力をする。透明であるというだけでなく、透明であることを率直に主張し、行動を透明にするという意志を伝えるのだ。

わが社は何も隠し立てすることはないので、私は常に何でも話すようにしている。創業一三〇年のわが社には、質の高いリーダーシップと誠実な文化という素晴らしい歴史があるのだ。

ジェフリー・イメルト（ゼネラル・エレクトリック社 会長兼CEO）

あなたが、何を、なぜ、しようとしているのかがわからないと、相手は不安な気持ちになる。

あなたが自分の意図を明確に示し、思惑や動機を堂々とさらけ出せば、そうした不安は消えてなくなるのだ。

動機が重要である

私の部署に、私が信頼していない人間が三人いる。なぜ信頼できないのか、その理由を私はとことん考えた。彼らは期限をきちんと守るし、やると言ったことは必ずやる。教師やプログラム・コーディネーターとして非常に有能なのだ。それでも、私が彼らを信頼できないのは、常に他人よりも自分のことを優先して考えるタイプだからだ。他の誰かに迷惑がかかるような状況でもそうなのだ。

彼らの動機は極めて明確である。自分にとって最善のものを求めているのだ。それによって他人が最善のものを手にできなくなってもおかまいなしなのだ。あるものが自分よりも他人にとって意味があることを知っていても、自らを犠牲にしようとはしない。彼らの動機は利己的なのだ。

彼らが私のプログラムを正確に説明したり、私がチームのためにぜひ必要と考えているものを欲したり、私のために何かしてくれたりするとは到底信じられない。彼らが自分の最善の利益よりも他者の最善の利益を考えているとは思えないのだ。

パム・マッギー（教授／コンサルタント）

意図を明確にすると信頼構築のスピードが増す。しかし、その意図が思いやりと相互利益に即したものでなければならないことはいうまでもない。思いやりに欠ける意図や、自分だけの利益や知られたら困るような隠れた思惑が絡む意図を持っている場合は、それを改めるまでは明確にしないほうがよいだろう。

あなたが勝利を目指すこと自体は何の問題もない。それを妬む人はいないだろう。だが、他者を犠牲にしてでも勝とうとするのであれば、それは問題である。相手を、彼らの利益や目的を、心から思いやることが重要なのだ。思いやりの動機ほど、深い信頼を短期間に築く動機はない。

その一例として、医療従事者に対する信頼度を見てみると、医師よりも看護師に対する信頼のほうが従来から上回っている。どちらも高い能力を備えているが、看護師のほうが一般的に思いやりの意図が強いと見られているからだ。

さらに、世界で最も信頼されている職業のランキングでは、消防士が数年連続でトップを独占している。薄給であるにもかかわらず、自分の命を投げ出してまでも、人命救助に情熱を燃やす消防士たちの思いやりの意図や動機を疑う人はいないだろう。

思いやりの動機はパフォーマンスを向上させるのに極めて有効だ。その好例を一つ挙げるとしたら、エリック・ヴァイエンマイヤーだろう。

彼はエベレスト頂上を征服した唯一の盲人である。二〇〇一年五月に彼が成し遂げたことは、おそらく歴史上最も成功した登頂記録といえるだろう。隊員一九名が頂上に達したが、一つの隊で同じ日に登頂した人数としては過去最多である。後にエリックは我々に次のように語った。

「クレバスだらけの氷原を、お互いの身体をロープで縛って横断しました。まさに究極の信頼が求められる状況です。私の命は他の隊員たちの手にあり、彼らの命は私の手にある。それが登山というものなんです」

この快挙の全貌を、同行してフィルムに収めた映画制作者、マイケル・ブラウンは次のように述べている。

あの快挙に関して私が本当に素晴らしいと思うのは、隊員全員が自分のことは二の次にして、エリックの登頂のために力を合わせたことです。チームが一つの目標の下に結集したからこそ、我々全員が頂上に到達できたのだと思います。つまり、我々はチームとしてあの大成功を勝ち取ったんです。一人ひとりが自分の気持ちを抑えることができたからこその結果です。

エベレスト登山などでは、得てして、『自分が頂上に立ちたい』という思いから、皆が我先にとなるものです。誰だって頂上に立ちたいわけで、登山の成功のために互いに励まし合い、支え合うなんてことはめったにありません。「自分の目的は遂げられるか?」と、自分のことだけに気持ちが向きがちなんです。

その点、我々のチームにはもっと高い目標がありました。エリックが無事に登頂し、下山できるように彼を盛り立てるという目標です。だからこそ、隊員全員が頂上に立てたのだと思います。

以下に紹介するのは、本書の共著者であるグレッグ・リンクが経験したエピソードだ。

私は数年前、六日間のリーダーシップ養成合宿に参加したことがある。第一日目の朝、我々は全員でランニングに出かけた。指示は、「一マイルを『全力』で走り、タイムを記録する」という簡単なものだったが、思うほど簡単ではなかった。身体が思うように動かず、大部分の参加者は苦労していた。だが、他の人に負けてなるものかと力を振り絞った。

二日目も基本的な指示は変わらなかったが、「今日は他の人を元気づけ、励ますことを忘れないように」と、少しばかり追加があった。前の日の走りで筋肉がかなり悲鳴を上げていたので、タイムは下がるとばかり思っていたが、逆に上がって皆驚いた。雑念を振り払い、他者を思いやることで成績がアップし、しかも楽に走れたのだと思う。

成功企業の行動には、思いやりの動機、そしてその成果が見てとれる。

たとえば、製薬会社グラクソ・スミスクライン（GSK）社は、貧しい国々では薬剤価格を豊かな国の二五%に保つと宣言した。また、そこで得た全利益の五分の一をその国の医療制度の構築に提供するとともに、マラリアの原因や治療法の研究者たちに向けて、自社のデータベースを開放している。

こうした意図の宣言は、一製薬会社としては並外れた行動だった。その動機は何だったか。もちろん、事業の拡大もその一つではあっただろうが、社会貢献という純粋な気持ちも大いに含まれていた。アンドリュー・ウィッティーCEOは次のように語っている。

私はGSKが企業として大きな成功を収めることを望むものですが、そのためにアフリカの人々を置き去りにするわけにはいきません。どの村の病院も、ベッドは女性と赤ん坊で埋まっています。マラリアの高熱に苦しみ、その目はぼんやりと虚空を見つめているのです。皆さんも心配になるでしょう。他の子どもたちは誰が面倒を見ているのかと。その被害の大きさは誰の目にも明らかです。

また、ホールフーズ・マーケット社のジョン・マッキーCEOは二〇〇六年に社員たちに送ったメッセージの中で、大きな思いやりをベースに信頼を構築する意図を宣言した。そこには次のように記されていた。

親愛なる社員の皆様へ

わがホールフーズ・マーケット社は驚異的な成功を収めました。その結果、私は夢にも思わなかったほどの資産、並びに、経済的安定、個人的幸福など、有り余るほどのものを手にすることができました……私は今年で五三歳です。お金のためよりも、働くことの喜びのために働きたい。私の心の中にはっきりと感じる奉仕へと誘う声に、もっとしっかり応えたい。そう思う年頃になりました。二〇〇七年一月一日より、私の給与は一ドルに減額されます。その他の現金報酬も今後は辞退するつもりです……私が将来受け取る資格があるストックオプションのすべてを、ホールフーズ・マーケット社名義でわが社の二つの基金に寄贈する考えです。

皆様にお伝えすべき重要事項がもう一つあります。取締役会は、将来の給与を返上するという私の決断を受けて、グローバル・チームメンバー・エマージェンシー・ファンドを新設し、ホールフーズ・マーケットより毎年一〇万ドルずつ寄付する旨の決定を行いました。この資金は必要に応じて全社のチームメンバーに分配される予定です……初年度の一〇万ドルは二〇〇七年一月一日に預託され、その日以降、申請を審査する運びとなります。

ジョン・マッキー

ホールフーズ社の意図は、この会社のミッション・ステートメントのタイトル「相互依存の宣言」にはっきり表れている。また、マッキーは「高い信頼で結ばれた組織を構築する」と題した『ハフィントン・ポスト』紙への寄稿文の中で、そのミッションを実現するためには思いやりの動機が不可欠とし、次のように記している。

「詰まるところ、愛と思いやりを基礎とする文化を築くことなくして、我々は高い信頼で結ばれた組織をつくり出すことはできない」

彼は続いていくつかの提案を行い、この問題に対する考察を促している。その一節を紹介しよう。

経営者は真の愛と思いやりを具体的行動で示すことが求められる。これは見せかけで終わってはならない。経営者が自らの行動において愛と思いやりを表現しないとしたら、その組織でこれらが花開くことはないだろう。

ガンジーは言った。「あなたが望む世界の変化に、あなた自身がなりなさい」と。

わが社の上層部への昇格を決定する際は、愛と思いやりの美徳を常に勘案する必要がある。単に有能な人材だけでなく、愛と思いやりに溢れる人間を昇格させるべきである。我々の組織にはこの両方が必要であり、その両方を具現化する者をリーダーに昇格させることが求められているのだ。

ザッポス社のトニー・シェイCEOは著書『Delivering Happiness（幸せを届ける）』の中で、「ザッポスは世界に幸せを届ける会社です」と述べ、会社の思いやりの意図を明確にしている。

顧客に喜んでもらうという会社の意図は、「送料往復無料」や「三六五日間返品可能」といったサービス、顧客が納得するまでオペレーターが時間をかけて対応する顧客サービス、同社ブログサイトを埋め尽くす顧客の喜びの声にはっきり表れている。

社員を幸福にするという意図は、信頼をベースにエンパワーメントを重視する「楽しさとちょっと変な」文化、社員たちには無料のランチや自動販売機、常勤のライフコーチが提供されており、彼らが会社の主導的な一員として「楽しみと少しの不可思議を生み出す」文化に具現化されている。

シェイはこの著書の執筆にあたっても、思いやりの意図を明確にした。

この本を書いたのには、他に理由があります。世界をよりよい場所にする手助けをしているハビネス・ムーブメントに一役買いたかったのです。この本を通して、既存の企業が現在のやり方を変えようと考え、起業家が幸せをそのビジネスモデルの中心に据えた新たな会社を始めようという刺激を受け、私が個人的に得た教訓やザッポス社で私が一緒に学んだことを使っていただけることを願っています。ますます多くの会社がサイエンス・オブ・ハピネスの分野での研究成果で得られたものを使うことで、ビジネスをよりよいものにし、顧客と社員をより幸せにしてくれることを願っています。私の願いは、これが「あなた」だけに幸せをもたらすだけでなく、あなたが他の人をよりいっそう幸せにできるようにすることです。ハピネスが誰もの究極の目標であれば、この世界を変え、あらゆる人やあらゆるビジネスを幸せの文脈やフレームワークで考えるようにできたら素晴らしいことではありませんか。

シェイによる思いやりの意図の宣言で最も注目に値するものは、おそらく二〇〇八年秋に世界に大打撃を与えた金融危機を受けて行ったものだろう。ザッポス社はこの危機に対応する中で、やむを得ず社員の八％の解雇に踏み切った。

シェイはこの決定において「捏造」などはせず、自分の意図のみならず理由（「何を」の背後にある、この決定に至った「なぜ」）を隠さず率直に説明した。社員へのメッセージ（彼のブログで一般にも公開された）の中で、遺憾の意と心からの思いやりを伝えたのだ。さらに、二カ月分（通常は二週間分）の退職手当の上乗せや、最大六カ月分のコブラ（ＣＯＢＲＡ：会社を辞職、定年退職した人とその家族が、辞めた会社で加入していた健康保険を一定期間同じ保険料で継続できる）保険給付など、当時としては標準を大幅に上回る解雇者への退職手当についても説明した。また、大株主の一人と行った重要な会談の情報が掲載されているURLを示した。この会談の結果、このときの決定と状況全般への対処法に関する、別の決定がなされたのだった。
シェイは最後に、次のように語りかけた。

今日、多くの涙が流されたことを私は承知しております。解雇となった方々のみならず、解雇の対象にならなかった方々も含めてです。我々家族の文化を考えると、このたびの一時解雇は、他社の場合よりもずっと心情的に辛いものです……今は誰にとっても困難な時期であり、このメッセージを読まれた皆様におかれましても納得できない点は少なからずあるかと思います。皆様の雇用または部署に関しまして、質問がありましたら、それぞれの部署のマネージャーにお問い合わせください。その他の質問や感想、意見につきましては、遠慮なく私までメールをお送りいただけたらと存じます。

シェイのこのメッセージを受けて、ブログにおびただしい数の反応が寄せられた。その中には同情や後悔はもとより、ザッポス社の決定に対する顧客と社員双方からの強い敬意の念や理解、支援も含まれていた。
我々が実際に保証できるものは数少ない。具体的な成績、市場の現状が維持されること、銀行が倒産しないこと、企業に抜本的改革や再編成を迫るような新製品・サービスが発明されないこと。これらをリーダーが常に保証できるとは限らない。だが、保証できるものもある。それが意図であり、動機なのだ。会社、社員、業界、世界を思いやる心、さらに、そうした思いを行動や態度で表し、繁栄、活力、幸福を生み出すべく必要な努力を払うこと。そして、そうした意図を明確にすることが、信頼の構築へとつながるのである。

あなたが大企業のCEOであれ、セールス・パーソン、ボランティア団体、あるいは中小企業の経営者であれ、あなたが語りかける人たちから、あなたは信頼を得ているだろうか。もし得ていないとしたら、彼らがあなたと心を通わせたり、あなたの提案に賛同したり、あなたと行動をともにしたりすることは決してないだろう。また、彼らがその信頼を抱くのは、彼らがあなたの動機を尊重し、同胞としてあなたに共感する場合だけなのだ。

ピーター・グーバー（ソニー・エンターテインメント社 元CEO）

信頼を築くのに有効なものは？

結局のところ、良い時代でも悪い時代でも、信頼を築くのに最も有効な動機は思いやりであり、信頼を損なう動機は自分の利益しか考えない態度なのだ。さらに、信頼を築くのに最も有効な思惑は相互利益であり、信頼を損なう思惑は「周囲の犠牲を顧みず自分の利益だけを追求する」ことである。

そして、思いやりと思惑の両方にとって不可欠なものは透明性である。あなたの真の意図が広く明かされたら人々はどう感じるか。また、あなた自身がどう感じるか。そして、そのことが、あなたに信頼を与えようという人々の気持ちにどう影響するか、考えてみてほしい。

ただし、たとえ利己的な意図であっても、隠さず率直に示すほうが全く示さないよりはましだろう。それはひとえに、透明性や率直さが信頼を高めることによる。あなたの動機ややり方に同意しない相手であっても、あなたがいくつかの場面で意図を隠さずオープンにしたという事実によって、相手はあなたを信頼しようという気持ちになる。実際の状況を把握できるため、少なくともあなたにだまされてはいない、という確信を持てるからである。

ある人が最近、考えを異にする別の人のことについて、自分のブログに書き込みをした。「何事も隠さないというあなたの態度から、あなたは信頼に値する人間だと私は思います」

利己的な意図を持つ人を表現する言葉として、「信頼に値する」は持ち上げすぎではないかと、多くの人は思うことだろう。だが、透明性を高める行動は他者の信頼を得やすくする、という点については同意していただけることと思う。メキシコのカボサンルーカスにある「ギグリング・マリーン」というレストランの入口には、利己的な意図を表したユーモラスな言葉が看板からぶら下がっている。

「当店の食べ物、飲み物、サービスがお客様の基準に達しないときは、お客様の基準をお下げください」

詐欺的な意図は、最初はどんなに注意深く隠していたとしても、最後にはその本性を現すものだ。

ティトゥス・リウィウス（古代ローマの歴史家）

とはいえ、信頼を築こうと願う強い意図があるならば、その意図を明確にするのが信頼を築く上で最も効果的である。そこまではないが、できれば信頼を築きたいという場合は、意図を改善してから明確にするとよい。

では、どうしたら意図を改善できるだろうか。まずは自分の意図について自問自答し、真の動機を見つけ出す必要がある。その方法の一つとして、トヨタ自動車の副社長を務めた大野耐一が自社のために考案した「五つのなぜ？」のプロセスを紹介しよう。

「なぜ？」と尋ね、さらにそれに対する答えについても、一つひとつ「なぜ？」と合計五回尋ねる。そうすると、大野によれば、「問題の本質のみならず、その解決策までもが見えてくる」という。要は、連続する「なぜ？」の一つひとつによって、真の理解に一歩ずつ近づき、自分の意図を改善できるというわけだ。

信頼に値する意図を隠さず率直に示し、さらにその意図を最後まで貫き通すと、人々ははるかに積極的に信頼を寄せてくれるようになる。ただし、過大な約束をして最後まで実行できなくなり、せっかくの信頼を低下させるような失敗を犯さないこと。ここは賢明さが求められるところだ。また、誤解のないように意図をはっきり伝えることも重要だ。こちらが意図を明確にすることで、信用度を見極めようとしている相手は、より賢明な意思決定が可能になるのである。

「目的、ミッション、ビジョン、価値観」のステートメントを通じて意図を明確にする

組織や企業、ＮＰＯ、政府関係機関の多くのリーダーたちはすでに実践しているが、ミッションやビジョン、価値観のステートメントを利用するのも、意図を明確にするための効果的な方法の一つだ。

リーダーたちはそうしたステートメントの作成を通じて、賢明な判断を行うための根拠を部下に示すと同時に、ビジョンや希望、将来性を構築していく。これらのステートメントがそれに即した行動や態度で裏付けられることによって、強固な信頼が開花するのである。

顧客や株主、取引先、さらには社会に対して、自分たちの意図を効果的に示すことのできる組織が増えている。だが、社員相手となると、うまくできない組織が依然として多すぎる。とはいえ、「すべての利害関係者」が重視される今日、リーダーたちは「社員に対して意図を明確にすること」の重要性に気づきつつある。

ペプシコ社は、すべての利害関係者に意図を明確にしている企業だ。北米最大手で、世界でも第二位にランクされる食品・飲料会社である。

ペプシコ社はインドラ・ヌーイCEOの指揮の下、「ジャンクフード」メーカーというイメージを払拭し、より健康的な製品を含む複数の選択肢を消費者に提供する会社へと生まれ変わりつつある。目下、売り上げのうちの一〇〇億ドルは「健康的な製品」カテゴリーから得ており、ペプシコはそれを二〇二〇年までに三〇〇億ドルまで引き上げる方向に舵を切ろうとしている。新しいスローガン「目的意識を持ったパフォーマンス」は、多くの組織が掲げている「あらゆる犠牲を厭わないパフォーマンス」とは対照的だ。ヌーイは実際、「利益」の一要素に社会的コストを加え、自らの成功の公式を「売り上げ－コスト－社会的コスト＝利益」と再定義している。

ペプシコの約束

ペプシコの掲げる「目的意識を持ったパフォーマンス」とは、人間と地球の健康的な未来に対する投資を通じて持続的成長を実現しようということです。

我々は、品質で定評のある有名ブランド（クエーカーオーツ、トロピカーナ、ゲータレード、レイズ、ペプシコーラなど）を擁する世界的な食品・飲料メーカーとして、味と健康を両立させた食品・飲料の開発、革新的手法によるエネルギー／水／包装材の使用量削減、社員たちへの快適な職場の提供という目標の実現に向けて、これからも邁進してまいります。

加えて、人材の現地採用、現地の嗜好を考慮した製品づくり、地元の企業、農業者、政府、社会との協力関係を通じ、地域社会を尊重し、支援・投資を行っていきます。

世界中のすべての人々とこの地球にとって、より健康的な未来を創造することこそが、ペプシコの明るい未来にもつながると信じるからです。我々は以上のことをお約束いたします。

ペプシコは二〇〇九年の年次報告書において、すべての利害関係者を対象にした全般的約束に加え、利害関係者のそれぞれに対して極めて具体的な約束をすることでその意図を明確にした。

・株主に対して：パフォーマンス

「卓越した財務成績を長期にわたって達成する」

この約束には、売り上げ、市場シェア、ブランドエクイティ、キャッシュフローの増加といった要因に関する、測定可能な目標リストが添えられている。

・世界中の人々に対して：人類のサステナビリティ（持続可能性）

「味と健康を両立させた食品・飲料の提供を通じて、人々の健康的な生活をサポートする」

この約束には、業界をリードする栄養目標リストが添えられている（スナック食品会社としては珍しい）。

・我々が住む地球に対して：環境のサステナビリティ

「善良なる世界市民として、イノベーションおよび土地／エネルギー／水／包装材の効率的使用を我々の事業において実現し、地球の天然資源を保護する」

この約束には、発展途上国における安全な水の提供、埋め立てごみ一〇億ポンドの排出回避、二酸化炭素排出量および温室効果ガスの排出削減など、測定可能かつ期限つきの目標と決意が添えられている。

・ペプシコの同僚社員たちに：人材のサステナビリティ

「社員たちへの投資を通じて、彼らの成功と会社の成長に役立つスキルの習得をサポートすると同時に、わが社が事業活動を行う地域社会において雇用機会を創出する」

この約束には、協力的でエンパワーメントに積極的な文化の構築、スキルや力量を発展させる機会の提供、事業を展開する地域社会の生活水準向上への貢献に向けた、具体的目標および決意が添えられている。

ペプシコはヌーイがCEOに就任して以降、財務面での好調さ（米国の代表的な株価指数であるS&P五〇〇の二倍）に加え、「企業評価指数」や「企業市民ベスト一〇〇社」でも大幅に順位を上げている。さらにヌーイは、『フォーチュン』誌の「ビジネス界最強の女性」において最近五年連続で第一位を占め、二〇一一年には『フォーブス』誌の「世界最強の女性」で第六位にランクされた。

すべての利害関係者に対して意図を明確にしている企業がもう一つある。一七五年の歴史を誇り、家庭用、個人用、乳児用ケア製品に五〇余の主要ブランドを擁するグローバル企業、プロクター・アンド・ギャンブル（P&G）社だ。

この会社の「ＰＶＰ」（企業目的／共有する価値観／行動原則）は、聞こえのいい決まり文句をただ並べたものではない。Ｐ＆Ｇ社という会社におけるビジネスのやり方、社員の行動の現状と目指すべき方向性について述べたものだ。どんなに優秀な社員であっても、ＰＶＰにそぐわない行動をとれば重大な違反と見なされる。口先だけの組織が多い中、Ｐ＆Ｇは有言実行を旨としているのだ。

「職務成績も重要ですが、その成績をどうやって達成したかという点も、我々は同じように重視しています」

元ＣＥＯのＡ・Ｇ・ラフリーはそう説明する。

Ｐ＆Ｇは、「現在そして未来の、世界の消費者の生活を向上させる」という自らの意図を明確にしている。この宣言は、Ｐ＆Ｇの活動目的というだけでなく、総合的な成長戦略の指針にもなっている。現ＣＥＯボブ・マクドナルドのいう「目的を見据えた成長」である。

Ｐ＆Ｇがこの意図をどのように実行しているかが顕著に表れたケースがあった。粉末の浄水剤の市場開拓に取り組んでいたときのことだ。このプロジェクトが市場であまり成果を上げていないことを知ると、Ｐ＆Ｇはこの製品をあきらめ、「子どもたちのための安全な飲み水」プログラムを創設した。開発途上地域において、子どもたちが安全でない水を飲んで死亡する事故が毎年多発しており、そうした子どもたち数百万人を対象にした非営利の活動だ。

Ｐ＆Ｇの簡易型浄水剤「ＰＵＲ（ピュア）」と浄水器は、汚水をたちどころに清潔な飲料水に変える能力を持ち、二〇〇四年以降、約四〇億リットルのきれいな飲料水を提供することに成功している。さらに、「開発途上国に毎年二〇億リットル以上の安全な飲み水を供給し、二〇二〇年までに一時間に一人の命を救うことを目指す」という大胆な目標を打ち出している。「現在そして未来の、世界の消費者の生活を向上させる」という目標ほど、P&Gの意図を明確に示すものはないだろう。

サウスウエスト航空も多方面の利害関係者に対して意図を明確にしている企業であり、とりわけ社員たちへの宣言は巧みだ。共同創業者ハーブ・ケレハーが示した、最上位に社員、その次に顧客、最後に株主という利害関係者の序列が、それを如実に物語っている。

にもかかわらず、サウスウエストの株主への利益還元は、他のどの航空会社をも上回っている。時に非情なこの業界で、三八年もの間、採算を維持してきた業績は他に類を見ない。ケレハーは次のように述べている。

それはかつて、アナリストやビジネス・スクールなどが好んで取り上げる、解のない難問みたいに見られていました。そういう人たちと話をすると、よく質問されたものです。「一番上には何がくるんですか？　社員ですか？　顧客ですか？　それとも株主ですか？」とね。あなたもずっと前からご存じでしょう……それは別に難問でも何でもない、と私は彼らに答えてきました。社員を大切にすれば、彼らは喜び、誇りに感じ、自分の仕事に対する意欲が向上します。彼らがそういう態度で顧客に接すれば、顧客も満足し、わが社をまた利用してくれます。そして、多くの顧客が利用してくれれば株主も喜ぶわけで、ビジネスとはそういうものではないでしょうか。

サウスウエストでは、最近、ミッションを改訂し、社員と、さらに「我々の地域社会と、我々の住む地球と、我々の利害関係者」に対する意図の宣言を追加した。

たとえば、社員向けの意図の宣言は、自らの職務の遂行を通じて顧客に楽しい旅行体験を提供し、その中で自分も喜びを味わう、というものだ。これは彼らのいうところの「楽しむことを大切にする精神」として、企業文化の隅々にまで浸透している。現CEOのゲリー・ケリーは、「わが社の成功は社員たちのおかげなんです」と述べている。

ペプシコ社、P&G社、サウスウエスト社といった企業は、自らの意図をすべての利害関係者に包み隠さずさらけ出すことによって、彼らに背景や見通しを示している。その結果、消費者は自分がどんな製品やサービスを求めているか、社員たちは自分がどこで働きたいと思っているか、投資家は自分がどこへ出資したいと考えているか、判断できるようになるのだ。

信頼の構築を明確な目的にする

一流のリーダーや組織は、意図を明確にする場合、信頼の構築を目的として明示するのが効果的であることを知っている。彼らは信頼というものが、自分たちの別の活動からの副産物として生まれたり、あるいは自然発生的に生じるものだとは考えていない。そうではなく、市場シェアや利ざやを目標として設定するのと同じように、信頼も意図的に目指した具体的成果として見てほしいと思っているのだ。

高い信頼に支えられたチーム文化を築くという意図を明確に示し、意識的にそこに努力を集中する。そして、全員をそれに巻き込み、その達成度を測定し、コンパスの針がその方向を指しているか絶えず確認する。彼らは意図的に信頼を育んでいるのだ。

特に交渉の場面などは、信頼の構築を目的として明示したほうがいいだろう。また、セールスにも適している。これらの場面では、常に二つの点に留意する必要がある。それは、①双方が利益を手にできる取引にすること、そして、②信頼関係を築くこと。取引が成立しても信頼を得ていなければ、取引の価値は半減してしまう。実際、信頼の欠如は取引の履行を妨げ、将来の取引や交渉の機会まで奪うことになりかねない。それに対して、信頼関係を築きつつ取引を成立させることができれば、その取引を実行するにしても、何らかの変更や将来の取引について交渉するにしても、かなりやりやすくなる。コカ・コーラ・フィリピンの社長が我々に語ったところによると、彼らの最大のクライアントであるマクドナルドとの取引は、両者の並外れた信頼関係のおかげで、ずっと握手だけで済んでいるという。

信頼関係の構築を目指しながら取引を行うことは、今日の流動的で変化が激しく先が見通せない世界では特に重要だ。たとえば、業務委託取引では、長期的関係の中で取り組むべき詳細な事項を、すべて事前に予測して把握するのはますます困難になっている。クラウドコンピューティングのような画期的な新技術となれば、なおさらだ。

したがって、変化する現実にお互いが効果的に対処できるようにするには、緻密な契約よりも信頼関係のほうが有効といえる。英国で実施されたある調査では、信頼関係をベースにした業務委託取引は、契約書（サービス水準合意書）に基づく取引よりも成果が大きく、その差は契約額全体の最大四〇％に相当するという結果が出ている。

キャンベル・スープ社のダグ・コナントCEOは、信頼構築という意図をあえて明確にすることで、社員たちとの関係を世界水準にまで引き上げた。また、市場価値の深刻な下落を反転させ、「世界の大手食品メーカーの一員として株主への累積リターンを実現する」ことにより、古い体質のこの食品会社を立て直した。

コナントが我々に語ったところによると、既存および新規の社員、顧客、仕入れ先、さらには株主に対して、彼は次のような言葉で頻繁に自分の意図を明確にしているという（彼の表現では「自分の考えを宣言する」となる）。

「私にとっては、信頼関係を築くことが重要な意味を持ちます。それが私の明確な目的なのです。なぜなら、我々がお互いに信頼し合うことができれば、何事も双方にとって望ましい方向に進むからです。ですから、皆様が私を信頼してくださることを願い、私も皆様を信頼したいと思います。まずは、私から実践させていただきましょう」

それからコナントは、自分の行動が相手にどんなことを保証しているかも説明してくれた。

「では、具体例を示しましょう。私は率直に話すつもりであり、でっち上げたり歪めたりはいたしません。私に何か思惑があったとしても、私はそれを率直に述べ、隠したりはしません。私が約束をしたら、それは必ず実行されるとお考えください。実行するつもりもない約束はいたしません。ですから、私の行動は当てにしていただいて大丈夫です。私は皆様の信頼を得るように行動することを誓います。そして、私は皆様にも同じことを期待します。なぜなら、私の目標は、お互いの利益となる高い信頼で結ばれた関係を築くことだからです」

そして、コナントは自分が明確にした意図を最後まで貫き通す。言葉にしたことを実行するのだ。

今度はあなたがダグ・コナントの同僚、仕入れ先、顧客あるいは株主になったつもりで、彼のことを考えてみてほしい。彼はあなたがついていきたいと思うリーダーだろうか。取引をしたいと思うリーダーだろうか。

キャンベル社における社員との関係や、株主への累積リターンの総額が、世界の大手食品メーカーの中でも際立っている事実を見れば、コナントの行動の有効性が納得できるだろう。

デロイト・トウシュ・トーマツ米国のバリー・サルツバーグも、信頼を築くという意図を明確にしているCEOの一人だ。

サルツバーグは、噂や風評がまことしやかに語られ、それがツイッターやフェイスブックを通して瞬時に広がるデジタル時代ならではの信頼構築の難しさを認めつつも、次のように指摘する。

「レイオフが新聞の見出しを賑わせ、勤労者の最大の関心事になっているが、こうした難しい時代ほど真実が歪められる危険性が大きい時期はないでしょう。そういうとき、リーダーたる者は、率直さと同情、希望と正直をほどよく組み合わせながら、普段にも増して社員たちに真実を語る努力をすべきです」

こうした難しさを踏まえ、サルツバーグは同社の「ストレート・トーク（腹を割って話そう）」プログラムにかなりの時間を割いている。各地のオフィスを訪れ、「どんな質問にも答える」という方針でタウンミーティングを開催しているのだ。彼の言葉を紹介しよう。

公式でも非公式でも、どんな理由でもオーケーです。わが社の誰宛でもいいので、電話をかけて聞いてください。このセッションとそのあとの質疑応答の模様は、常にサイト上で閲覧できます……オンライン調査の結果や電子メールを見る限り、好意的な反応が圧倒的多数を占めています。特に率直な回答、社員が意見を直接述べられること、CEO相手に腹を割った話ができることが好評のようです。

信頼の重要性について、サルツバーグは次のように述べている。

信頼は企業にとって、酸素みたいなものです。たとえば、酸素が十分供給されないと、飛行機ならば客室内の気圧が下がってしまうわけで、その影響は乗務員にも顧客にも同様に及びます。そして、どんなこともあっという間に広がるこのツイッター時代、危険はかつてないほど高まっています。こうしたハイテクパワーには際限がありません。しかし、そんな今日でもなお、ローテクの極みともいえる活動から信頼と透明性が生まれる可能性があることに、私は勇気づけられる思いです。リーダーは両足で床をしっかりと踏みしめ、率直でありのままの真実にできるだけ耳を傾け、そしてそれを提供すべきなのです。

意図を明確にする行動は他にも見られる

意図を明確にする方法には、この他にも、宣誓、公式の宣言、規約、誓いなどがある。「ＭＢＡの誓い」は、二〇〇九年にハーバード・ビジネス・スクールの卒業生たちが始めた自発的な約束で、そこにはビジネス・リーダーシップにおけるアカウンタビリティと信頼の回復に貢献する狙いがある。現在では三〇〇余のビジネス・スクールに広がり、全世界のＭＢＡ卒業生数千人が署名している。

サンダーバード国際経営大学院も「ＭＢＡの誓い」の三年前、次のような「名誉の誓い」という試みを始めている。

サンダーバードの学生および一地球市民として、私は以下のことを誓います。私は正直かつ誠実に行動するように努め、すべての人々の権利と尊厳を尊重します。持続可能な繁栄を全世界につくり出すよう努力し、あらゆる種類の汚職および搾取に反対します。自分の行動に責任を持ちます。私はこれらの原則の実践を通じて、優れた評判と良心の安らぎを享受できることを望みます。以上、私は自らの自由意志に基づき、自らの名誉にかけて誓います。

コロンビア大学ビジネス・スクールでも同様に、次のような簡潔な倫理規定を守る誓約を策定した。

私はコロンビア大学ビジネス・スクールの終身会員として、真実、誠実、尊敬の原則を遵守します。私は嘘、詐欺、窃盗に関与せず、また、これらに関与する者を黙認しません。

医学部の卒業生の多くは「ヒポクラテスの誓い」を行う。これは、彼らが医療行為を倫理に則って行う意図を公に宣誓するものだ。

オリンピック宣誓は、オリンピック大会の開会式で、参加選手全員を代表する選手一人と、参加審判員全員を代表する審判員一人によって行われる。選手としては、ルールを守り、薬物を使用せず、スポーツマンシップに則って競技することを、また、審判員としては、オリンピックのルールを尊重して公平に任務を遂行することをそれぞれ誓うものである。選手も審判員もともに開催国の選手団、審判団から選ばれ、オリンピック旗の端を持ちながら宣誓を行う。

意図の宣言には、政界や軍隊、宗教界の指導者や公職に就く者が行う宣誓、さらには政策綱領や国家の憲法などの声明文といったものもある。また、個人や家族のミッション・ステートメント、結婚の誓い、あるいは誰かが意図する目的や動機、行動を明確に伝える状況で行うのも効果的だ。

全体的な目的、関係、職務や役割のみならず、特定のイベントや場面で行われることもある。その一例である「指揮官の意図」は、一八〇六年、ナポレオン軍の前に大敗を喫したプロイセンによって発せられたのが最初であり、一九八〇年代には米軍でも採用された。

これは結果指向の宣言で、具体的な作戦行動の目的を定めることで、予想される結果とその実現に向けた各自の役割を、部下が頭の中に素早く描けるようにするためのものである。また、部下による計画立案や実行に柔軟性を与え、敵の予想外の策略や天候、地形に起因する障害など、軍がどんな状況に陥っても効果的な対応ができるようにする狙いもある。

米国の元陸軍参謀長、ゴードン・サリバン大将は次のように説明する。

せっかく優勢な状況にあっても、上層部に判断を仰ぐようなことをしていたら間に合いません。小隊や戦車隊は皆、自分たちの周囲で起きている状況、敵の位置や兵器システムの特徴、標的設定などについて、リアルタイムの情報を持っているわけです。指揮官の意図を理解させたら、意思決定をできるだけ現場に委ねることが重要になります。さもないと、こうした最前線の兵士たちが刻々と変わる状況に対応できませんからね。

陸軍士官学校のトム・コルディッツ大佐は、「指揮官の意図」が持つ、もう一つの強力なメリットを指摘する。

指揮官たる私が具体的な任務をすべて列挙していたら、ものすごく時間がかかってしまいます。部下たちは私の意図を理解するや否や、自ら対応策を考えていくものなのです。

他者の意図を好意的に捉える

人と接するときは、その人がすでにあるべき姿で存在するつもりで接しなさい。そうすることで、その人が実際にそうなるのを手助けすることができるのだ。

ゲーテ

ここまでは、意図を明確にすることで信頼が築かれると述べてきた。ここからは少し視点を変え、相手の意図を好意的に捉えることによっても信頼が築かれる、ということについて考えてみたい。

人は自分について最悪のケースは想定したくないものだ。だとすれば、他者についても同じことがいえるのではないだろうか。最悪のケースを勝手に想定したりしたら、その人は当然、気分を害することだろう。そういう行為は信頼を損なう。したがって、相手が意図を明確に示していない場合は、とりあえず、その人の意図を好意的に捉えるのが望ましい。自分が相手から見られるときも同じことを望むはずだ。

ペプシコ社のインドラ・ヌーイCEOは、「あなたが今までに得たアドバイスの中で最も素晴らしいと思うものは何でしたか?」という質問に次のように答えた。

私の父は実に素晴らしい人でした。私は父から、常に他人の意図を好意的に受け取ることの大切さを学びました。人が何と言おうが何をしようが、その人の意図を好意的に解釈するということです。そうすると、人や問題に対する取り組み方全体が、びっくりするくらい変わるんです。好意的に受け取れないときは腹が立ちます。でも、その怒りをぐっと抑えて好意的に捉えるんです。行き当たりばったりの対応をしなくなりますから、心の知能指数(EQ)が上がります。身構える必要はありません。金切り声を上げたりすることもなくなるでしょう。相手を理解し、相手の言葉に耳を傾けるようになります。なぜなら、心の奥底から自分に語りかける声が聞こえてくるからです。

「相手はたぶん、私に何かを言おうとしている。でも、私はそれを聞き取れていない」とね。

そういうわけで、「他人の意図を好意的に捉える」というアドバイスは、私にとって大きな財産になりました。

有能なリーダーは概して、他者の意図を好意的に受け取るものだ。それはまさに信頼の提供であり、我々の信頼性向から流れ出てくるものといえる。そうすることで、ともすると、気がつかないまま終わってしまうような可能性に気づくこともある。ただし、意図を好意的に受け取るということは、分析を行わないという意味ではない。とりあえず、最初は分析しないで好意的に捉えておき、分析は後回しにするだけのことである。

ムハマド・ユヌスは、バングラデシュの貧しい人々は、自分自身や自分の家族を貧困から救い出すためにお金を借りようとしているのであり、責任を持って期限までに返済したいと本気で思っていると考えた。つまり、彼らの意図を好意的に解釈したのだ。返済できない人々についても、怠慢だとか詐欺などとは考えなかった。何らかの無理からぬ事情で返済が滞っているが、返せるようになったらすぐに返してくれると思っていた。

このように意図を好意的に受け止めることで、ユヌスはパラダイムの転換を図ったのだ。解決不可能な社会問題に対して人は近視眼的な捉え方しかしないものだが、彼は世界を一変させるような先見的な見方をすることができたのである。

「大部分の人は基本的に善人である」というピエール・オミダイアの考え方により、eBayは世界の取引のやり方を全く新たな次元へと引き上げた。またグーグル社は、社員の意図を好意的に捉えて「勤務時間の二〇%」を彼らに委ねた結果、この会社の最も収益性の高い製品がいくつか生み出されることになった。高い信頼に支えられた関係、創造的なパートナーシップ、フレックスタイム制や在宅勤務といった生産性の向上に役立つ制度は、まずは他者の意図を好意的に受け取るところから生み出されるのである。

もちろん、この考え方にはリスクも伴う。中には下心を持っている人もいるだろう。そういう人はあなたをだまそうと狙っているかもしれない。あなたを出し抜こうとしたり、あなたのアイデアを盗んで自分のアイデアだと主張したりするかもしれない。だからこそ、本書のテーマは「スマート・トラスト」なのだ。

信頼すべきか否かの選択の際、信頼性向と効果的な分析を活用する必要がある。ごく一部とはいえ、必ずしも標準的でない行動をとる者がいることを忘れるわけにはいかない。

また、他者の意図を好意的に受け取ることにはリスクがあるが、悪意と受け取ることには通常、それ以上のリスクがあることも覚えておいてほしい。悪意と受け取るということは、無限の創造的な可能性や生産性、そして高い信頼関係からのみ生まれる繁栄、活力、幸福と、縁を切ることを意味している。

他者の意図を好意的に捉えるという行為は、関係のあり方を一変させる可能性を持っている。相互性を促進し、信頼を築く行動へと導いてくれる。疑念と不信の下向きの悪循環ではなく、信頼と信用の上向きの好循環を生み出すのだ。

ペプシコ社のインドラ・ヌーイCEOは次のように語った。

私の経営チームは、一三名の役員全員が実に素晴らしい人たちです。特にどこが素晴らしいかといえば、皆が私の成功を望んでくれている点です。

信頼が根づいていない組織では、なかなかこうはいかない。そういう組織のCEOは、野心に燃え、自分の椅子を虎視眈々と狙っている幹部たちのことが気がかりで、いつも目を光らせていなければならない。だがヌーイの場合は、経営チームのメンバーの意図を好意的に捉え、信頼を惜しみなく与えているため、彼らも同じような態度をとるのだ。

ヌーイのこうした考え方から、一つの信頼を築く行動が生まれた。チームメンバーの親たちに手紙を送るというものだ。彼女は次のように説明する。

彼らは今、四〇代、五〇代ですが、その親御さんたちは彼らが学校を卒業して以来、子どもの通知表をもらったことは一度もないわけです。子どもが何か素晴らしいことをしていたら、それについて知りたいと思うのが親心でしょう。手紙にはもっぱらいいことを書くようにしています。私の経営チームに抜擢した理由とか、私や会社にとても貢献してくれている素敵なお子さんを育ててくださったことに対する感謝の気持ちとかをね。

ヌーイはチームメンバーたちにも同じことをするよう勧めているため、上向きの循環はさらに大きく広がっている。

最初の姿勢が肝心

組織において、部署同士で話をすることになった場合は、相手の意図を好意的に捉えることなく協議に臨むことが多いだろう。

「向こうの隠れた動機は何だろう？　真の動機は？　向こうはパイ（予算）をもっと獲得しようとしているんじゃないかな。自分たちの取り分を増やし、こちらの取り分を少なくするように持っていこうとしているような気がする」といった具合だ。

だが、よく考えてみてほしい。同じ会社に雇われたチーム同士は、相互依存的な関係にある。だとすれば、好意的に受け取るという姿勢で協議に臨むのは当然のことだ。相手も自分たちと同様に人格と能力を持ち、会社に貢献し、誰もが利益を手にできるように努力しているのだから。

我々はお互いの力量と意図を信頼しています。

P&Gの企業目的／共有する価値観／行動原則より

それは考えが甘い、という声が聞こえてきそうだ。しかし、私が見る限り、最高のリーダー、最高のチーム、最高の企業というのは、そういう前提に立って動くものであり、そういう姿勢の中から、追い求めていたものが生まれることが多い。最初から非好意的に捉える態度で臨むと、逆に恐れているものを生み出すことになりかねない。自らの姿勢のせいで、繁栄、活力、幸福を創造する機会を台無しにし、散々な結果を招くことになってしまうのだ。

ただし、協議が進展し、お互いの分析が進む中で、相手の信用が低いとか、リスクが大きい、ということに気づく場合がある。そうすると、善意と受け取らないほうが、あるいは範囲やスピードを控えめにするほうが、賢明だと考えたくなるかもしれない。

だが、一般的には、仕事仲間、チーム、組織、パートナー、仕入れ先、配偶者、子どもなどに対して、その意図をまずは好意的に受け取るほうが効果的であることは間違いない。そういう姿勢で臨んでこそ、より大きな繁栄と活力と幸福につながるのだから。

●さらに考えてみよう！

・子どもの頃、あるいは大人になってからでもいいが、自分の意図を理解してもらえなかったという経験があるだろうか？　そのときはどんな気分だったか？　もし、あなたの意図が正しく理解されていたら、状況はどう変わっていたと思うか？

・誰かの意図を非好意的に捉えたことがあるか？　自分の受け止め方が間違っていたかもしれない、と気づいて慌てたことがあるか？

・周囲から善意に受け止められている人たちと仕事をしたとき、どんなことを経験したか？　反対に、善意に受け止められていない人たちと仕事をしたときはどうだったか？

・自分の意図に満足できない場合、どうしたらそれを変えられると思うか？　それは変えるだけの価値があるものか？　それとも、変えないほうがよいと思うか？

SmartTrust

第七章

「スマート・トラスト」の行動
その四：
やると言ったことを実行する

やると言ったことはやり遂げなければならない。信用というものは、自分の言葉と行動の積み重ねによって、長い期間にわたって少しずつ築かれるものである。

マリア・ラズミッチゼック（香港＆上海ホテルズ地区担当副社長）

言葉と行動が一致してこそ力が発揮される。

ハンナ・アーレント（ドイツの政治理論学者）

信頼を築くためには、まず意図を明確にする行動が重要だと前章で述べた。しかし、明確にした意図に責任を持たなければ、すなわち「やると言ったことを実行する」あるいは「言行一致」を怠ったとしたら、効果が上がらないどころか、むしろ逆効果になる。

最近、ヨーロッパを拠点とする、ある技術系グループ会社のCEOから話を聞く機会があった。彼は次のようなことを言ったが、その指摘はなるほどと思うものだった。

我々は一八〇カ国で事業を展開している関係で、社員の国籍は五〇を超えます。「正しいと思うことをせよ」などの価値観については皆一致していますが、では「正しいこと」とはいったい何なのかという点になると、必ずしも考え方が同じとは限りません。それぞれの文化や環境によって解釈が変わるからです。そこで、社員を効果的に評価する基準として我々が考えたのは、「自分がやると言ったことを実行しているか?」というものでした。これなら、文化や信念体系、国籍などに関係なく重視されている具体的な行動ですからね。この基準ですと、彼らを信頼できるか判断できます。文化や国々の規範がまちまちな状況にあって、社員やわが社のパフォーマンスを評価する方法として我々が見つけた中では、これが最も優れていると思います。

このCEOの指摘は我々の経験とも一致する。信頼を築くための行動を考える上で、「やると言ったことを実行する」というのは、重要な意義であり、また有効な手段である。このことは、世界のあらゆる国や文化、宗教、人生哲学に共通していると考えていいだろう。

さまざまな宗教／文化における良識／人生哲学

イスラム教：己の約束と責務を果たせ。
ユダヤ教：（人は）自分の口から出たことはすべて実行しなければならない。
キリスト教：語る者が皆天国に行けるわけではない。行う者だけが行けるのだ。
ヒンズー教：私は言ったことを忠実に実行し、言行一致を貫いている。
仏教：聖なる言葉をいかに数多く口にしようとも、それを実行しなければ何の意味もない。
儒教：優れた人間は、話すことは控えめながら行動は抜きん出ている。
人間主義：約束の履行、誓約の実行、合意事項の遵守……などの良識が第一である。
ギリシャ哲学：まず言いなさい。あなたが何になりたいかを。それから、あなたがやらなければならないことを実行しなさい。
アラブの格言：約束は雲である。その実行が雨である。

「やると言ったことを実行する」は世界共通

「やると言ったことを実行する」は、信頼の構築における世界的なスタンダードとして、今日の世界においてパフォーマンスの主要な評価基準となり、多国間での文化的提携・連携の鍵になっている。また、社員が満足感を覚えるのに不可欠な要素という点でも世界共通である。グレート・プレイス・トゥ・ワーク・インスティテュートのアニタ・ボラートとジョティ・バナージは、これらの関連性を、「二〇一〇年最も働きがいのあるインド企業調査」から判明した重要事項の一つに挙げ、次のように指摘している。

優れた職場に見られる特徴は、経営側が高い水準の信用を備えている点にあります。信頼に値し、約束を守る経営者のために働きたい、と社員たちは思うものです。「経営者は言行一致である」という項目で、上位二五社のスコアが下位二五社のスコアを九二%も上回り、「経営者は約束を守る」という項目でも九〇%上回っていたことは興味深いことです。

「やると言ったことを実行する」は、誠実さと一貫性の原則に基づいている。この逆の行動は、言うだけ言って実行しないことだ。具体的には、約束しすぎてどれも実行できずに終わること、約束を守ることに無頓着であること、約束を十分守れなくて言い訳すること、甘言で期待させておきながら真の結果責任を取らないこと、やるにはやっても成果が上がらないことなどがある。

やると言ったことは必ず実行する。

リーバイ・ストラウス社 行動規範

極めて有能なリーダーや組織は、「スマート・トラストの五つの行動」の中における、この行動の重要性をしっかり認識している。彼らはやると言ったことを確実に実行することから、社員たちもそれにつられて、自分が全然できなかったこと、あるいはできても時間がかかったことができるようになっていく。

ウォーレン・バフェットは以前、マクレーン社のグレディ・ロジエCEOの所有する売上高二三〇億ドルの食品サービス会社の買収契約を、大胆にも握手一つでまとめたことがあった。それも、大した調査もせず、一カ月足らずの期間で。バフェットはどうしてこんなことができたのか、とロジエに尋ねると、彼は次のように説明してくれた。

バフェットは私の評判を知っていました。その評判とは、『私はやると言ったことは常にきっちり実行する。良いことであれ悪いことであれ』というとってもシンプルなものでした。また、良し悪しは別として、会社としてやると言ったことをその通りに実行する人間であることは、全社員が知っています。それが我々にとって資金を要するのであれば、それも交渉の一部です。わが社の評判はそういうことなのです。

交渉が終わったあと、契約を完成させるために我々は夕食をともにしました。その席でバフェットは次のように言いました。

「みんないい人たちですね。信頼できますよ。これからやっていくうちに、きっといい関係になっていくでしょう」

実際、すでにそうなっています。

ジョン・マッキーは次のように述べている。

ホールフーズ・マーケット社の共同創業者で、目下、CEOの職にある私は、会社の中で最も人目にさらされる人間です……私の言動について、我々のチームメンバーが常に注目していることも承知しています。私や会社のミッションを信頼できるか、彼らは見極めようとしているのです。私はいつも舞台の上に立っているようなものです。ですから、有言実行を一瞬たりとも怠るわけにはいきません。

約束した成果を達成すること、つまり、やると言ったことを実行することは、他のどんな行動よりも迅速に信頼を生み出す。しかも、困難な状況であるほど、そうなのだ。

ローレンス・ホートンは著書『「強い」会社は、どこが違うか』（アスペクト）の中で、インターネットサービス・プロバイダーの大手、レベル3コミュニケーションズ社が苦境に陥りながら、やると言ったことを実行したときのことを書いている。

この業界は一九九六年から二〇〇〇年までの期間に七五七〇億ドルの投資を呼び込んだ。そんな業界にあって、レベル３は一九九八年、一四〇億ドルを集め、「歴史上、資金調達に最も成功したスタートアップ企業」といわれた。しかし、すぐにハイテクバブルがはじけて市場は暴落し、何十という光ファイバー通信会社が大打撃を受け、そのほとんどが破産宣告に追い込まれた。レベル３が同じ道をたどっても不思議ではなかったが、この会社の上層部は、自分たちには利害関係者に対する責任があると判断した。ＣＥＯのジェームズ・クロウは次のように説明した。

「我々は、投資家、顧客、従業員に義務がある……だから、やると言ったことを皆で実行するのだ」

そして、彼らはその通りに実行したのだった。時価総額がバブル崩壊前の水準まで戻ることはなかったが、レベル３は約束を守った。その結果、レベル３は今や、世界にわずか六社しかない Tier1 インターネット・プロバイダーのうちの一つに成長した。北米とヨーロッパで最大クラスのＩＰ中継網を擁し、売り上げは三五億ドルを超えている。

レベル３の話を紹介したあと、ホートンは次のように述べている。

献身は、「理解してほしい」と決して相手に頼まないことを意味している。すべてのマネージャーは、ロバートソンやクロウのように、責任を一身に背負い、次のように言うべきである。

「計画実行の確かさと持久性に責任を負うのは私である。我々のすべての約束には、私の名前が入っている」

困難な状況下で約束を実現して大きな成果を手にした人物は他にもいる。スパン・コンストラクション・アンド・エンジニアリング社のオーナー、インド生まれのフィローズ・「キング」・フセインだ。

フセインは数年前、大口顧客であるコストコ・ウェアハウス・クラブとの信頼関係で重大な岐路に直面した。彼の会社はコストコから倉庫建設を請け負っていた。ところが、予想外の遅延が発生し、コストコ側が希望していた開店日一一〇日前までに工事を完了するのが難しくなった。

フセインの個人的な経営の原則の一つに、スタッフに休日出勤は求めないというものがあった。彼は、臨時雇いを入れて残業してでもプロジェクトを期限までに完了させる、とコストコの建設担当役員チームに約束した。やると言ったことは必ずやり遂げてみせる、と。

そうすると日曜日にも作業をしなければならないのでは、とコストコの役員たちは大いに気をもんだ。だが、自らの信念とコストコの役員たちから得た信頼、その二つに対する揺るぎない自信を持っていたフセインは少しも動じなかった。そして、スパン社は見事に目標を達成したのだった。フセインは次のように当時を振り返る。

当時、私が意図的にやったことではありませんでしたが、コストコ経営陣からの敬意と信頼は、あの日を境に飛躍的に増しました。我々は期限を守りましたが、日曜日には作業をしませんでした。約束を守るためであっても我々は原則を曲げないということを、彼らは理解してくれています。

フセインは自分の原則を大切にしつつ、やると言ったことをその通り実行することで、信頼と信用を築いた。その甲斐あって、彼の会社は、向こう二〇年間に北米、アジア、ヨーロッパ、オーストラリアでコストコの合計五九〇〇万平方フィート余の施設を建設する契約を獲得した。

約束を守ることは私の人生における至上命令だ。一度した約束をあとになって破棄したくなったことが何度あったかしれない。結局、何とかやり抜いたが、それは、私の辞書に「撤退」の文字はないからである。私が何かを約束しながら実行しないとしたら、それは病気で動けないときくらいだ。

オプラ・ウィンフリー

言行一致が生み出すパワー

「スマート・トラスト」の行動の三と四は、組み合わせることで一つの強力な行動を生み出す。まず、自分の意図を明確にし、それからやると言ったことを実行する。ボクシングのワンツーパンチのように。この二つの行動は、疑念や不信をノックアウトしてしまう、実に強烈なパワーを秘めているのだ。

二つの行動を連続的に行うことによって生じる威力を理解するには、「言う」と「行う」の組み合わせから生まれる四つのオプションについて考えてみるのが良いだろう。

確認しておくが、各オプションにおいて、「言う」とは意図を明確にすることであり、「行う」とはその意図を実行することだ。「言う」は言葉であり、「行う」は行動である。「言う」は約束することであり、「行う」は実現することだ。我々の同僚であるロジャー・メリルの表現を借りれば、「約束をする（言う）ことで期待が生まれ、約束を守る（する）ことで信頼が築かれる」となる。

これから四つのオプションについて説明するが、誰かがあなたを信頼すべきか否かを見極める際の評価、あるいは、あなたが誰かを信頼すべきか否かを見極める際の評価が、各オプションによってどんな影響を受けるか考えながら読んでほしい。

オプション一：「言う」少ない／「行う」少ない——「控えめな約束と過小な成果」

このオプションは、あまり多くを言わず、あまり実行もせず、期待も信頼も生み出さないというケースだ。任務を言いつけられないようにおとなしく目立たないようにしている者、次からは任務を課されないようにわざと成果を上げない者などがこの分類に入る。

社員名簿に名前を残すのに必要な最低限の仕事をしながら、「心は退社し、身体だけとどまっている」抜け殻のような存在だ。主義主張がなく、約束をせず、したがって期待も生み出さない。その行動は概して、急激ではなく緩やかな信頼の喪失を招く。

オプション二：「言う」多い／「行う」少ない――「過大な約束と過小な成果」

このオプションは、ありとあらゆる約束をするが、それを実行しないというケースだ。口先だけで実行が伴わない、つまり言行不一致で、自ら重視すると言っていることをやらない者を指す。テキサス風にいえば「格好だけで中身がない」となる。

約束によって生まれた期待すべてがやがて不信に変わり、信頼は破壊される。このオプションに比べたら、信頼を築くようなことを全く何もしないオプション一のほうが、まだましかもしれない。

「過大な約束／過小な成果」の最も顕著な例は政治家だろう。議員バッジ欲しさに約束をいろいろ並べ立てるものの、当選してもなかなか実現できないケースはよくある。

ドイツ最大のマーケットリサーチ機関、ＧｆＫ社が世界一九カ国で二〇種類の職業について調査した「二〇一一年信頼感指数」でも、政治家に対する信頼は飛び抜けて低い。また、決まり文句を並べたミッション／価値観のステートメントを壁に吊るしているような組織も同様だ。

その一方で、ミッション／価値観ステートメントをまだ十分に実践できていないが、足りないところを必死に埋めようと努力している企業があることも確かだ。そうした誠実かつ集中的な努力は信頼を生む。ただし、ミッション・ステートメントをつくるだけつくって、あとは何もしないというのは信頼の破壊につながる。それならば、最初からつくるべきではない。

リーダーは、信頼に値する行動を自らとることによって信頼を促進することができる。「私がやる通りにしろ」ではなく、「私が言う通りにしろ」という姿勢は、組織以外でもそうだが、組織でも有効ではない。エンロンがそうであったように、リーダーが不正直で堕落した行動をしていながら、誠実、率直、公正を約束するミッション・ステートメントをつくっても何の意味もないのだ。

一條和生／野中郁次郎

オプション三：「言う」少ない／「行う」多い――「控えめな約束と約束以上の成果」

このオプションは、言葉は少ないが成果はしっかり出すというケースだ。これは実際、信頼を築く効果があるため、かなりよいオプションである。ただし、他者の目から見ると、何が行われようとしているのかわからず、その成果が約束の実行によるものと気づかない場合も多い。したがって、次に述べるオプション四ほどの即効性は期待できない。

さらに、控えめな約束では、商品が溢れる市場の喧騒や混乱を打ち破るには至らず、大きな期待も生み出さない。成果が今後も繰り返し実現されるかもしれない、という希望をある程度抱かせる可能性はある。だが、何らかの信念を持ち、それをはっきりと宣言し、立派にやり遂げる個人や組織が生み出す期待（または活力や幸福）にはとても及ばない。

この組み合わせは、その逆よりはいいが、正逆いずれの場合も、オプション四のような高い信頼を築くことはないだろう。

ビジネス界では昔から、賢明な企業は控えめな約束をして約束以上の成果を出すとよくいわれてきた。だが、商品が乱立する市場では、そういう企業は忘れ去られるだけだ。

リック・バレラ（ビジネス書の著述家）

オプション四：「言う」多い／「行う」多い――「約束とその通りの成果／それ以上の成果」

このオプションは、何かをやると言い、それを確実に実行するケースだ。まさに有言実行そのものである。自分の意図を示し（これが期待を生む）、次にそれを実行する（これが信頼を築く）。

具体的には、ある会社が今月一五日までに商品を納入すると言ったら、その通り一五日までに届ける。人事部長が次の重役会議までに社員の福利厚生制度の見直しを行うと約束したら、実施した調査の結果と提案を持ってその会議に臨む。配偶者、パートナー、仲間あるいは友人が六時半にあなたに会う約束をしたら、その時刻にその場所に行っている。土曜日に公園へ連れていくと親が子どもに約束したら、何か用事ができても約束通りに連れていく。そういうことである。

「約束とその通りの成果」は「言う」と「行う」のシナジーで、他のどのケースよりも迅速に信頼を強化する。なぜなら、あなたが何をやろうとしているのかを事前に知った他者は期待を抱き、実際に実行された際にはそれに気づいて評価を与えるからである。さらにいえば、「言う」、すなわち意図を明確にすることの中に、透明で思いやりのある「なぜ」と「何を」が含まれていれば、あなたの人格や能力に対して信頼が生まれるのである。

ウィプロ社は、組織における「約束とその通りの成果」を成し遂げた企業だ。『ビジネス・ウィーク』誌によれば、この会社は「傑出した高品質を飛び抜けた低価格で」など、まずインパクトで惹きつけておいて、そのあとそれを大幅に上回る成果を出すことを継続して実行している。

アップル社もそうだ。スティーブ・ジョブズがMacworldやアップル・ワールドワイド・デベロッパーズ・カンファレンスなどで多用していた名ゼリフをご存じだろうか。一つの商品紹介の終わりに発する「そしてもう一つ……」という言葉。これはジョブズが別の新製品の発表を示唆する際の決まり文句である。アップル製品の新製品は、どれも発売時に大きな関心と興奮を呼ぶ。アップル社は常に素晴らしい製品を市場に送り出すことによって、そうした期待に応えているのだ。いや、期待を上回ることさえあるのだから、恐れ入る。

自動車、オートバイ、エンジンなどを製造するドイツのメーカーBMW社は、「究極のドライビングマシン」というキャッチフレーズで興奮と期待を煽り、実際にそういう製品を生み出している。

リッツ・カールトン・ホテルは「紳士淑女をおもてなしする我々もまた紳士淑女です」と宣言し、サービスに関する三つの明確な約束と一二項目の周到な理念によって、それを具体的に表現している。だからこそ、社員たちは紳士淑女たちの期待に沿うことができるのだ。

Visaカードは「世界中どこででも利用できる」と謳っているが、実際、世界で最も広く利用されているクレジットカードなのである。

「言う／行う」の組み合わせは、明らかに信頼を呼び起こし、市場において繁栄、活力、幸福を生み出すのに有効である。我々の個人的な関係においても同様の効果があることは、あなたの過去の経験を思い起こしてもらえばおわかりいただけるだろう。

さらに、共著者グレッグの体験談を紹介しよう。

私の両親はここ数年のうちに相次いで他界した。我々兄弟にはフェニックスの家が残されたが、その家の処分方法を決めるとなると、双方にとって感情も絡む厄介な問題になった。決定を何カ月も先延ばしした挙句、ようやくいくつかの可能性について話し合うことにした。二人とも州外に住んでいたので、家をこのまま持ち続けるという選択肢は現実的ではない。人に貸すのも、いくつかの理由で妥当な策には思えなかった。それで結局、売ることにしたのだが、アリゾナの不動産相場はここ三〇年来の低水準で、どうしたら売れるかと我々は頭を悩ませた。

私は最初、手数料を浮かせるために自分たちで売ったらどうかと思った。すると、私の妻アニーがすぐさま反対した。そして、家族ぐるみの友人であり、母娘で不動産業を営んでいるジョーンとリンに頼んだら、と提案した。いざ手放すとなると辛いものがあったが、彼女たちを全面的に信頼して頼むことにした。ただ、ひと月以内に売ってみせる、と言われたときは耳を疑った。私は彼女たちを見くびっていたのである。

やると言ったことを実行する、とはまさにこのことだった。ジョーンとリンは辛い問題を引き受け、プロの能力を示してくれた。仕事を依頼してから数時間もしないうちに、ボランティアのスタッフが残っている家具を運び出し、ペンキ屋が見積額を出し、カーペット業者が張り替えのための寸法を測り、造園業者が庭を歩き回っていた。

一週間足らずで新しいカーペットが敷かれ、壁のペンキも塗り替えられた。彼女たちは家を「引き立たせる」ため、浴室やキッチン用品や観葉植物などのインテリアを運び込んだ。九日目にはすべての作業が完了し、「売り家」の看板が前庭に立てられた。

驚くのはまだ早い！　先にも述べたように、フェニックスの不動産相場が史上最悪といわれた時期だったが（全米でネバダと同率最下位だった）、ジョーンとリンは一週間も経たないうちに引き合いを二件も獲得した。そして、入札価格を公開しない封印入札を実施した結果、出品価格を超える額で落札され、その差額は我々がやむを得ず注ぎ込んだリフォーム代金の数倍に相当した。この母娘は我々の家をたった七日間で売ってみせたのだ。それも、出品価格をかなり上回る金額で。

この一件は私が個人的に体験した「スマート・トラスト」事例の中でも、特筆すべきものの一つだ。この上ない幸福感を私に与えてくれたのである。

「やると言ったことを実行」できないとき

しかし、約束を守れないこともあるだろう。状況が変化したり、何か重要な事柄が生じたりして、やると言ったことをどうしても実行できない場合だ。

こうした状況に対する一つの対処法は、契約を結ぶことに加えて、変化が激しい今日の世界の現状を踏まえて信頼関係を築くことだ。

第六章で述べたように、技術革新（破壊的なものであれ、それ以外であれ）により、業務委託契約書にも以前とは異なる作成方法が求められる。従来は、契約するサービス／コスト額の大部分（八〇～九〇％）について五年先まで正確に予測できたが、今やその比率はおそらく半分以下に下がっているだろう。

約束を果たせないとわかった場合にも、信頼関係が築かれていれば、少なくとも誠意をもって事態に対処することができる。信頼がないまま、あるいは希薄な状態で、新たな問題が生じると、不信と疑念のレンズを通して見られるようになる。そうすると、新たな解決策を考え出すことが非常に困難になってしまう。

もう一つの対策は、約束をする際に、その内容を適切に選択することだ。リーダーだからといって常に何でも保証できるわけではない。具体的なパフォーマンスはもとより、相場が現状のまま推移するとか、会社にダメージを与えるような画期的な新技術は登場しないとか、そういうことは断言できないのだ。

それでも、意図を明確にすることは「スマート・トラスト」に欠かせない。だからこそ、何にフォーカスするか、どの程度の努力や思いやりが必要か、どのレベルまで達成するか、などについて、賢明かつ慎重に考えた上で意図を明確に伝える必要がある。ギャラップ社のデータは、信頼が効果的なパートナーシップの基礎になることを示しているが、それは、信頼関係が築かれていると、双方ともに「相手が約束を守ると信じて、自分の責任に集中できる」からである。

また、約束する件数についても賢明に判断すべきである。たとえば、一六のことをやると言いながら、実際は四つしか実行できなかったとしよう。あなたとしては達成した四つを誇りたいところだろうが、相手にしてみれば実行されなかった一二のほうに目がいくことは間違いない。それくらいならば、四つのことを約束して四つすべてを実現すべきである。そうすれば、信頼はより強固かつ迅速に築かれるだろう。

さらに、我々の同僚であるアラン・ファインから、有効なアイデアを提案された。彼が「SayDoCo」と呼んでいるもので、「自分が何をするつもりか言う（Say）／言ったことを実行する（Do）／実行できないことがわかったらその旨を知らせる（Co-mmunicate）」という意味だ。やると言ったことを実行できないとき、速やかに隠さず伝えることで、相手にもう一度期待を抱かせることが可能になる。さらに、代替策を再交渉したり見つけたりする作業に、相手を効果的に巻き込むことも可能だろう。アランは著書『You Already Know How to Be Great（あなたは偉大になる方法をすでに知っている）』で次のように述べている。

「SayDoCo」は組織の血液であって、「意思決定の速度および正確さ」と実行の鍵となる。これをベースに関係を構築すると、予測できる持続可能な結果を得ることができるのだ。人々が「SayDoCo」を実践すると、エンパワーメント、エンゲージメント、信頼、結果責任の意識が自ずと生まれたり、増大したりする。逆に「SayDoCo」を実践しないと、高いパフォーマンスを生むこれらの要因が減少または消失することになる。

要するに、信頼関係を築き、自信を持てる範囲内で約束をすること、そして、どうしても守れないときは隠さずにはっきり伝え、スケジュールを変更したり、代替策について交渉し直したりすることが大切なのだ。そうすることで、上司やチームメンバー、顧客、部下、パートナー、子ども、友人との信頼関係が保たれるのである。

評判とブランド

「やると言ったことを実行する」ことが、あなた個人やあなたの組織の成功に大きな影響を与えるのは、それによって評価されるからだ。あなた個人、あなたの会社のブランド価値が、そこで決まることになる。評判が重視され、やると言ったことを実行するか否かで、その評判がガラッと変わってしまう今日の市場システムでは、ブランド力がかつてないほど大きな意味を持つ。ブランドが信頼を得ていると、「スマート・トラスト」の意思決定プロセスが飛躍的にスピードアップするのだ。

企業にとってブランドは、人にとっての評判のようなものだ。難しいことを立派にやり遂げようとすることで評判が得られる。

ジェフ・ベゾス（アマゾン・ドット・コム社 創業者／CEO）

現代のネットワーク社会が持つ開放性と透明性は、人々に行動への結果責任をいっそう強く求め、それがさらに責任ある行動を強化することにつながっていく。テクノロジーの権威、トム・ヘイズは次のように指摘する。

個人が表に出ない匿名による取引が、毎日何十億回も行われているグローバルネットワークの経済においては、信頼がすべてであり、信頼を裏切ることは危機に直結します。

三〇億もの人間が、互いに直接売買取引を行っている。それが驚くべき現実なのです。彼らの間には、仲介者も調停者も政府機関も存在しません……売り手と買い手はそれぞれに評判を獲得し、その評判がその人の名刺となり保証となるのです。

エデルマン社が最近実施した「トラストバロメータ調査」で、「優秀で責任感の強い企業を思い浮かべたとき、企業の総合的評判に最も重要なのは、以下に挙げるどの項目だと思いますか?」という問いに、回答者の九一％が、「自分が信頼できる会社であること」を選んだ。

では、信頼を呼び起こすようなブランドはどうしたらつくり出せるだろうか。ブランドのエキスパートたちは主要な要素として、ブランドの約束（または期待を抱かせるような意図の宣言）と、その約束の実行（宣言の履行または「やると言ったことを実行すること」）を挙げる。これは「言う」と「行う」という一対の行動に相当するといっていいだろう。

この一対の行動によって確固たる評判を築き上げている企業の一つに、フェデックス社がある。サプライチェーン、輸送、ビジネス、情報サービスを幅広く提供するグローバル企業だ。

一九七一年にフレデリック・スミスによって創設されたときは、まだ普通の運送会社で、全米規模でのオーバーナイトデリバリー（翌朝配達）はまだ存在していなかった。しかし、スミスは通信業界や銀行業界のモデルを輸送業に革新的に応用し、「全米どこでも直行便」を実現する方法を考え出した。絶対確実な翌朝配達を謳うために、「When it absolutely, positively has to get there overnight!（翌朝までに必ずお届けいたします！）」というキャッチフレーズを誕生させた。スミスは次のように説明する。

我々は荷物の輸送サービスを販売していると思っていたのですが、違いました。我々が販売しているのは安心だったのです。ようやくそこに気づいてからは、猛烈な勢いでこの目標を追求し始めました。ドライバー一人ひとりに携帯用のパソコンと送信デバイスを持たせました。また、お客様がお手持ちのパソコンから荷物の状況を追跡できるようにもしました。

フェデックスは、キャッチフレーズで約束したことを、自らの行動によって証明した。やると言ったことを実行したのだ。そして、一貫して成果を生み出してきた。信頼できるという評判を築き、その結果、世界で最も信頼されている企業の一つ、という評価を何度も獲得したのである。フェデックスは今や、『フォーチュン』誌の「最も賞賛される企業」の上位一〇社に名を連ねている。

ハリス・インタラクティブ社の「企業評価指数」や、『フォーチュン』誌の「最も賞賛される企業上位一〇〇社」にリストアップされている企業をよく見てほしい。ブランドのモットーを明確に示し、絶えずそれを実践することで確固たる評判を築き上げた企業が多いことに気づくはずだ。

グーグル（「ワンクリックで世界の情報へのアクセスを可能にする」というブランドプロミスの確実な実現は、広告の必要性を感じさせないほどだ）、アマゾン・ドット・コム（世界一顧客中心の企業を目指し、「世界最大の書店」から世界最大の小売業者へと成長した）、コカ・コーラ（キャッチフレーズはいろいろ変わったが、「そのブランドプロミスは不変である」と自負する）などが代表的な例である。

信頼されているブランドは、大概どの業種でも最高水準の収益性を誇っている。

セス・ゴーディン（著述家／マーケティングの大家）

ケッチャム・プレオン社のホアキム・クルーズとロバート・レシニオの調査は、評判が企業にどのようなメリットをもたらすか示している。そこには、顧客や社員のロイヤリティ、株式市場でのパフォーマンス、人材や投資家をいかに惹きつけるかなど、いくつかの分野における大きな競争優位が含まれている。レシニオは次のように指摘する。

『ハーバード・ビジネス・マネージャー』〔訳注：『ハーバード・ビジネス・レビュー』のドイツ語版〕の最近の調査によれば、評判は顧客満足、社員満足、ブランド、企業文化とともに、企業にとって最も重要な五つの無形資産の一角を占め、その重要性は特許やライセンスをはるかにしのぎます。

また、コンチェルト・マーケティング・アンド・リサーチ社が二〇〇九年に実施した調査では、あるブランドを信頼する人々の八三％がそのブランドを他者に推薦し、五〇％が実際にその製品やサービスをより多く購入していることがわかった。こうした顕著な現象は、UCLAのピーター・コロック元教授がeBayなどオークション方式のインターネット市場における評判の影響について調べた調査でも裏付けられている。評判のよさは不正の減少と確実な取引の増加を促すのみならず、消費者が製品に対して支払ってもよいと考える価格にも影響する、とコロックは指摘する。彼は次のように述べている。

こうした評価システムによって、本当に有益な情報が提供されたり、信頼に値する行動が促されたりするのであれば、取引に重大なリスクが伴う場合、評価の高い人の商品は価格が高めでも買い手がつくはずです。eBayに関する評判の定量的調査は、これが事実であることを示唆しています。少なくとも一部の高額商品については、売り手の評判がよければ、同等品質を持つ同種の商品の価格より高くなることがわかりました。

このことは、高い信頼を獲得しているブランド製品の価格を考えれば納得できるだろう（メルセデス、ロレックス、ソニー、マッキンゼーなどを思い浮かべてみてほしい）。信頼が実に大きな意味を持つことは、非営利部門にも当てはまる。必要な資金を調達する上で、会社の評判が大きな影響を与えるのは明らかだ。一五の組織で構成され、貧困と不正の根絶に取り組んでいる国際的団体、オックスファムのバーバラ・ストッキング代表は次のように述べている。

信頼されるための鍵は、人間としての誠実さを実践することです。それは、正直ということだけではありません。自分が言葉通りの人間であり、やると言ったことを実行するということです。

非営利組織が一般国民の信頼を獲得することは、息の長い強力なブランドとして成功するために欠かせない。約束と使命を確実に果たす組織は時の試練に耐え得る。

ジャスティン・グリーブス（ハリス・インタラクティブ社 上席副社長）

要するに、企業が信用に値する意図を明確にし、その通り（できればそれ以上）の成果を実現することが、その会社の評判やブランドにとって極めて重要なのだ。だからこそ、優れた企業やリーダーは、「自らの意図を明らかにする」ことによって期待を抱かせ、「自分がやると言ったこと、またはそれ以上のことを実行する」ことによって、信頼を生み出すべく、真摯な努力を積み重ねているのである。

都市や国家の評判／ブランド

実は、都市や国家の評判・ブランドも、その繁栄、活力、幸福の程度に影響を及ぼす。評判のいい都市は、才能豊かな人材（社会学者リチャード・フロリダのいう「クリエイティブ・クラス」）を惹きつける傾向があり、そこにシナジーが働く地域社会がつくり出される。米国のシリコンバレー、シンガポールの金融地域、商業地域、ハイテク地域などがその例だ。

国家の評判は、ある国がグローバル社会において他国と関係する中で課される「信頼税」や、受け取る「信頼配当」の大きさに影響する。スウェーデンやドイツを拠点とする企業は概して高い信頼配当を受け取るが、ロシアに本社を置く企業は信頼税を支払うケースが多い。

国家の場合、ブランドを築く行動とは、国民が繁栄を享受できる条件を整えるという意図を明確にした上で、立法措置や施策を通じてその意図を実現させることだ。

『ニューズウィーク』誌は二〇一〇年、教育、健康、生活の質、経済活力、政治環境という国民の幸福度にかかわる五つの側面について、世界一〇〇カ国でアンケート調査を行った。質問は、「あなたが今日生まれたと仮定した場合、健康的で安全で適度な繁栄と社会的地位の向上を伴う人生が最も実現できそうな国はどこだと思いますか?」というものだった。回答者の価値観やロイヤリティの対象の違いが反映された回答も一部見られたが、評価基準に基づく総合ランキングの上位五カ国は、①フィンランド、②スイス、③スウェーデン、④オーストラリア、⑤ルクセンブルクで、米国は一一位だった。

「今までの私の人生でよかったことといえば、よき時代によき国(米国)に生まれたことだろうか」

かつて、ウォーレン・バフェットが語った言葉である。

個人の評判/ブランド

評判は、リーダー、マネージャー、配偶者、パートナー、親、友人といった個人に対する信頼を築く際にも決定的な役割を果たす。

次のような行動はそれぞれどのような評判を生み出すか、考えてみてほしい。

・社長は経営チームの会議を一時間に設定するが、いつも終了時刻になっても長々としゃべっている。
・マネージャーは期限内にレポートを提出すると何度も言うが、守ったためしがない。
・親は三歳の子どもに、「今日はテレビはもうおしまい！」とたびたび言うが、それを貫き通せずにいつも大目に見てしまう。
・一〇代の子どもは部屋の掃除やお使いをすると何度も約束するが、いつも忘れる。

個人として「やると言ったことを実行」しないと、自ら信頼を低下させるような評判やブランドをつくり出すことになる。

言葉の使い方には注意しなければならない。
ドン・ミゲル・ルイス（『四つの約束』〔コスモスライブラリー〕の著者）

私と妻のジェリは、親として「やると言ったことを実行する」ことの大切さと難しさを改めて思い知らされる体験をした。息子のスティーブンが我々との約束を破ったときのことだ。

スティーブンが運転免許を取ったとき、彼の安全と我々の安心のために、一枚の契約書を作成した。そこには、我々が彼に守ってほしいと思った「安全運転」「シートベルトの着用」「交通法規の遵守」などのルールが綴られていた。さらに、運転を続ける条件として、家の用事を受け持ち、学校でもよい成績を維持すること、という項目を付け足した。
それから一カ月もしない日の真夜中、警察から電話がかかってきた。息子をスピード違反でつかまえたというのだ。飲酒などの事実はなかったが、息子と友達は所属していたフットボールチームがプレーオフから脱落したために気落ちし、ついスピードを出しすぎてしまったということだった。

こうした事情を考えれば、息子がかわいそうにも思えてくる。多額の罰金をどうやって払うつもりか。この一件が息子の評判と友達との関係、さらには我々との関係に与える影響も心配だった。

このような場合、我々がやると言ったことを実行すれば、かえって厄介なことになるような気もした。息子は自分でガソリン代を払い、家の用事もサボっていなかったからだ。だが最終的に、我々は決断した。言ったことをひるがえしたら、彼の我々に対する信頼はどうなるだろうか。他の子たちも我々を信頼できなくなるのではないか。これは息子だけにとどまらず、家族全体の文化にまで影響を及ぼす問題であることは明らかだった。

息子は罰金を払った。金額は五五五ドルで、夏休みのアルバイト収入はそれでほとんど飛んでしまった。裁判官は息子を免許停止にはしなかったが、我々は契約書で決めた通り、しばらくの間、運転禁止を言い渡した。極めて厳しい措置だった。だが、これは息子にとって貴重な教訓となり、その後はずっと模範ドライバーで通している。

実際、それから息子の安全運転は友人たちの間で評判になり、ジョークとして使われるまでになった。皆でどこかに出かけるとき、運転に気をつけるようにと親から言われると、「大丈夫。コヴィーと一緒だから」と彼らは答えるのだ。これが、制限速度を守り、シートベルトを締め、法規に従うという意味であることは説明するまでもないだろう。

自分自身に対する信頼を築く

「自分の意図を明確にする」ことと、「やると言ったことを実行する」ことは、自分の評判や自分自身に対する信頼を築く際にも即効性を発揮する。

私が人との約束をめったに破らないのはなぜか。破ったら信頼が壊れてしまうからだ。信頼がなければ、関係も成り立たない。このことは、自分自身との関係にもそのまま当てはまる。自分との約束を破っているとそのうちに、「毎日一時間運動し、体によくないものは絶対に食べない」と思っても信じられなくなるのだ。

オプラ・ウィンフリー

第五章で、セミナーの休憩時間に我々のところにやってきた男性の話を紹介した。彼は会社も部下も上司も、果ては妻までも信頼できなくなってしまっていたが、その理由がようやくわかったということだった。問題の根源は彼が自分自身を信頼できない点にあり、それが彼の他の人々に対する見方やかかわり方に表れていたのだ。

この男性からアドバイスを求められた私は、「約束――実行――反復」という手順を試すよう勧めた。現状の自分から始め、一つ小さな約束をして実行し、さらに二つ目、三つ目と増やしていく。そして、定期的に自分自身ともっと大きな約束をし、それを実行できるようになるまで、このプロセスを繰り返すというものだ。私の経験では、個人の評判や自分自身に対する信頼を築くのに、これほど即効性のある方法はない。

自分自身に対して健全なレベルの信頼を抱いている人は、他者に対しても信頼を寄せる可能性が高くなる。それらのシナジーによって、自身の能力に対してもさらに自信を深めていくのだ。


ここでまた、グレッグのエピソードを紹介しよう。


キャリアをスタートして間もなくの頃、ユタ州ロッキー山脈スノーバードスキー場にあるスノーバード・リアルティという会社でリゾートマンションを販売する仕事をしたことがある。

当時、長髪にしていた私は、面接でそこのマネージャーから髪を切るように言われた。このリゾートをたびたび訪れ、マンションを買ってくれそうな裕福な医者や弁護士、会社役員らに気に入られるためだった。

それに対して私は、無報酬でいいから働かせてもらえないかと言った。二七歳の長髪の若僧でも、この会社の他の営業マン一五名と同様、客の信用を勝ち取ってみせる、と。マネージャーは私の申し出を聞いてくれた。それで私は、結果を出さなければ、という大きなプレッシャーを受けながら働くことになった。

長髪がハンディになるのは承知の上だったが、もっと厄介なことがあった。ベテラン営業マンのうちの数人が、マンションの将来的な値上がりを過大に予測し、それをもとに営業をかけようとしていたからだ。

私はその少し前に人生の転機を経験し、仕事上でも常に誠実であろうと心に誓ったばかりだった。どうしたら彼らのセールステクニックに対抗できるかを考えた。結局、誇大なセールストークはせず、顧客やその家族に利益になる点に集中して営業を行うという決意を持って、全力を尽くすことにした。

自分自身に対して約束をし、それを守る、すなわち、自分がやると言ったことを実行することで信頼を獲得した私は、セールスの仕事に大いに自信が持てるようになった。お客と何かを話しているとき、自分は真実を語っており、相手の最高の利益を考えている、とはっきり自覚できたからだ。

私のそうした意識はお客にも伝わり、瞬く間に社内のトップ営業マンになった。私はホッとし、上司は驚いた。さらに、私を信頼してくれた顧客たちが友人を紹介してくれたおかげで、他の営業マンとの成績の差がさらに広がった。

他の営業マンたちから好成績の秘密を尋ねられたとき、私は「自分の経験から言って、人は嘘をつくときよりも、真実を語るときのほうが熱意がこもる」とだけ答えた。

この経験は、私のその後の成功の基盤になった。自分自身を律しながら何かを成し遂げることへの自信を得たのである。

エール大学のディーン・カーラン、バリー・ネイルバフ、イアン・エアーズ各教授は、自分が言ったことを実行することの重要性を踏まえ、学生のジョーダン・ゴールドバーグとともに「StickK」という独創的なウェブサイトを開発した。ユーザーは彼らがいうところの「コミットメント・コントラクト（約束遂行の契約）」を通じて、自分自身と約束をし、それを守る。このウェブサイトの目的は、その過程をサポートすることである。StickKのプロセスは以下の四つのステップで構成されており、無料で試すことができる。

・自分の目標を決める（減量など）。
・賭け金を設定して個人やチャリティなど受取人を指定する。
・達成度のモニタリングやレポート確認を行うジャッジを選ぶ。
・応援してもらうサポーターを集める。

このサイトの作成者によると、何かを賭けることで、自分が言ったことを実行しようとする意欲が格段に増すという。目標に届かないと、賭け金は指定した個人やチャリティのものになってしまう。逆に目標に届けば、減量や禁煙など有意義な目標が達成されて生活が改善される。

その過程で自信と自分自身に対する信頼が強化される、というわけだ。

自己規制が必要なことを何か一つでも行うと、何事も容易に自己規制できるようになる。
ロイ・バウメイスター（著述家／フロリダ州立大学教授）

マーシャル・ゴールドスミスも同様のプログラムを開発した。ただ、こちらは企業の幹部たちの行動改革をサポートすることを目的としている。偏見を持たずに人の話を聞けるようになりたいと思っている人たちを集め、「いいえ」とか「しかし」といった言葉を最初に発した人に二〇ドルの罰金を課す、というものだ。

ゴールドスミスはこのプログラムを通じて、これまでにチャリティ資金二〇万ドルを集めた。要するに、お金を失いたくないという気持ちを利用して、幹部たちに行動の変革を促すという仕組みだ。参加者の所得水準からすれば大した金額ではないだろうが、ゴルフの際にやり取りされるような微笑ましい賭け金と同程度の動機付けにはなるだろう。この手法は最終的に、自らの行動を変えて能力を高め、自分自身に対する信頼を増やすという意欲をリーダーたちに植えつける。ゴールドスミスは次のように説明する。

企業内の成功者たちが抱える人間関係の問題をあぶり出すことに私が精力的に取り組んだのには、それなりの理由があります。組織の上の階層に属する幹部たちは、行動に関係する問題を抱えがちです。彼らは優れた専門的能力を持ち、頭の切れる人たちです。仕事の技術的側面についても最新の知識を持っています……だからこそ、行動の問題がより重要になるのです。

信頼を迅速に取り戻すには

プロジェクトリーダー、マネージャー、CEO、親、配偶者など、新たな役割を担うとき、すでに大きな信頼税（低信頼による負担）が存在するケースがある。我々はこれを「相続税」と呼んでいる。

ゴードン・ベスーンが一九九四年にコンチネンタル航空に加わったときが、まさにそういう状況だった。コンチネンタルはその頃、三度目の倒産に至るか否かの瀬戸際だった。一〇年間でリーダーが一〇回も変わり、伝えられるところによれば、経費予測が達成されたことは一度としてなく、乗客苦情件数、手荷物紛失率、定時到着率など、主要パフォーマンス指標はどれも最下位に甘んじていた。ゴードン・ベスーンは著書『大逆転！　コンチネンタル航空――奇跡の復活』（日経BP社）の中で、自身が遭遇した状況を次のように説明している。

レイオフ、賃金凍結、賃金カット、空手形の乱発が何年も続いたため、中傷、不振、恐怖、憎悪が、コンチネンタルの文化になっていた。どう控えめに言っても、働くことが楽しい従業員など一人もいなかった。お客さんに不機嫌な顔をさらし、従業員同士でいがみ合っていた。コンチネンタルで働くことを恥ずかしいと思っていた。

コンチネンタルに加わって、わずか数カ月後にCEOに任命されたベスーンは、会社に対する社員と市場の信頼を取り戻すために大胆な計画に着手した。彼は次のように述べている。

だからまず、こうした現実を受け入れることから始めなければならない。慢性的経営破綻の会社で働く人たちは、虐待されている子どものようなものだから、新しい経営陣は自分たちを新しい継母だと考えたほうがいい。この世の中には、善意のかたまりのような人がいる。親に見捨てられた子どもの面倒をみて、一日三度の食事を与え、愛情を注ぎ、大学教育を受けさせ、高価なペットまで買ってあげる人もいるだろう。しかし、そういう聖人のような人でも、初対面から子どもに信頼されると思わないほうがいい。大人というのは、ひどいヤツばかりだと、子どもは身に沁みて知っている。だから、いくら愛の手をさしのべようと思っても、大人だというだけで、不信感、嫌悪感をもたれる。また、怒鳴られ、こづきまわされ、さんざんいじめられるに違いないと、子どもは思う。いままで周りにいた大人がすべてそうだったから……。そう思って警戒する子どもが悪いと言えるだろうか。言えやしない。私はこのことを考えなければいけなかった。いままでのボスとは違うと、信じてもらえるだけのことをやらずに、口先だけで何を言っても、誰もついてこないだろう。

ベスーンは、「自分は変わる」という決意を社員たちに信じてもらうべく、具体的な行動に出た。たとえば、彼はあるとき、細かな規則がずらっと並ぶマニュアルの山を駐車場に運び出して燃やすように社員に命じた。今後は型にはまったマニュアルは気にせず、それぞれの判断力を発揮して問題を解決し、顧客にとって望ましいことと会社にとって望ましいことのバランスを見極めるように、と。

コンチネンタル社はそれから間もなく経費予測を達成できるようになり、定時到着率と手荷物取り扱い作業という航空産業の主要指標二つでもトップに躍り出た。絶え間ないパフォーマンスの改善により、やると言ったことは実行する、というところを見せつけることで、一般消費者の信頼を取り戻したのである。

コンチネンタル社はベスーンが率いた一〇年間に、最悪（Worst ＝ あらゆる主要パフォーマンス指標で最下位）からトップ（First ＝ JDパワー社の顧客満足度部門の賞を世界の他の航空会社以上に受賞している）へと躍進を遂げている。一株当たりの株価は二ドルから五〇ドルへと跳ね上がった。ベスーンのCEO在任期間の最後の年、コンチネンタルは『フォーチュン』誌の「世界で最も称賛される航空会社」ランキングで第一位に輝いた。

このように信頼税を引き継ぐのは、以前にその役割を担っていた人が信頼を損なう行動をしていた場合に多い。あるいは、業界自体の信頼が低いことやコンプライアンス環境に原因があることも考えられる。そういう場合、熱意に欠ける文化の中でハンディを背負ってスタートすることになる。

その一方で、受け継いだ税金ではなく、自らに課された税金に対処しなければならない場合もあるだろう。自分が個人間やチームあるいは組織において、信頼を壊すような行動をとったときだ。そうすると、自分だけでなく周囲の人間も、高い信頼から生み出される繁栄、活力、幸福を享受できなくなってしまう。

いずれにせよ、「やると言ったことを実行する」ことは、自分自身や他者に対する信頼を築くときだけでなく、失われた信頼を回復する際も、最も迅速な方法であることを認識してほしい。前述したように、自分（または他者）が引き起こした問題は、言葉だけでは解決できず、自らの行動によって解決する以外に道はないのだ。

私は人を、口（言葉）ではなく、脚（行動）で判断する。

ジョージ・バックレー（3M社 会長兼CEO）

以下に紹介するのは、社員約二〇〇〇人の会社を買収した、あるCEOのエピソードである。この会社は三年間で四人目のオーナーを迎えることとなり、その文化は極めて冷ややかだった。その原因は、前任者たちが長期在任も含め、やると言ったことをやり抜く姿勢を欠いていた点にあった。そこに気づいた新オーナーは、対話の場を設けて社員たちから懸念事項を聞くことにした。社員たちの発言の要旨を書き留めたあと、彼は対策として一四項目の約束をした。対話を終えて部屋を出ていく社員たちの顔は、一様に不審げだった。なぜなら、彼らは以前にも似たような「映画」を観せられた経験があり、どんな結末になるかもわかっていたからだ。

二週間後、オーナーは再び集会を開き、一四の約束それぞれについて報告した。彼はそのうちの一二項目をすでに実行し、これによって直ちに大きな効果が表れていた。残り二つについては、約束の内容が長期にわたるものであることから、まだ進行途中だった。

社員たちは希望と信念を新たにして会場をあとにした。彼らがこの新しいリーダーを完全に信頼するようになるまでに、時間はかからなかった。このオーナーは自らの行動によって、すなわち、自分がやると言ったことを実行することによって、社員の信頼を取り戻したのである。

顧客の期待を裏切った企業が信頼を回復しようと思ったら、迅速に対策を講じる必要がある。リッツ・カールトンのヴィヴィアン・デューシェル副社長は次のように述べている。


解決策のコストをできるだけ下げようと思ったら、即座に手を打つのが一番であることに私は気づきました。顧客の苦情が適切に処理されず、組織内により長く、より高い階層にとどまっていればいるほど、事態はいっそう深刻になります。

苦情が経営上層部に達しないうちに、お客様が求められる快適さを少しランクアップしてお届けさえしていれば、速やかに処理できたであろうと思われるケースは少なくありません。現場の対応いかんでは、「クラブフロア」〔訳注：リッツ・カールトンが特定フロアに滞在する顧客を対象に提供するスペシャルサービス〕による「ワンランク上の夜」に引けを取らないサービスをご提供することも可能なのです。

お客様がお得意様になっていただけるかどうかという点について、リーダーはスタッフに託すしかありません。そのための投資に関しては、過度の管理を慎んで、彼らに意見を求めるのが当然でしょう。

最近、ベルギーで一〇〇人余り、フランスでも数人が缶入りコーラを飲んで腹痛を訴えるという事件が発生した。その際にコカ・コーラ・ヨーロッパ社がとった対応は、迅速なサービス回復の重要性に対する同社の認識の高さを示すものだった。

会社はすぐに責任を認めて謝罪し、被害者全員の医療費を補償すると申し出た。自社製品とこうした健康被害との因果関係を証明する明確な証拠が見つからない中、欧州の五カ国で製品の回収を行うことも決定した。回収分は合計一七〇〇万箱に上り、同社の歴史上最大規模のリコールとなった。ダグラス・アイベスターCEOは、コカ・コーラは製品の品質を第一と考えていることを明言し、次のように述べた。

「我々が一一三年もの間、順調にやってこられたのは、その品質に消費者の皆様から信頼をいただいているからこそです。信頼は我々にとりまして、神聖なものなのです」

報告された健康被害はコカ・コーラ製品とは無関係だったことが後に判明した。だが、自社のブランドプロミスに基づいて迅速に対処し、一貫した行動をとることで、この会社は顧客の信頼を失うどころか、逆に高めたのである。

信頼を取り戻すには、とにもかくにも行動することが必要なのだ。先に紹介した、息子のケースも思い出してほしい。彼は自分が引き起こした車の事故の問題を自らの手で解決した。しかし、我々との信頼関係についていえば、元のレベルに戻したというよりも、その後の行動によって、それ以上のレベルにまで高めてみせたのである。

企業が信頼を取り戻すためには、「公の約束」の戦略を採用する必要があろう……「公の約束」の本質は、言ったことを実行するという企業のコミットメントである。

二〇〇九年エデルマン・トラスト・バロメータ

行動の原則

「やると言ったことを実行する」と、どうして信頼が増すのだろうか。それは、行動には信頼を高める（または損なう）力があるからだ。人は自身の意図によって自分自身を判断し、他者はその人の行動によって判断する。それゆえ、明確にした意図が行動によって実行されることで、「約束をして、それを守る」という信頼構築のサイクルが完結するのだ。

期待というものは、暗黙の約束によっても生じる。あなたの顧客は、あなたが正直であり、品質の優れた製品やサービスを合理的な価格で提供することを期待している。あなたの部下は、自分の仕事ぶりについてあなたが率直に包み隠さず話してくれることを期待している。あなたの配偶者は、あなたが忠実であることを期待している。あなたの子どもは、あなたが公平に接してくれることを期待している。

言い換えれば、あなたが「誠実さ、合理性、率直さ、忠実さ、公平性をもって行動する」などと、あえて明言していなかったとしても、それに反する行動をとれば、やはり信頼が損なわれる恐れがあるわけだ。

だからこそ、有能なリーダーやマネージャーたちは、期待を明確にし、LRN社のドヴ・サイドマンCEOの言葉を借りれば「競合相手に行動で勝る」文化を必死に創造しようとしているのである。その過程で、彼らはいっそうの繁栄、活力、幸福をより短期間でもたらす競争力を育てていく。

私は『スピード・オブ・トラスト』の中で、高い信頼を獲得している全世界の人たちに共通する一三の行動を指摘した。「やると言ったことを実行する」と特に関係するものを以下にいくつか挙げてみよう。

『スピード・オブ・トラスト』――「信頼を築く一三の行動」より

率直に話す

正直に話す。真実を話す。自分の意見を明らかにする。わかりやすい言葉を用いる。物事をありのままに表現する。誠実さを発揮する。人を操ったり事実を歪めたりしない。真実を操作しない。誤った印象を与えない。

透明性を高める

人が確認できるような形で真実を話す。現実にしっかり目を向ける。オープンな態度をとって信憑性を高める。度が過ぎるくらい開示を徹底する。「見た通りのものが結果に反映される」という前提で行動する。思惑を隠さない。情報を隠蔽しない。

期待を明確にする

自分が期待していることを相手に明らかにする。その期待について話し合う。その期待を確認する。必要かつ可能であれば話し合って期待を見直す。人の期待に背かない。期待は明確だとか共有されているなどと勝手に思い込まない。

コミットメントし続ける
約束は慎重に行って必ず実行する。どうしても実行できないときはその旨を伝えて再度話し合う。コミットメントし続けることを自分の代表的な長所にする。信頼を裏切らない。約束を守れなくても言い逃れしない。

暗黙の約束は、あなたの前任者の言葉や行動によって、すでになされている場合もある。また、同じ業界や文化の中で、あなたと同様の役割を担っている他者の言葉や行動に起因することもあるだろう。

そういう場合は「どういうことを言ってこられたのですか？」と確認してみるとよい。暗黙の期待を場に引っ張り出し、明確にした上で対処するのだ。そうすることで、信頼を築く際の障害が排除され、「言う／行う」のサイクルの中であなた個人の誠実さを理解してもらえる可能性が高くなる。

人は自分の期待が満たされれば満足する。このことを常に忘れてはならない。満足度を高め、信頼を生み出したいと思うなら、まずは期待を明確にした上で、こちらの約束と相手の期待をうまく噛み合わせ、一貫して「言ったことを実行する」ことが重要なのである。

◉さらに考えてみよう！

・誰かに失望したり、誰かを信頼できなくなったりしたときのことを思い出してほしい。その人が自ら言ったことを実行しなかったことが、あなたの気持ちの変化にどの程度関係していると思うか？

・あなたがやると言ったことを実行した場合、または実行しなかった場合、あなたに対する他者の信頼にどの程度の影響を与えると思うか？

・「信頼に値する会社」というフレーズを目にしたとき、どう思うだろうか？　その表現を信じられるだろうか？　信じられるとしたら、その理由は何か？　信じられないとしたら、その理由は何か？

・自分と約束し、それを守ることができる、という自信はどの程度あるか？　それはあなたの繁栄、活力、幸福のレベルにどんな影響を及ぼすと思うか？　また、それによって、他者を信頼し、協力することが容易になると思うか？

SmartTrust

第八章

「スマート・トラスト」の行動
その五：自分から率先して
他者に信頼を与える

他人を信頼しなさい。そうすれば、その人はあなたを裏切らないでしょう。他人に素晴らしい態度で接しなさい。そうすれば、その人も素晴らしい態度で接してくれるでしょう。

ラルフ・ウォルドー・エマーソン

人間を信頼せずして、他の何を信頼するというのか？

ホーン・ウィディコンブ

一〇代の頃のグレッグは、本人によればかなりのワルで、不良っぽいところがあったという。以下は、彼の人生の転機になった一八歳のときのエピソードだ。

不良少年だった私は、一八歳くらいになって幾分立ち直り、何とか大学に入った。そして学費の足しにと、地元の食料品店で仕事を見つけた。

働き始めてわずか数カ月後のある日の午後、店長のラルフが私に向かって店の鍵を放ってよこし、いきなり「閉店後の戸締りを頼む」と言った。私は面食らった。その鍵を預かるということは、他の店員たちの管理を任されたということだからだ。さらに、私がレジを締めて金庫内の現金保管用引き出しに鍵をかけ、お金の管理にも責任を持つことを意味する。

この仕事に応募したとき、当然のことながら、自分の誇れない過去には触れなかった。当時の私が信頼に値しない人間だったということをラルフが知っていたら、私に鍵を預けるようなことはしなかっただろう。

いずれにせよ、私ははっきりと覚えている。冷静さを取り戻したあと、それまで経験したことのない責任感が私の中に湧き上がり、店長に対して感謝と忠誠の気持ちを抱いたことを。彼の信頼に値する人間であることを証明してみせる、絶対に彼を失望させまいと、私は心に誓ったものだった。

今思うと、ラルフに信頼してもらった、と感じたあの瞬間が、私の人生の一つの転機となり、私のキャリア全体を大きく変えたのだ。さらにいえば、他者に対して信頼を提供する機会にめぐり合いたい、という特異な願望を私に植えつけたのも、このときだった。

「大きな責任を担う」ように言われると、多くの人は不安を感じ、自分はまだ準備不足ではないか、などと思うものだ。そのことを身をもって体験したからこそ、私はこう思うようになった。

「リスクを承知で、相手の最高の能力に期待してみよう」

相手の中に、その人がまだ気づいていない可能性を見いだしてあげたい。あのとき、ラルフが私にしてくれたように。

「自分の人生やキャリアを振り返ってみて、誰かが自分のことを思い切って信頼してくれたり、自分以上に信じてくれたりしたことはなかったか？」

世界中のリーダーや企業幹部たちと仕事をするとき、我々がよくする質問だ。この質問をすると、決まって部屋の空気が一変する。そうした経験を思い出すのだろう、彼らは一様に感慨深げな表情になる。そして、それがいかに自分の人生に影響を与えたか、感謝の気持ちとともに噛みしめるのだ。それぞれの体験談を聞かせてもらうと、我々の間に共感的な空気が流れ、いっそう感動が深くなる。

あなたもぜひ同じことをしてみてほしい。あなたに信頼を提供してくれた人を思い出してみるのだ。それは誰だったか。どんな状況だったか。その結果、あなたの人生がどう変わったか。

「スマート・トラスト」を実践しているリーダーたちは、自ら率先して信頼を他者に提供している。彼らはその過程で、相手の能力や自信を育てているのだ。すなわち、人間の潜在力を解き放ち、パフォーマンスのレベルを引き上げているのである。

これらの行為は、信頼を提供する側のみならず、信頼を提供されて恩恵を受ける側のほうにも、信頼を呼び起こす効果がある。結果、高い信頼に基づく文化が創造され、それがいっそうの繁栄と活力、そして幸福を生み出していくのである。

自分のほうから信頼を提供するというこの「スマート・トラストの行動」は、リーダーシップとエンパワーメントの原則に基づいている。逆の行動は、信頼を提供しないことで、具体的には他者を管理下に置こうとしたり、自分で何もかもやろうとしたりすることだ。部下に責任だけ負わせて、権限や手段は与えなかったり、部下を信頼しているかのように見せながら、そばで監視して細部にまで口を出す、といったような行動を指す。自分では「リーダーシップを発揮」しているつもりでも、実際は「管理」や「運営」をしているに過ぎない。

信頼を提供するということは、ただ信じようと決めるだけではない。その信念に基づいて行動するということであり、リスクを覚悟の上で実行することだ。効果がある、と信じるところから、実行する勇気と信念が生まれる。そして、それを率先して行うのがリーダーの役目なのである。

人は適切かつ十分に信頼されると、信頼を返すものである。

エイブラハム・リンカーン

リーダーが率先する

チーム、組織、地域社会、家族、個人間などにおいて、影響力を増し、信頼を拡大するためには、誰かが第一歩を踏み出す必要がある。それがリーダーの役目だ。リーダーは率先して信頼を提供すべきである。

リーダーの最初の仕事は信頼を呼び起こすこと、次に信頼を提供することである。正式な立場に限らず、職場の同僚、配偶者や友人など、特に決まったリーダーがいない関係においても、この方法は有効である。

前述のように「自分の人生やキャリアを振り返ってみて、誰かが自分のことを思い切って信頼してくれたり、自分以上に信じてくれたりしたことはなかったか?」と、リーダーたちに尋ねる際、続いて、「あなたのほうから率先して誰かに信頼を提供したことがあったか?」という質問をすることにしている。

多くの場合、彼らはハッとする。信頼を提供したり、上向きのサイクルを始めたり、繁栄、活力、幸福を生み出したりする機会を、自分が見逃してきたことに気づくからだ。中には、何度も逃してきた人もいる。

ここで、あなたも振り返ってみてほしい。あなたが他者に信頼を提供し、その人の人生に実際に影響を及ぼしたことがあっただろうか。あるいは、提供すべきだったと、今になって悔やまれることはないだろうか。

要するに、自らの信頼性を高めて相手の心に信頼を呼び起こすのと同時に、こちらからも信頼を提供する必要があり、そうしない限り、リーダーの役目を果たしているとはいえない。管理や運営、すなわちマネジメントは行っていても、リーダーシップを発揮していないことになる。真のリーダーシップには信頼が欠かせない。

このことについて、ウォーレン・ベニスは「相互の信頼を伴わないリーダーシップは言葉の矛盾である」と表現している。

人を尊敬すると、人から尊敬される。このことは忠誠や信頼、さらには優れたリーダーが提供すべき、その他のすべての美徳にも当てはまる……また、このプロセスは通常、部下を統率する立場にあるリーダーが率先して始めなければならないと私は考える。下の者たちから尊敬されるのを待っているのではなく、こちらから彼らを尊敬するのだ。

ジョン・ウッデン（UCLAバスケットボール部の伝説的コーチ）

ジェームズ・クーゼスとバリー・ポスナーは著書『リーダーシップの真実』（生産性出版）の中で、ドーン・リンドブロムの経験を紹介している。

最近、リンドブロムが赤十字のワシントン州東部地域担当マネージャーに任命されたときのことだ。リンドブロムは、全米赤十字社の新しい社長兼CEOのゲイル・マクガバンが信頼できる人物かどうか、以前から疑問に感じていた。

赤十字社の地域リーダーたちに挨拶回りをしていたマクガバンに、ある人が単刀直入に尋ねた。

「あなたを信頼して大丈夫ですか？」

するとマクガバンは答えた。

「それはわかりませんが、私が皆さんお一人おひとりを信頼していることは間違いありません」

リンドブロムがクーゼスとポズナーに告白したところによると、マクガバンの率先した行動（リスクを承知で地元の指導者たちに進んで信頼を与えたこと）を知ったときは、申し訳ない気持ちでいっぱいになったという。

信頼を得ることができるのは、信頼を与える用意のある人だけである。

グスタフ・ハイネマン（ドイツの元大統領）

３Ｍ社の元社長で、後に会長も務めたウィリアム・マックナイトも率先して行動した一人だ。一九四八年、組織内においてリスクを恐れることなく信頼を与え合うという、当時としては革新的な考え方を導入したのだ。それは事実上、組織の発展、イノベーションの促進、会社の影響力の拡大と引き換えに管理権限を手放すことに等しかった。マックナイトは次のように説明する。

わが社の事業が発展するに従い、責任を委譲して男性にも女性にもイニシアチブを発揮させることが重要になります。そのためには、かなりの寛容さが必要です。権限と責任を与えられると、有能な人であれば自分独自のやり方で仕事をしたいと思うはずだからです。

誰にでもミスはあるものです。その人のやろうとしていることが基本的に正しいのであれば、そんなミスなどごく些細なことです。部下に権限を与えておきながら、仕事のやり方を細かく指図する管理者のミスに比べれば。

ミスを厳格に管理しすぎると、イニシアチブが死んでしまいます。発展を続けたいと思うのなら、イニシアチブを発揮できる社員を大勢そろえることが不可欠です。

3M社はこうした経営方針の下、一九四八年に二〇〇〇万ドル足らずだった売上高を二〇一〇年には二六六億ドルへと伸ばし、今では世界で最も革新的な企業の一つに数えられることも多い。現CEOのジョージ・バックレーは、信頼を土台にしたこの考え方が今後も有効であることを踏まえた上で、次のように述べている。

我々は一企業として、どういう方向を目指すべきかを明確に認識しているつもりです。だからといって、わが社の現状や過去の経緯も常に忘れる気はありません。

バイタルマート社に勤務する我々の友人は、共著書『Influencer』の中で、ミミ・シルバート博士の活動を紹介している。泥棒、売春婦、強盗、殺人者など、世間では「信頼に値しない」

と見られている何千もの人たちを、信じ難いほど大胆な信頼の賭けによって更生させた女性だ。刑務所に代わる更生手段として、サンフランシスコのデランシー・ストリート財団を通じて働く場所を与え、彼らの人生のやり直しを手助けしているのだ。規則は厳格で、監視も配置している。「信頼するが検証もする」をこの上なく徹底しているのだ。だが、その結果はまさに目を見張るものがある。

シルバート博士が主に雇うのは、重い刑を言い渡された者たちだ。彼らは長年ホームレス生活を続けており、その多くは麻薬常習者である。デランシーに入所すると数時間もしないうちに、レストランや引越会社、車の修理工場、あるいはデランシーが持っている多くの会社のいずれかで働き始めることになる。

デランシー財団自体、シルバート博士以外は、こうした重罪受刑者や中毒者で構成されている。セラピストも専門のスタッフもいない。寄付や補助金もないし、保護もない。過去三〇年間にわたって一万四〇〇〇人の人生を根底から変えた、まさに顕著な影響戦略といえる。九〇%以上はドラッグや犯罪に再び手を染めることなく、学位を取得して専門職に就き、新たな人生を歩み出している。

リーダーが信頼を提供しないと、下の者たちは不信と疑念に支配される下向きの悪循環からいつまでも抜け出せなくなる場合が多い。その結果、彼らは互いに信頼し合うことのない世界に閉じ込められてしまう。経営側は社員たちを信頼せず、社員たちも経営側を信頼しない。さらに組合と経営側、納入業者と取引先企業、企業と顧客、夫婦間、親子間でも同じことが起こり得る。

だが、リーダーが率先して信頼の提供に努めると、双方がつくり出した不信と疑念が渦巻く悪循環を断ち切ることができる。そして、すべての利害関係者にとって、いっそうの繁栄、活力、幸福へとつながる道が開かれるのだ。

不信は不信を生み、信頼は成果を生む。

老子（古代中国の思想家）

リーダーが「スマート・トラスト」を提供するには？

冒頭で確認したように、信頼の提供にはリスクが伴う。だからこそ、勇気が必要なのだ。だが、信頼を提供しないことにもリスクがあり、そちらのほうがより重大なリスクとなる。

では、信頼を提供すべきか否かの判断を下すには、意思決定をどのように行えばよいだろうか。そして、提供すると決めたら、どの程度の信頼をどんな条件の下で提供すべきなのだろうか。

第三章で紹介した「スマート・トラスト」モデルは、決定に役立つ二つの要素を特定している。信頼性向、そして目的・リスク・信用の分析である。そこでも説明したように、この二つの要素が組み合わさることによって優れた判断が可能となる。

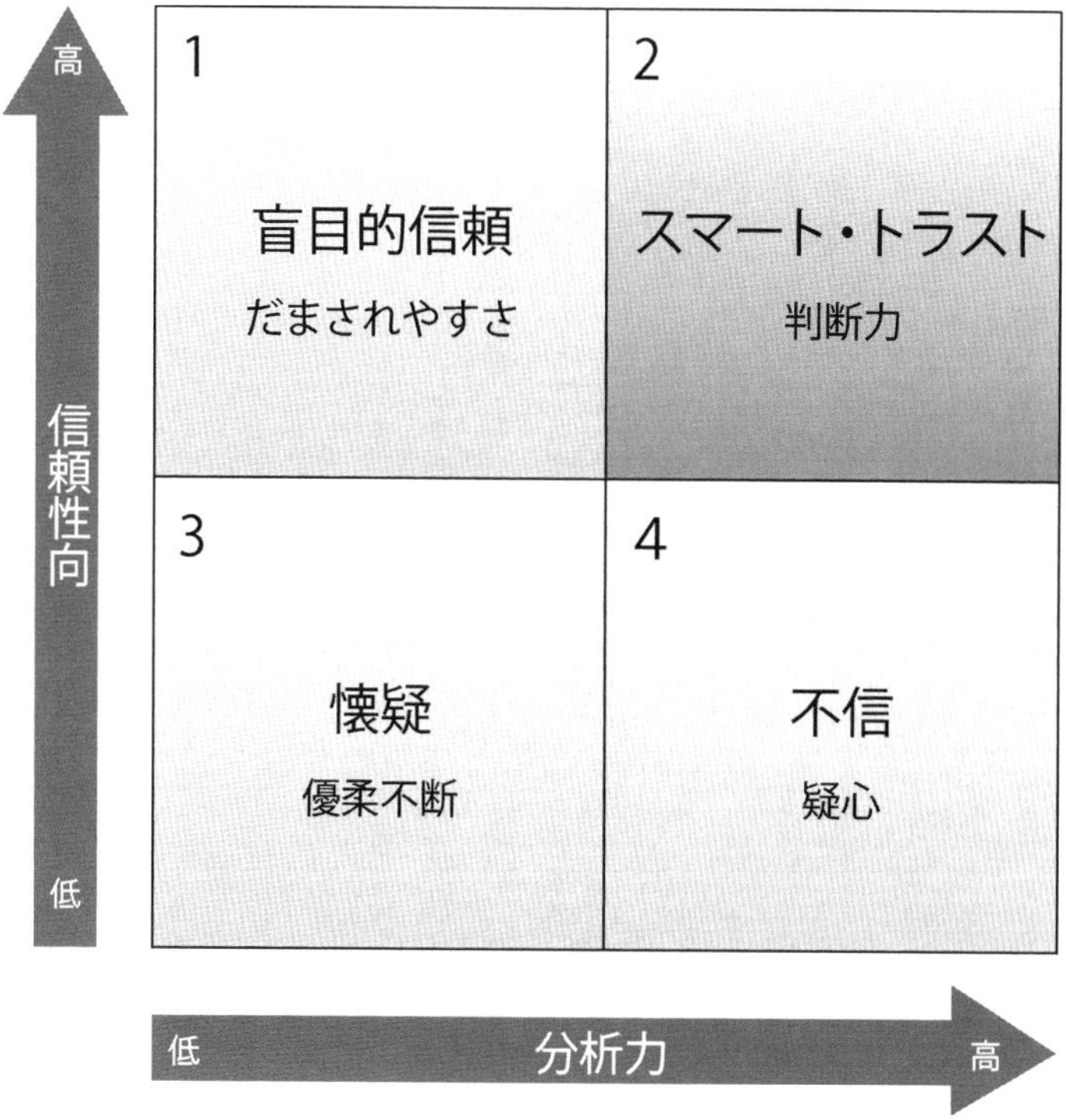

これも前述したことだが、この二つの要素のシナジーを目一杯引き出すのは、科学ではなくアートである。そのためには、疑うだけの十分な根拠がない限り、他者の意図を好意的に捉えることが必要だ。そして検証の結果、どういう場合に信頼の提供は可能か、どういう場合に避けるべきかを判断しなければならない。

それには優れた判断力が必要であり、「理屈」で考えれば信頼の賭けは避けるべきかもしれないが、それでもあえて信頼の賭けに出る勇気が必要となることもある。

我々はジョージア州児童家庭局のイザベル・ブランコ元次長から注目すべき体験談を聞いた。彼女は不信の構図がもたらす困難を克服して「スマート・トラスト」を提供し、州内で危険な状況に置かれている子どもたち数千人を救い出した女性である。ブランコは次のように話し始めた。

児童保護サービスを担う州の機関では、子どもたちの命がかかっているため、高いレベルの結果責任を求められます。そうした大きなリスクを伴う仕事であることから、ケースワーカーや社会制度のリーダーたちは大きなプレッシャーを受けながら問題の解決に取り組んでいるのです。事件が児童保護サービスに通報されると、調査に回すべきか、それとも自ら関係者（親、教師、管理者、親類など）に直接働きかけて、事態の改善を目指すべきか、ケースワーカーの判断になります。虐待が行われている家庭に子どもをそのまま置いておけば、重大な事態に至ることは目に見えている。そのため、州や、信頼が希薄な官僚組織などでは、どうしても規則中心の制度を構築して人間のミスを排除しようとするのです。

ブランコはこうした背景を説明したあと、二〇〇四年にジョージア州の制度を主導する主任の職を引き受けたときの状況について次のように語った。

彼らは考えられるミスをすべてカバーするような方針を定め、それに沿ったことしか言わせないようにしていました。そのため、専門スタッフは判断力を十分発揮することができませんでした。そればかりか、三二の手順から成る実に細かなマニュアルを作成し、担当者の判断のせいにできないようにしていました。

高い信頼関係など存在せず、あるのはただ時間のかかる厄介なプロセスと不安だけでした。信頼が欠如しているため、本来なら玄関で行うべき判断ができず、どの件も「安全第一」で要調査に分類されていました。私が赴任した二〇〇四年の時点で、三、七一一件の調査が九〇日遅れの状態でした。ということは、都会の真ん中だったら、ケースワーカー一人当たり三〇～六〇件もの調査を受け持たなければならない計算です。

仕事量がとても多く、ケースワーカーが担当する子どもの名前さえ知らない、などということもあったほどです。新聞に子どもの死亡記事が載っていたりすると、自分が担当している子ではないかと、慌ててファイルをチェックするような有り様でした。

この制度を考案した人たちの意図は、子どもたちを保護したいという好意的なものであったことは、ブランコも認めた。だが、残念なことに、彼らの保護を目的に設計された、まさにその制度が、甚だしい遅延を生み、逆に多くの子どもたちを危険にさらしていた。そればかりか、その制度は専門のケースワーカーたちの意欲をそいでいた。プロとしての判断力に対する自信を彼らから奪っていたのだ。ブランコは次のように説明する。

方針や規則をやたら増やすとどうなるでしょうか。明らかに、あるメッセージを専門スタッフに送ることになります。「我々はあなた方を信頼していません」というメッセージです。すると、ケースワーカーたちは責任を果たす意欲を失い、それが彼らの判断にも表れ始めるのです。

その制度は、本来の趣旨とは正反対のことを奨励していたことになります。ケースワーカーたちは自分に自信が持てなくなっていました。つまり、信頼の危機だけでなく、自信の危機をも引き起こしていたというわけです。ケースワーカーたちは調査や決定を行う際、特に重要な兆候を見つけ出すことができなくなっていました。

知識と判断力を駆使して結論を導き出す、そういう人間本来の本能こそ、児童福祉における腕の見せどころなんです。それなのに、リスクを排除しようとして、信頼関係より管理を優先し、児童福祉における意思決定にプロのスキルは必要ない、と言っているようなものでした。それこそが、とても重要なのに。

この機関は、未処理の問題はケースワーカーの増員で対処できると考えた。しかし、そのための予算はないばかりか、それでは問題は解決しないとブランコは確信していた。

実際のところ、私はケースワーカーを増やす必要性は感じませんでした。私が必要と思ったのは、彼らがフルに能力を発揮できる環境をつくることでした。人数を増やしてはみたものの、能力の二割程度しか発揮させてあげられないとしたらどうでしょう。無駄ですよね。ケースワーカーたちの能力を十分に活かし切れていないだけなのだ、と気づいたときには、まさに目からウロコが落ちる思いでした。

ブランコの結論は、今いるケースワーカーたちをもっと信頼して、彼らの判断力を引き出すというものだった。リスクを負いたがらない利害関係者たちは、最初、不安な反応を見せた。そこでブランコは、警察や、地域社会の利害関係者たちに「ケースワーカーたちを信頼して判断を任せれば、もっと多くの子どもを救えるはずだ」と説明した。だが、なかなか首を縦に振ってもらえなかった。

意外にも、説得が最も難しかったのは、信頼されずに意欲を失っていた当のケースワーカーたちだった。ブランコは結局、一五九の郡で働いているケースワーカーたちの家を車で訪ね回り、説得しなければならなかった。

ようやく私はケースワーカーたちを説得し、彼らも自分自身を信頼する勇気を持てるようになりました。おそらく、自分のやっている不適切な処理が妥当と見なされてしまう制度に、彼らなりに不信感を抱いていたんでしょう。未処理件数が大きく膨れ上がっていましたが、その六割方は問題のないケースであることを彼らは知っていたんです。

調査と称して他人の人生に土足で踏み込み、ズタズタに引き裂いておきながら、何もなかったからと処理済みにしてしまう、そんなことを彼らはやらされていたんです。制度が機能していないこともわかっていたでしょう。勇敢に行動して制度を変革したい。彼らの多くはそう思っていたはずですよ。

ブランコは制度改革に取り組む過程で、二つの大きな幸運に恵まれた。一つは、彼女の一番上の上司にあたるＢ・Ｊ・ウォーカーとの間に高い信頼が築かれていたことだ。彼女はこの改革にウォーカーの後押しを得ることができた。

ブランコによれば、ウォーカーのところにはよく苦情の電話がかかってくるらしい。そのたびにウォーカーは、「いや、それは考えがあってのことなんですよ」と、彼女を擁護してくれたという。

もう一つの幸運は、彼女が「スマート・トラスト」を活用したことだった。ブランコは次のように述べている。

我々はケースワーカーたちを無条件に信頼したわけではありません。我々が望ましいと考える体制に向けてサポートできるような方式を導入しただけです。そして、すべての決定をモニターし、適切な決定を行ったと思われる案件の比率を調べました。

結果責任については、我々のほうが連邦政府よりも厳しい基準を設定していたと思います。連邦の基準では、六カ月観察して問題が発生しなければ、その決定の妥当性が確認されます。たった半年ですよ。

「それではダメですよ。我々は将来に向けて、その子をずっと観察し、追跡していくつもりです」
と、我々は言いました。

ブランコは自らの高い信頼性向と目的・リスク・信用に対する強い分析力を組み合わせることで、ずば抜けた判断力を発揮した。その決断が功を奏し、ケースワーカーたちに「スマート・トラスト」を提供して自ら判断させる方式が定着したのである。

その結果、スタッフの増員に頼らず、信頼を基礎にした新しい方式の導入により、九〇日以上処理が遅れていた三、七一一件が六年足らずですべて解消された。月間調査保留件数は七〇％減少し、期限内完了率が九七％に上昇した。さらに、子どもの安全確保率も四五％増加した。ブランコと彼女のチームは「スマート・トラスト」を実践して子どもたちの命を救ったのだ。この改革はジョージア州に向こう何十年にもわたり波及効果をもたらすことだろう。

個人的な話になるが、セミナーやワークショップで、アンナ・ハンフリーズという子にまつわるエピソードを紹介することがある。何年も前、私はフラッグフットボールのリトルリーグを指導していたのだが、そこの三〜四年生レベルのチームに一人だけいた女の子がアンナだった。

アンナは真面目にプレーするが、経験と技術が足りなかった。私は全員を平等に起用することにしていたが、あるとき、その方針が実際に試される状況に直面した。我々のチームは決勝まで勝ち進み、もう一つの無敗チームといわば「チャンピオンシップ」をかけて戦うことになった。

優勝というチームの目標がかかる中、私は決断を迫られた。持ち時間が終わるまでアンナを残すべきか、それとも上手な選手と交代させるべきか。

私は結局、アンナを信頼して残すほうを選択した。相手チームの選手がアンナのサイドに走ったとき、我々は全員息を殺して見守った。ところが、彼女はしっかりしたプレーでランナーのフラッグを取り（彼女がフラッグを取ったのは、年間を通してこれがまだ二度目だった）、その選手を止めたのだ。自分のプレーに気づいたときの彼女の誇らしげな表情、そしてチームメートたちの熱烈な賛辞やサポーターからの歓声を浴びたときの嬉しそうな顔。彼女を信頼するという自分の下した決断に、私は身震いしたものだった。


私がこの話を紹介すると、次のようなことを言ってくる人がいる。

「この場合は結果がよかったので、『スマート・トラスト』と呼ぶのはわかります。でも、結果が悪かったら、『ああ、彼女を信頼しすぎたなあ』と言ったのではないですか」

ある決断を「スマート・トラスト」と呼ぶのが的確かどうかというのは、確かに単純な問題ではない。こうした意思決定には、人生の生き方や適切な判断法の習得も大いに関係してくるものだ。信頼しすぎるときもあれば、逆に信頼が足りないときもある。だが、機会やリスク、そして信用を考慮する見識と能力に磨きをかけることで、より適切な判断ができるようになっていく。

今振り返って思うに、アンナが勝利を呼び寄せるようなプレーをせず、チームがあの試合に負けたとしても、彼女にチャンスを与えたことは「スマート・トラスト」の行使だったと私は思う。なぜなら、試合に勝つこと以上の意味があったからだ。

負けたとしても、チームの全員があの体験を通じて気づいたはずだ。自分たちは価値のある人間であり、個人として信頼され、また支えられているということに。それぞれの頑張りと、チームの一員として経験したことすべてに、彼らは満足感を覚えていたに違いない。

アンナは今、一流大学の一年生だ。素晴らしい才能と美貌と自信を備えた娘に成長し、オペラのソプラノ歌手として米国内のあちこちで活動している。

一年ほど前、彼女の母親が私のオフィスを訪ねてきて言った。

「これを見ていただけます？　アンナの持ち物を整理していたら、あの子が四年生のときに書いた作文が出てきたんです」

それは、あの年に我々のフットボールチームに起きたことを書き綴ったものだった。アンナはそこに、「私がこれまでで一番嬉しかったこと」というタイトルをつけていた。私が彼女に信頼を与えたことが、彼女の人生に前向きな変化を起こした。私はそう確信している。

何度でもお互いを信頼し合おう。信頼があるレベルに達すると、人は見かけの限界を超え、それまで気づかなかった素晴らしい能力を新たに発見するものだ。　デヴィッド・アーミステッド

「スマート・トラスト」は、どんな相手にも、どんな状況にも使える「万能」の解決策ではない。

ある人にとっては「スマート・トラスト」であっても、別の人にとっては「スマート・トラスト」ではないということがあるからだ。

たとえば、ウォーレン・バフェットが売上高二三〇億ドルの会社の買収を、ほとんど調査せずに握手一つで決めたことは、彼にしてみれば「スマート・トラスト」だった。彼自身、大いに信用に値する男であり、取引相手に対する信用評価においても素晴らしい実績がある。また、豊富な財力は、リスク次第でこの取引を捨てる余裕を彼に与えていた。要するに、ウォーレン・バフェットを裏切ることなど誰も考えないというわけだ。

だが、私が同じ類の取引を同じようにやろうとしたら、多分「スマート・トラスト」にはならないだろう。バフェットのような財力も実績もなく、リスクを負う余裕もずっと少ない状況で、先に述べた信頼性向と分析を行ったら、このケースの「スマート・トラスト」は間違いなく別の形になるだろう。

すなわち、「スマート・トラスト」では、それぞれの状況ごとに判断が必要となる。当事者が心と頭脳の両方を働かせて信頼性向と分析を行わなければならないが、そのシナジーは計り知れないものがある。

我々がどうしてそういう行動をとるのか、また、なぜそれを「スマート・トラスト」と呼ぶのか、他者にはなかなか理解してもらえないかもしれない。それでも、信頼の提供を通じて他者の人生によい影響を与えられたときほど、活力や幸福を感じられる瞬間はないといっていいだろう。

さまざまな対象に「スマート・トラスト」を提供する

ここで、個人や組織がさまざまな利害関係者に信頼を提供する際に行った判断のいくつかと、それが彼らにどんなメリットを及ぼしたか、その実例を紹介したいと思う。信頼性向と目的・リスク・信用の分析がどのように賢く組み合わされているか、それが結果を生み、信頼を増やし、相互性を引き出すことに、どのようにつながったかを読み取ってほしい。

顧客に「スマート・トラスト」を提供する

成功している企業は、自ら率先して顧客に「スマート・トラスト」を提供している。すでに取り上げた企業はもとより、米国の三大自転車ショップの一つ、コネティカット州のゼインズ・サイクルズなどもそうだ。

ゼインズは商品の試乗サービスを毎日実施しているが、そのとき身分証明書などの提供を求めない。運転免許証を預けたいと顧客が言っても、丁重に断る。ゼインズが顧客に対して、「どうぞサイクリングをお楽しみください。私どもはお客様を信頼しております」というメッセージを伝えようとしているのだ。

創業者のクリス・ゼインは次のように述べている。

「お客様と接するとき、どうしてその誠実さを最初から疑ってかかるのでしょうか？　我々はお客様を信じることから始めます」

信頼を土台にしたこのメッセージは、ゼインズは単に商品を販売するだけでなく、顧客との関係構築を大切にしている、ということを社員たちに明確に伝える効果もある。その甲斐あって、年間売上高は一三〇〇万ドルに上り、一九八一年の開業以降、二三％の年平均成長率を維持している。毎年の販売台数五〇〇〇台のうち、試乗後に返却されないのはわずか五台に過ぎない。ゼインは次のように説明する。

我々の提供する厚い信頼に、多くのお客様が感激してくださいます。それによって、我々もお客様の信頼を獲得することができるのです。お客様を信頼せず、商品を持ち逃げされるのではないかという目で見るようになると、我々とお客様との関係はたちどころに危うくなるでしょう……確かに年間五台ほどの自転車を失うかもしれませんが、試乗していただいた、その他の四九九五台はちゃんと戻ってくるのです。

顧客は信頼されると気分をよくして得意客になってくれたり、家族や友人に紹介してくれたりする。つまり、顧客は信頼を必ず返してくれる、とゼインは信じているのだ。だから、たとえ年間五台ほど自転車を失うリスクがあったとしても、これは「スマート・トラスト」だというわけだ。実際、そうした高い信頼をもとに紹介を獲得するという手法で、その他の方式よりもはるかに多くの自転車を売り上げているのである。

USAA（ユナイテッド・サービシズ・オートモビール・アソシエーション）社も、率先して顧客に信頼を提供している企業の一つだ。米軍で勤務している人、または過去に勤務したことのある個人を対象に、銀行、投資、保険サービスを提供している会社で、『フォーチュン』誌の五〇〇社にも選ばれている。

ＵＳＡＡ社はその卓越した顧客サービスにより、これまで顧客から著しく高い信頼を獲得してきた。この数年間、顧客ロイヤリティを測定する「年間ネット・プロモーター・スコア（顧客推薦指数）」で第一位にランクされ、『ブルームバーグ・ビジネスウィーク』誌の「カスタマーサービスチャンプ」リストでも一位ないし二位に名を連ねている。価値創造と信頼の究極のバロメータともいうべき顧客維持率は、九七％という信じられないほど高い水準にある。

ＵＳＡＡを際立たせているものは、ことの大小にかかわらず顧客に信頼を提供していることだ。金融サービス会社の場合、不正取引防止の観点から煩雑な手続きを設けるのが普通だが、ＵＳＡＡは顧客が自分の小切手を写真に撮ってメールで送信すれば「預金」として認めている。会員が店舗を訪れ、一六歳になる子どもが優等学位を得たと言うと、自動車保険の保険料が割り引かれる。その子の通知表や校長の証明書などの送付は求めない。最近退職した副社長は次のように述べている。

「ＵＳＡＡの会員であれば、私どもはその方のお言葉を信じます。真実でないことが確認されるまでは。それが信頼するということです。我々は会員を信頼し、会員も我々を信頼してくれているのです」

車のフロントガラスの修理を請け負うベルギーのカーグラス社も、率先して顧客に信頼を提供している企業の一つだ。

アントワープで開催した「スマート・トラスト」ワークショップでのことだった。カーグラス社のある社員が、同社が信頼の提供を通じて顧客の苦情処理状況を改善したエピソードを、参加者たちに披露してくれた。

顧客の中には、事故で生じた破損でありながら、フロントガラスの修理を依頼した際に同社の修理工に傷をつけられたと文句を言ってくる人もいたという。苦情はどれも時間と管理コストをかなり食うため、カーグラス社の苦情処理係はかなり大人数になっていた。会社の上層部はコスト削減策をいろいろ検討した結果、顧客を信頼しようという結論に至った。そして、苦情のある顧客全員に無償で修理を行った。たとえ「インチキ」と思われる根拠があっても。その結果、カーグラス社は苦情処理担当者を二人にまで減らし、管理コストの大幅な削減を成功させた。さらに、無償修理サービスの悪用しようとする人の数もかなり減少した。当初は悪意を持っていた多くの人たちが常連客となり、口コミで会社の宣伝をしてくれるようになったのだ。

旅先で、「料理のお値段はお客様にお任せいたします」という方式のレストランを見かけることがある。店主が顧客を信頼し、料理やサービスに対する感想をもとに食事代金を顧客に決めさせるというものだ。希望価格を示している店もあれば、示していない店もある。こうした方式により、全く払わない顧客も一部いるが、大部分は何がしかの金額を置いていく。中には本来の値段をはるかに超える額を支払う人もいるそうだが、信頼されたことが嬉しくてそうするようだ。この種のレストランの多くが、従来の方法でやっていた頃と同等、場合によってはそれを大きく上回る売り上げを得ている。

たとえば、ドイツのフランクフルトにある「キッシュ」というペルシャレストランは、この方式を導入してから売り上げが五四％も伸びた。成功の秘密を尋ねられたオーナーは、次のように答えた。

「人って根は正直なんですよ……だまされたいと思う人はいないように、他人をだましたいという人もそうはいないんです。そして、自分で値段を決めますから、何か得したような気分になるようです。本来の値段と同じ額を払ったとしても」

この方式には、なぜか顧客を数多く惹きつけ、維持する効果があるようだ。

利益よりも活力や幸福のほうが大切にされているケースもある。その一例が、フィリピンのバタン島にある小さなお店「オネスティ・コーヒーショップ」だ。地元の報道機関は次のように紹介している。

この可愛らしいお店を始めたのは、アリン・エレナという元教師である。彼女は教職を退いたあと、この地域の住民や旅行者たちに軽い飲食物を提供しようと思い立った。このカフェに足を踏み入れた人は、食べ物と飲み物を勝手に取り、払いたい額のお金を籠の中に放り込めばよい。品物には正札がつけられているが、店員はいない。お金を放り込む人もいれば、放り込まない人もいる。でも、エレナは一向に気にしない。正直や責任というものにお客の意識を目覚めさせ、その教訓を人生の他の側面に活かしてもらうよう促す機会に恵まれること、それが彼女にとっての最大の利益なのだ。

オネスティ・コーヒーショップの壁に掲げられているメッセージ

当店では接客サービスは致しておりません。
お好きなものをご自由にお取りいただき、その代金をお支払いください。
お釣りをご希望の方は、またのご来店をお待ちしております。
ご覧の通り、店内は広くありませんので、不正直な方はご遠慮ください。
なお、当店の警備は神様にお願いしております。

米国でレストランチェーンを展開しているパネラブレッドは、「料理のお値段はお客様にお任せいたします」の慈善事業版というところだ。「パネラ・ケアズ・コミュニティ・カフェ」は、「お好きなものをお取りください。お代はお客様の良心にお任せいたします」をモットーとする、いわば地域の食品市場（正札やレジはない）で、利益を社会事業に寄付している。

社員に「スマート・トラスト」を提供する

成功している企業は、顧客だけでなく社員たちにも率先して「スマート・トラスト」を提供している。ホテルチェーンを経営するロウズ・ラグジュアリー社のジャック・アドラー社長兼

ＣＯＯは、著書『The Power of We』の中で、ラリー・ティッシュＣＥＯなど、ロウズ社の経営陣を前に初めてプレゼンテーションを行ったときのことを紹介している。

私がホテルビジネスの見通しをある程度細かく説明したあと、我々の計画について皆で話し始めたときだった。テーブルの上座に座っていたラリー・ティッシュが立ち上がって、こう言った。

「オーケー。ベストを尽くしてくれたまえ」

それだけ言うと、彼は部屋を出て行った。それで会議は終わりだった。

私は面食らった……もっと突っ込んだ意見が述べられるものと思っていたからだ。それで、私は、当時私の上司だったボブ・ホスマンのところに行って尋ねた。

「ラリー・ティッシュは私に、ベストを尽くすようにと言いましたが、あれはどういう意味なんでしょうか？」

ボブは笑いながら説明してくれた。

「あれはね、君を信頼しているから最善の判断をするように、ってことさ。それが我々のホテル経営法なんだよ。人を信頼し、その人に最高の判断をしてもらう。人は期待に応えようとするものだからね。このやり方が有効なことは結果が証明しているだろう？」

その結果の一つが、ロウズが展開するホテル一六軒のうち五軒が、『ＵＳニューズ』誌の「二〇一一年米国ホテル上位八六」にランクインした事実に表れている。

米国の大手損害保険会社チャブ社は、社員たちを信頼してフレックスタイム制を導入するメリットの大きさに気づいた。ただ、ジョン・フィネガンCEOは、このやり方に最初は懐疑的だった。彼は『フィナンシャル・タイムズ』紙に次のように語っている。

私は正直、フレックスタイム制について伝えられるメリットについて、やや疑いの目で見ていました。CEOは大概そうなんですが、コストを伴う社員向けの福利厚生プログラムだと思っていたのです。生産性の維持や改善の効果も併せ持つとは知りませんでした。

景気が悪化している最近でさえ、この制度はチャブに驚くほどの効果をもたらしている。チャブのシカゴ事業（彼のチームの一二〇名がフレックスタイムを選択している）を指揮しているロランド・オラマ上席副社長の報告によれば、二四時間以内に連絡がとれた顧客の率が八二％から九一％に増え、請求者にタイミングよく支払われた保険金の比率が九〇％から一〇〇％に上昇している。

フィネガンはこれを、トヨタ式の効率的な製造スタイルがもたらすメリットにたとえ、「自らの行動に対する社員たちの責任が強化されつつある」と説明する。

IBM社、ブリティッシュテレコム社、AT&T社といった企業は、在宅勤務を奨励することで社員たちに同様の信頼を提供した結果、不動産費用が削減され、最大三〇％の生産性の上昇が見られた。

こうした企業の判断が「スマート・トラスト」といえるのは、期待のみならず、それを実現させる結果責任もまた、同じく明確にされているからである。

自宅勤務が社員の労働意欲を高めることを企業は認識すべきだ。創造的活動に費やせる多くの時間が通勤で浪費されている。

リチャード・ブランソン（ヴァージン・グループCEO）

社員に信頼を提供することの効果はリッツ・カールトンでも確認されている。顧客が報告するスタッフの型破りのサービス事例や最終利益にはっきりと表れているのだ。

同社のサイモン・クーパー社長はよく、あるスタッフが顧客の失くした指輪を探した話をする。指輪が見つからないので、彼は洗濯物の中を探した。それでも見つからなくて、ついに洗濯機を分解し始めた。そして、とうとう、取水口のあたりに指輪を見つけた。

こうしたスタッフの献身的努力を聞かされるにつけ、自分だったらそこまではやらないかもしれない、とクーパーは言う。

期待をはるかに超えるサービスは、最終的に、極めて強力な顧客関係の構築という成果をもたらす。また、リッツ・カールトンの調査では、同社やそのスタッフと積極的に関係を築く顧客は、さほどでもない顧客に比べ、ホテル内での消費額が二三％上回るという結果が出ている。さらに、顧客との関係を築くスタッフの比率が全社で四ポイント上昇すると、リッツ・カールトンの売り上げが四〇〇〇万ドル増加するという。

P&G社でも、「スマート・トラスト」の提供が海外で勤務する社員たちの態度に大きな変化をもたらしたことがあった。

数年前、事業展開している地域に政治不安が広がり、危険性が高まったときのことだ。ある地域担当マネージャーが心配になって本社に電話し、どうしたらよいかと尋ねると、次のような返事が返ってきたという。

「こちらはあなたを信頼しています。あなたは現地にいるわけですから。対策を考えてください。我々はサポート役に回ります」

結局、そのマネージャーは全社員とその家族を、費用は会社の負担で別の国に避難させることにした。我々の同僚数名が、最近、その社員たちと一緒に仕事をしたのだが、彼らは未だに、迅速な避難を決断してくれたマネージャーの話をしていたという。地域担当マネージャーに大きな信頼を提供して判断を委ねた結果、この会社に伝説が生まれ、社員たちの間に確たる忠誠心と責任感が根づいたのである。

P&Gのような複雑なグローバル企業になると、いつ、どんな状況に直面するかわからない。しかし、どんな状況にも明確な指針を示し得る規則集などは存在しない。そこでP&Gとしては、社員一人ひとりが自らの判断に基づいて行動することを求めるに至ったのだ。

A・G・ラフリー（P&G社 元会長兼CEO）

多くの組織が、今、新たに直面している問題がある。職場でのソーシャル・ネットワーキング用ツールやサイトの利用を社員に認めるべきか、という問題もその一つだろう。

ロバート・ハーフ・テクノロジー社が二〇一〇年にCIO一四〇〇人を対象に調査したところ、フェイスブックやツイッターなどのサイトを完全にブロックしている組織は全体の五四％に上った。勤務時間中、社員にそうしたネットワークへのアクセスを完全に認めている企業は一〇％に過ぎない。その根本的な理由は不信だ。組織は、この件における懸念事項として、社員による時間の浪費、生産性の低下、場合によっては機密情報の漏洩、会社への中傷などを挙げた（こうした問題は勤務中のアクセスを禁止しても十分起こり得るものである）。

こうした懸念を感じつつも、大手企業の間には、この新しい問題を一つの好機と捉える動きが見られる。提供した信頼は返ってくるという信念の下、これを機に社員たちに「スマート・トラスト」を提供しようというのだ。ただし、期待と、それに付随する結果責任を明確にした上での話である。

英国『エコノミスト』誌のソーシャル・ネットワーキングに関する特集記事は次のように指摘する。

社員は、会社が考える以上に信頼に値するものだ……社員を信頼できないとしたら、不適格な人材を雇ったか、雇った人材に適切な訓練を施していないかのどちらかだ……社員たちのソーシャル・ネットワークへのアクセスを認めることは、総じて企業にとってマイナスよりプラスのほうが大きい。

取引先企業に「スマート・トラスト」を提供する

成功している企業は、取引先にも「スマート・トラスト」を提供している。フリトレー社のアル・ケアリーCEOが、ダラスにある本社近くのホテルで開かれた会議に出席したときのエピソードを紹介しよう。

ケアリーはそこに到着するや、そのホテルでフリトレーの会議がもう一つ行われていることをロビーの掲示で知った。気になった彼は、その会議室を覗いてみた。すると驚いたことに、社内で採用していた「スマート・トラスト」の概念や行動を、彼の業務チームがウォルマート、クローガー、ターゲットなどの卸し先に説明していたのだ。

ケアリーによれば、こうした社外の利害関係者である取引先と信頼について議論したことが、その年に起きた問題の解決に大いに役立ったという。

予想外の経済情勢の変化により、フリトレーが小売価格の変更を余儀なくされたときのことだ。それまで二〇年余りの間、価格変更は時間のかかるプロセスであり、最短でも一六週間を要していた。ところが、社の内外で新たなレベルの信頼が築かれたことにより、わずか五週間で終えることができたのだ。

取引先への信頼の提供で傑出しているのはUPS社だ。この会社は運送会社というだけではない。サプライチェーンにパートナーとして加わり、グローバル企業が持つ規模、活動範囲、効率を他のパートナー企業が活用できるビジネスモデルを創出した。

九〇年代以降、ＵＰＳ社は、「シンクロナイズド・コマース・ソリューションズ」と称する事業を手掛けてきた。このサプライチェーンのサービスは特に小規模企業のハンディを解消する効果があるが、大規模な企業もこのサービスを利用している。ＵＰＳ社のこのビジネスモデルは、売り手と買い手の間に入って両者を取り持つような旧態依然としたモデルとは異なる。信頼と連携を土台にした新しい提携方式なのだ。ＵＰＳ社のマイケル・エスキューＣＥＯは次のように説明する。

これはもはや、単なる売り手と買い手の関係ではありません。ある会社から電話で依頼を受けると、そこの顧客と話をしたり、在庫を保管したり、何が売れ、何が売れていないかを、その会社に報告したりします。その会社の情報にアクセスすることになるため、我々を信頼してもらう必要があります。競合する企業を管理するわけで、これをうまく機能させるには、「我々を信頼してもらう」以外にありません。わが社の創業者がギンベルズやメイシーズ〔訳注：ともに一九世紀に創業した米国のデパートチェーン〕に言ったように。私はその信頼を裏切りません。我々は他の企業に一部業務の委託を求めているわけであり、それには本当の意味での信頼が不可欠ですから。

ＵＰＳ社はまた、小規模な事業家や中規模の企業に対し、グローバルプレゼンスを提供する役目も果たしている。UPS社のクルト・キューン営業担当副社長は次のように説明する。

テキサス州で機械部品の会社をやっている人が、マレーシアの顧客に信用リスクの問題があると心配しているとしましょう。我々は信任を得た仲介人として間に入ります。その荷物が我々の管理下に入れば、受諾を条件として代金を回収します。信頼は、個人的関係、あるいはシステムやコントロールを通じて構築することができます。信頼が築かれていない場合、支払いを受けるまで出荷者が（荷物を）引き渡さないことだけが頼りです。

こうした状況の管理能力は、銀行よりもわが社のほうが優れていると思います。荷物と顧客との継続的関係が我々にとっての担保になりますから、二つの対抗策があるわけです。

取引先との信頼関係というものは、関係者間の個人的関係によって築かれたり強化されたりしがちである。米国のエール大学と中国の復旦大学という二つの世界的な教育機関の間で結ばれた交流協定は、中国の教授たちがエール大学で博士号を取得した際に築かれた信頼関係によって実現したものである。エール大学のリチャード・C・レビン学長はジャーナリストのトーマス・フリードマンに次のように語っている。

「こうした教育機関同士の連携の多くは、大学管理者のトップダウンの指示よりも、むしろ学者同士の長年の個人的関係から生まれています」

個人的関係やソーシャル・ネットワークに「スマート・トラスト」を提供する

セミナーの休憩時間に一人の男性が我々のところにやって来て、次のように言った。

「この講座は私の仕事にとても役立ちそうです。ですが、今日は私生活に関する話を聞いてもらえませんか。私には一〇代の息子がいまして、信頼の提供や信頼の相互性といった話を聞いた瞬間、息子のことが頭に浮かんだのです」

その男性はここまで話して声を詰まらせた。

「私は息子に、『お前は信頼できない』『お前は信頼に値しない』『お前は信頼されることはないし、それを改めない限り、お前のためには何もしてやらないぞ』などと、毎日のように言っています。確かに息子の行動を見ていると、とても信頼などできやしません。しかし、たった今、私がそれを助長していたことに気づきました。私は息子に変わるチャンスを与えてやろうとしなかった。私がリーダーであり、親なわけですから、私から率先してやるべきだったのに、私はそれを怠っていたんです」


自分から率先して信頼を提供するということは、信頼を失わせるような行動を目の当たりにしても、それを無視しろという意味ではない、と我々はこの男性に説明した。信頼している気持ちを示すことのできる場面とか機会を探すことが時には必要だ、と。そういう場面はめったにないかもしれない。それでも、「これに関してはお前を信頼するよ」と息子に言ってあげられるようなきっかけを何か見つけるようにしてほしい。息子への信頼をはっきりわかるような形で伝え、自分の意図を明確に示すことが大切なのだ、と。人は通常、誰かから不信の目で見られると、その相手に対して同様に不信を抱く。それと同じように、信頼されれば相手も信頼するものであり、リーダー（この場合、親）の一貫した行動いかんで、下向きの不信か上向きの信頼かが決まるのだ、と我々は説明した。

信頼または信頼の欠如が、個人の関係に極めて大きな影響を及ぼすことはいうまでもない。最近、ある事業家と話をする機会があった。彼は会社に対する自分の持分五〇％をかなり割り引いた額で共同経営者に売却した。その関係からなるべく早く抜け出したかったのだ。なぜか。この共同経営者は彼のみならず、誰に対しても何事に対しても強い不信感を持っており、一緒にいると人生の喜びや幸福が徐々に損なわれていくような気がしたためである。関係を断ち切ることによって生じる経済的損失よりも、不信が彼の活力や幸福に及ぼす悪影響を取り除くことのほうが彼にとってははるかに重要だったのだ。

離婚においても、これと同じようなことが起こり得る。不信が関係をこじらせ、そこから何が何でも抜け出したいという気持ちにさせてしまうのだ。

第一章でも述べたことだが、人間関係における信頼と活力、幸福の関連性は、いろいろな面でますます明確になりつつある。最新の研究によれば、幸福が成功を促進する（この逆はない）傾向があり、幸福の最大の前触れは人間関係であり、人間関係の最大の推進要因は信頼だという。ショーン・エイカーは著書『幸福優位7つの法則』（徳間書店）で次のように述べている。

幸福感が増すと——ポジティブな気分が一気に高まると——私たちはより賢明になり、モチベーションが高まり、仕事がずっとうまくいくようになる。幸福が中心にあって、成功が幸福の周りをまわっている……「非常に幸せな人々」というそのものズバリのタイトルの研究がある。これは、最も幸せな上位一〇パーセントに入る人たちの特質を調べた研究である……最も幸せな上位一〇パーセントの人たちを、他の人たちから区別している特質はたった一つであるということが分かった。それは、「強固な人間関係」だった。

人間関係は、幸福だけでなく健康にも影響を与える。『米国公衆衛生ジャーナル』誌が全米の労働者二万四〇〇〇人を対象に実施した二〇〇七年の調査によれば、人間関係が希薄な人は、強固な関係を数多く持っている人に比べ、うつ病を患う確率が二～三倍高いという。

現代のハイテクを介した関係でさえ、信頼との関連性は明らかだ。「ピュー・インターネット・アンド・アメリカン・ライフ・プロジェクト」が発表した調査結果によれば、フェイスブックのユーザーはその他のインターネット・ユーザーよりも、「大概の人は信頼できる」という考え方をする可能性が四三％高いという。さらに、インターネットを全く使用しない人たちと比較すると、その数は何と三倍に相当する。

では、他人を信頼できるという考え方と、フェイスブックやインターネットの使用とでは、どちらが前提条件となるのだろうか。因果関係の分析はなされなかったが、ソーシャル・ネットワークでさえも、信頼を生み出し、かつ信頼の提供を促進するという考察は、実に興味深い。

もし歴史が信頼に値する道しるべであるなら、最先端技術が人の心に寄り添う技術に取って代わることはないだろう。

ピーター・グーバー（ソニー・エンターテインメント社 元CEO）

地域社会に「スマート・トラスト」を提供する

第四章で紹介した、パナマのミラージェス一家が営むスーパーマーケットや、カナダの地域警備の話でもおわかりいただけたと思うが、地域社会における信頼の構築は、繁栄、活力、幸福という形で真の配当をもたらす。

我々の同僚が、数年前にヨーロッパのある国のNGOで働いていたとき、コミュニティに信頼を生み出す活動の中で、興味深い経験をしたという。

彼とその仲間たちは移動に自転車を使用していたが、自転車を外に置いて建物の中に入ったら、地元のチンピラなどに盗まれはしないかと心配だった。結局、地元の少年たちに敬意を払い、彼らに信頼を提供することにした。そして、米国の文化に関して彼らが感じている疑問に答えたりすることで、和やかな会話を交わせるようになった。信頼をもって接するようにしたほうが、不信と疑念の目で見ていたときよりも、自転車を外に置いていっても盗まれることはない、という安心感が強まったという。

オハイオ州クリーブランドにある非営利の総合医療センター、クリーブランド・クリニックの医師たちも、患者たちに「スマート・トラスト」を提供している。彼らのメモを含むチャートやカルテをネット上で自由に閲覧できるようにして、透明性を大いに高めているのだ。また、地域社会との信頼をさらに高めるため、医師の報酬や再審査については患者中心で設定することにしている。二万二〇〇〇件余りの手術歴を誇る心臓外科医で、ＣＥＯのデロス・コスグローブ博士は次のように説明する。

うちのようなシステムの病院は珍しいでしょう。第一に、我々は全員給料制です。私が心臓外科医であれ何であれ、一日に心臓手術を二件やろうが四件やろうが関係なく、私は毎週末に同じ額のお金を家に持って帰ります。ですから、余計な検査をやろうなどという考えは全く浮かびません。

第二に、我々は皆、単年度契約で、毎年、専門職としての勤務評価を受けます。これによって医師の質が管理されているのです。それに、終身雇用ではありませんから、成績が悪ければ、昇給はおろか解雇だってあり得ます。これが、うちの最大の特徴の一つです。よそとは全く違います。

このクリニックはまた、医師主導の経営が徹底されている。ＣＥＯもＣＩＯも、さらに事務長までも、医師なのだ。「給料制の病院に世界最高水準の医師たちをどうやって集めるんですか？」と尋ねると、コスグローブは次のように答えた。

それは医師たちが勤務する環境です。自分が尊敬する同僚がいて、支えてもらえるからこそ、医師としての活動ができるんです。つまり、我々の大部分は、保険の申請用紙に記入する仕事をするために契約したわけではありません。私は請求書の発送なんて一度もやったことがない。それは別の人間がすべてやってくれます。そのため、私は質の高い医師がそろった環境で、医師としての仕事に専念することができるのです。ほとんどの医師はそれを望んでいると思いますよ。

クリーブランドは、全国標準を大きく下回る低料金と最高品質の医療で高い評価を得てきた。患者には、サウジアラビアのハーリド国王、英国皇太子、オプラ・ウィンフリー、ジャック・ニクラウスなど、治療を受けようと思えばどこででも受けられるであろう、多くの裕福な著名人が名を連ねている。この一五年間、『USニューズ&ワールド・レポート』誌は、「米国最優秀病院年間ランキング心臓治療部門」の第一位にこのクリニックを選出している。

国家に「スマート・トラスト」を提供する

進歩的な国の国民は、国家に対する信頼を高めることの重要性を認識し、そのための行動を起こしている。

中国・大連の元市長、薄熙来《はくきらい》は、日本との貿易に果敢に乗り出すことにより、中国都市国家の歴史的自治を目指す運動を興した。そして、貿易を推進し、三〇〇〇余りの日本企業が北京の意向に関係なく、大連市で事業が展開できるまでに発展させた。

熙来は、信頼を得たおかげで、自分はこうした業績を達成できたという思いから、後に中華人民共和国商務部長に任命されると、他の市長たちにも同様の自主性を認めることで信頼を返した。その結果、一九九〇年代初めには中国に七つしかなかった人口一〇〇万以上の都市国家が、二〇一一年には一五〇まで増加した。経済の爆発的成長を遂げた中国は、農村経済から都市経済へ、体制の大転換を実現させたのである。

「二〇〇九年エデルマン・トラスト・バロメータ調査」によれば、中国はまだ他国の信頼をあまり得ていない（中国やロシアの企業は他国の企業ほど信頼できない、と世界各国の回答者は答えている）ものの、中国人同士では高いレベルの信頼が築かれている。実際、世界の四七カ国を対象にした「二〇〇七年ピュー世界意識調査」では、自国の社会に対する信頼が最も高いのは中国だった。国民の実に七九％が、「この社会の大部分の人は信頼に値する」という項目に同意しているのだ。

ジョン／ドリス・ネイスビッツは著書『MegaTrends China（中国のメガトレンド）』において、中国で生まれつつある垂直的民主主義は必然的に信頼に基づいており、能力と結果を特に重視していると記している。中国的思考が持つ伝統的側面として、「すべての洞察は実際的経験から生まれる」という考え方があると彼らは主張する。ネイスビッツは次のように説明する。

トップダウンとボトムアップの関係の方向性は、政府が国民を信頼し、国民が政府を信頼するという、信頼に基づくシステムが構築されるように設定される。それは、中国の歴史、中国人の考え方、そして調和し安定した社会に対する中国人の強い願望に適合するモデルである。

毛沢東《もうたくとう》亡きあと、中国の事実上の指導者となった鄧小平《とうしょうへい》は、一九七八年、「開放」精神を呼びかけることで、結果的に国民に信頼を提供した。ネイスビッツはこれを、「巨大なるエネルギーの開放」と表現した。そのエネルギーは破壊へと走る可能性もあったが、実際は建設的だった。一九七八年に一六万五〇〇〇人だった大学卒業生が、二〇一一年に六六〇万人へと激増した事実がその一例だ。

二〇〇八年、我々は世界経済フォーラムに参加するため北京と天津の間を車で移動したが、その途中で我々の目に飛び込んできたのは、その巨大なエネルギーの成果だった。全く未開発の農地を北京空港から天津まで海岸沿いに走り抜ける全長七〇マイルの真新しい八車線のフリーウェイをはじめ、新たに建設されたインフラ、そして世界経済フォーラム会議の会場となった、壮観なメガカンファレンス施設の威容は、永久に脳裏から消えることはないだろう。

すでに述べたように、「腐敗認識指数」は、信頼性と繁栄の間に明確な相関関係が存在することを示している。信頼性向と繁栄の間にも同様の関係を見ることができる。「高い信頼で結ばれた社会は信頼の希薄な社会よりも、経済的パフォーマンスが高い」とポール・ザクは指摘する。

高いレベルの信頼は、開放的な社会が備え得る特徴の中で最も重要なものだ。信頼はさまざまな意味において、米国秘伝のソースの成分をすべて使った逸品といえる。

トーマス・フリードマン（ピューリッツァー賞受賞ジャーナリスト）

「スマート・トラスト」の文化を創造する

信頼を適切に提供しているリーダーたちの最大の貢献は、繁栄、活力、幸福を生む「スマート・トラスト」の文化を創造していることにある。我々は本書の冒頭で、信頼の希薄な世界で「スマート・トラスト」を提供することがいかに効果的か、説得力ある証拠を示すつもりだと述べた。このパワーは、高い信頼を伴う文化において最も明確に表れる。

文化を正餐だとしたら、戦略など軽い朝食に過ぎない。

ピーター・ドラッカー

「スマート・トラスト」の文化の一例がザッポス社だ。この会社では、経営側と社員が互いに信頼し合い、組織のあらゆるレベルの人が自ら率先して信頼を提供している。

そうした高い信頼に支えられた文化を反映するかのように、ザッポス社における信頼の提供は、正式に社員として採用される前段階の人たちにまで及ぶ。新入社員は四週間の研修を受けるが、第一週目の終わりに、この時点で辞める人には四〇〇〇ドルの給与を支払うという提案を行っている。すでに働いた時間分の給与というわけだ。この提案は、四週間の研修が終了する時点まで有効とされる。同社のトニー・シェイCEOは次のように説明する。

「社員たちがただ報酬目当てに働いているというのは、我々が望むところではありません。わが社の長期ビジョンを信じ、わが社の文化の一員になりたいと思うような社員を求めているんです」

ザッポスは、新入社員それぞれが自分のためになる決定を下すと信じているのだ。「最終的にこの提案を受け入れる社員は、平均すると一％もありません」と、シェイは述べている。

さらに、新任のマネージャーたちを信頼し、彼らが勤務時間の一〇～二〇％を、チームメンバーとともに社外で費やすことを奨励しているという。そうすることで、お互いを知り合うことができるという考えからだ。

これは「スマート・トラスト」といえるだろうか。シェイはそう思っている。最初のうちは「楽しそうですが、仕事が山のように溜まっていますから」と言うマネージャーもいるそうだ。しかし、社会的な活動を一緒に行うことで信頼が強化され、チームが単なる仕事仲間ではなく、「お互いに協力し合う友人」になれることにすぐ気づくという。その結果、チームの生産性が二〇～一〇〇％増加した、とマネージャーたちは報告している。

すでに紹介したグーグル、サウスウエスト航空、W・L・ゴア、SASといった企業も、経営哲学／行動基盤として「スマート・トラスト」を採用し、信頼が組織の血管を流れるよう努めている。ホールフーズ社のジョン・マッキーCEOはシェイ同様に、信頼があらゆる方向に流れているかどうかが鍵だと考えている。

信頼は、組織内のすべての階層間を流れるのが理想である。組織内の信頼を高めるには、何とかして社員たちに経営陣をもっと信頼させなければ、と考えているリーダーが多いが、これは問違いだ。社員が経営陣を信頼することも極めて重要だが、経営陣が社員を信頼することも劣らず重要だ。信頼を受け取りたければ、まず信頼を与えなければならない。少人数が互いに連動するチームを組織すると、上方向や下方向、チーム内、チーム間など、組織内のあらゆる方向に信頼が行き交うようになる。

リーダーが率先して「スマート・トラスト」を適切な形で提供すると、その行動がチーム、組織、地域社会、家族全体に波及し、文化全体の行動を変え始める。

リーダーたちのこうした行動は、時に伝説を生む。たとえば、ゴードン・ベスーンは、コンチネンタル航空の方針や手続きがまとめられたマニュアルを駐車場で燃やすよう命じ、君たちを信頼しているから各人が判断して問題に対処してほしい、と社員たちに檄を飛ばした。この行動はコンチネンタルの新しい信頼の文化の象徴になった。

リーダーたちの中には信頼を提供したがらない人もいるが、それはなぜだろうか。一つには、あらゆる不測の事態に対し、規則や方針、規制によって対応する文化であれば、管理がより行き届くと考えているからだろう。しかし、すでに指摘したように、信頼と管理の関係はそれとは逆で、信頼のレベルが高ければ高いほど、自然な形で管理も強化されていく。

「道徳観が十分存在すれば、法律は不要である。道徳観が十分存在しなければ、法律は施行できない」とは、フランスの社会学者エミール・デュルケームの言葉だ。信頼が不十分な文化では、人々のあらゆる行動を管理し得る規則や方針を定めることは事実上不可能である。信頼の希薄な関係においては、あらゆる可能性をカバーし得るほど長期間を見通す法的合意は不可能である。したがって、管理を強化するには、高い信頼に基づく文化を創造するのが最善の策なのである。

上司の仕事、すなわちリーダーの仕事は管理よりもサポートにある。部下は各人の職務を果たすはず、と信頼しなければいけない。それが最強のリーダーシップである。自分の部下を信頼することだ。

ゴードン・ベスーン（コンチネンタル航空 元CEO）

「スマート・トラスト」の文化は、とてつもない勢いと可能性、そしてパワーを秘めた文化だ。表現の自由の拡大、自主性の確立、信頼の強化、物事を成し遂げるスピードの上昇は、繁栄、活力、幸福において、具体的かつ測定可能で、非常に大きな違いを生み出す。

「スマート・トラスト」が優れている理由の一つはそこにある。我々にとって多くの規則や規制、レフリーは必要ない。信頼を提供し、最高のパフォーマンスが期待される高い信頼の文化を創造すること。そのことによって、あらゆるレベルの利害関係者に大きな配当がもたらされるという事実を基盤にして、物事を判断しているのである。

私の場合、自宅の庭の草刈りから、高い信頼で結ばれた強力な文化の威力について多くのことを学んだ。庭の雑草に手を焼いた私は、薬の散布についていろいろ試したが、どれも効きめがあるようには見えなかった。そこで、どういう方法が効果的か、近所の人に尋ねにいった。その家の芝生が素晴らしく見えたからだ。すると彼は言った。

「冗談でしょ？　あなた、『7つの習慣』に出てくる、あの『グリーン&クリーン』の子でしょ。だったら、こういったことはすべて、あなたが七歳のときにお父さんから教えてもらっているはずだよ」

どういうわけか、雑草に関する部分は聞き逃したに違いない。私は内心そう思った。隣人は笑い、そのあと「どうも、問題は雑草じゃなさそうだね」と言った。

「雑草じゃない？」、私は釈然としなかった。

「うん、違うね。問題は芝生が健康じゃないということさ。雑草にいくら薬を散布し続けたって、どうせまた生えてくる。あなたがすべきことは、雑草が生える隙間がなくなるくらい健康な芝生を育てること。そうやって雑草を枯らしてしまえばいいんだよ」

言われた通りにやってみた。すると、効果が表れた。しっかりした丈夫な芝が伸びてきて、やせた雑草が生える隙間が全くなくなったのだ。

私はそのとき気づいた。この戦略が組織やチームでも有効ではないかと。ただ薬を散布しても、つまり、ただ規則や方針や手続きを増やして問題行動を叩いても、「雑草」はまた伸びてくるか、別の場所に生えるだけである。しかし、堅牢で健全な高信頼文化を創造すれば、違反者は衰弱し、そのうちに消え去るだろう。自分が育てたいと思うほうに水をやればいいだけのことなのだ。

「スマート・トラスト」の実践は状況を一変させるほどの威力を持つ。そのパワーが特に顕著に表れる分野が、合併と買収だ。

ＫＰＭＧ社の調査によれば、合併の八三％が価値の創造に失敗し、五〇％以上がむしろ価値を破壊しているという。その大きな原因は「人間と文化の相違」にある。

残念ながら、大部分の合併で最初に犠牲になるのは信頼だ。そして、高い信頼が存在すれば必ずしも貧弱な戦略が救われるというわけではないが、信頼が低いと優れた戦略すら狂わせてしまうことがある。

合併を成功させる秘訣は、信頼を意図的に生み出すようなプロセスを導入し、効果的な文化の融合を図ることだ。合併する組織同士が明確な目的として信頼構築を掲げると、高い信頼を持つ文化が創造される確率がかなり高くなる。その目的に沿って行動し、信頼を生む意図的プロセスを遂行することで、価値を創造する合併が実現できるはずだ。

文化は状況を進展させる秘密兵器になる。

ジョン・カッツェンバック（ブーズ・アンド・カンパニー社 代表社員）

何度も繰り返すようだが、「スマート・トラスト」の文化を率先して創造したシンボル的存在は誰かと問われたとき、我々が真っ先に思い浮かべるのは、バークシャー・ハサウェイ社のウォーレン・バフェットだ。

二〇一一年現在の公開会社の規模ランキングにおいて、バークシャー社はブラジル国営の石油公社ペトロレオ・ブラジレイロ（ペトロブラス）とともに世界第八位だった。バフェットの手法で最も目を引く点は、バークシャーの子会社七七社と社員二五万七〇〇〇人余りを統率する本部に、彼のスタッフが二一人しかいないことだ。前代未聞の少なさである。

この点について、スタンフォード大学ビジネス・スクールのデヴィッド・F・ラーカーおよびブライアン・タヤン両教授も、「全世界のすべての大企業の中で、投資家の出資額に対する間接費の比率が最低」と評している。

バフェットはどうしてあんな短期間で信頼を生み出すことができるのだろうか？

バフェットのオールスターの一人で、三三〇億ドルの会社を経営しているグレディ・ロジエに尋ねてみると、次のような答えが返ってきた。

「バークシャー・ハサウェイ社の中核的なビジネス哲学を理解してもらう必要がありますね。それは信頼です。ウォーレンが優良企業を買収できるのは、信頼が根底にあるからなんですよ……彼は買収した企業にそのまま経営をやらせるんです。向こうとしては願ってもないことなわけで、ウォーレンの期待を裏切るまいと誰もが必死に頑張ります。そして、『期待するのはこれこれであり、我々がやろうとしているのはこれこれである』といったことを明確に示しながら、そういう手法を組織の下のほうにまで浸透させていくのです」

では、直属部下七七人をはじめとするスタッフを、バフェットはどのように操っているのだろうか。彼と共同経営者のチャーリー・マンガーによれば、「相応の信頼」を前提として経営にあたっているという。信頼できないことが確認されない限り、部下は信頼に値する、という考え方に基づいて。

これは決して盲目的信頼ではない。「スマート・トラスト」である。そこには目の肥えた人材選抜、明確な期待、高い水準の結果責任が含まれる。社員たちはそれらによって鼓舞され、期待に応えるべく行動し、それを生きがいにしているのだ。マンガーはこの「スマート・トラスト」の文化を的確に表現している。


誰だって高い評価を受けたり、大切に扱われたりすれば気分がいいものです。企業経営の才能を持つ卓越した人たちというのは、特に信頼されることを好みます。コンピュータ室の鍵を任された、ある子どもが言いました。

「信頼されるって最高の気分だね」

我々はバークシャーを、そういうふうに経営しているつもりです。相応の信頼を切れ目なく提供しているわけです。ちゃんとやっているかどうか、誰かがチェックする、そんな馬鹿げた真似はしません。相応の信頼が切れ目なく周到に張りめぐらされていると、効率もグンと上がります。

それでも、時々うまくいかなくなるときがあります。誰かの悪意によるものではなく、誰かが不適切な行動に走った結果、それを正当化しようとすることが原因です。

バークシャー・ハサウェイには本部スタッフが二一人しかいないのに、ちゃんと回っています。こんな経営の仕方はなかなかできるものじゃありません。でも、我々はやっています。

ごくたまに、驚くべきことが起こります。一〇年に一度くらいのことですが。それは我々全員が望んでいることでもあります。

相応の信頼に溢れた家族がいたら、誰だってその一員になりたいと思うでしょう。我々はそれと同じことをビジネスでやろうとしているだけなのです。そんなに難しいことではありません。ごく基本的なことです。なぜもっと多くの人がそうしないのか、私には理解できません。あまりに基本的すぎるからでしょうか。

「スマート・トラスト」の遺産を生み出す

すでに述べたことだが、「スマート・トラスト」を提供することで、それを受け取る側にも信頼を提供したいという気持ちを抱かせることができる。こうしたことが積み重なって「信頼の系図」ができ上がっていく。そのどこか途中で、また別の人が、誰か他の人の人生に同様の影響を与え、そのうちに、信頼を提供する行動の一つひとつが集まって信頼の遺産を構成し、その結果、家族、個人間、組織、地域社会、さらには国家の繁栄、活力、幸福が、何世代にもわたって増大していく。

大学を卒業して間もなく、私はトラメル・クロー社のマネージング・パートナーによって雇われ、どこかの支店に配属されることになった。

ところが、十数人ものパートナーの面接を受けたが、誰も私を採ろうという人がいなくて私は落ち込んだ。あのマネージング・パートナーはきっと、「何であんな奴を雇ったんだろう?」と後悔したに違いない。その後、ジョン・ウォルシュというさらに別のパートナーの面接を受けた。面接が終わったあと、彼は次のように言ったという。

「私はスティーブンが気に入った。彼なら信頼できる。私のチームに欲しいな」

誰も信頼を提供してくれない中、ジョンだけが私を信頼してくれた。そのことが私のやる気を刺激した。彼のために一生懸命働こう、私はそう思った。実際、自分自身のため以上に、彼のために成功したいと思った。彼の人を見る目に間違いはなく、私に対する彼の信頼が正しいことを証明してみせたかったのだ。

ジョン・ウォルシュによる信頼の提供は、私の能力を最大限に引き出した。また、「ジョン・ウォルシュがしてくれたのと同じことを、自分は誰に対してしてあげられるだろうか? 信頼してくれる人、自分に賭けてくれる人、成功の手助けをしてくれる人を、誰か求めていないだろうか?」と、常に考えるようになった。私がある人を信頼すべきか迷っていると、ジョン・ウォルシュとの経験がいつも私の背中を押してくれる。信頼性向を高め、リスクを覚悟でその人に救いの手を差し伸べるように、と。かつてジョンが私に対してしてくれたのと同じように。

我々は自問すべきだ。

「自分は将来の世代(自分の子ども、個人的な仲間、地域社会、会社、組織、国家など)にどんな財産を残そうとしているか？　それは繁栄、活力、幸福を増加させるような信頼の遺産か？」と。

これこそ、信頼の再生なのだ。一度に一つずつでかまわない。一人ずつ、あるいは一つのチーム、一つの組織に信頼を提供していくと、その効果は雪ダルマを転がすようにどんどん大きくなっていく。

このグローバルな信頼の再生の輪に加わろうと思ったら、まず手始めに、どんな信頼の遺産から強化を始めればいいだろう。

家族の中に、お互いを不信の目で見ているような人がいないだろうか。

好ましくない関係にある友人やパートナーがいないだろうか。

「スマート・トラスト」を提供することで、下向きの悪循環を上向きの好循環に変えられそうな職場の同僚はいないだろうか。

あなたの組織やチーム内に、あなたが自ら率先して「スマート・トラスト」の文化を創造できるような機会や状況がないだろうか。

もしいたら、もしあったら、「スマート・トラスト」を提供することで、繁栄、活力、幸福を伴う高い信頼関係を構築できるかもしれない。

あなたが何から始めようと、「スマート・トラスト」を率先して他者に提供しようという決断自体が、きっと効果を生むはずだ。結果はすぐには表れないかもしれない。また、あなたが与えた影響のすべてを目にすることはないだろう。あなたが信頼を与えた相手が別の人に信頼を提供し、さらにその人がまた別の人に信頼を与え……そうやって、この連鎖は延々と続いていくからだ。

それでも、自分自身よりもはるかに大きなもの、世界中のあらゆるチーム、会社、組織、家族、国家など、それらのあらゆる関係に何世代にもわたって真の影響を及ぼすことができるとしたら、それらに投資をしている自分自身に対し、深い満足感を覚えることだろう。そうした努力を通じて得られる繁栄、活力、幸福によって、あなた自身の心がさらに豊かになれば幸いである。

◉さらに考えてみよう！

・誰かから信頼を提供されたときのことを思い出してほしい。その結果、どんな好ましい結果が生まれただろうか？ それはあなたの信頼性を築くのにどのように役立ったか？ 信頼を提供してくれたその人に、あるいはその他の誰かに、自分も信頼を提供しようという気持ちになっただろうか？

・あなたの家族、地域社会、職場のチームや会社を思い浮かべてみてほしい。あなたが高い信頼の文化の中で他者とともに活動しているとしたら、それによってどんな効果が生じるだろうか？

・繁栄、活力、幸福を増大させるためには、誰に信頼を提供するのが効果的だと思うか？

第三部

あなたにもできることがある

SmartTrust

第九章

あなた自身の信頼を再生する

グループ、企業、社会における信頼のレベルを高めよう。そうすれば、すべてが順調に回り出す。

トーマス・フリードマン（ピューリッツァー賞受賞ジャーナリスト）

宇宙にくぼみをつくる。　　スティーブ・ジョブズ一九九九年、コロンビアは世界一危険な国と見なされていた。混乱を極め、麻薬密売組織のボスたちがのさばるこの国に、世界で起きる誘拐事件の八〇％、テロ行為の五五％が集中していた。観光業は瀕死の状態で、外国からの投資も大幅に落ち込んだ。

それから一〇年後、コロンビアの状況は一変した。誘拐件数は九〇％、テロ行為は八八％もの減少を見せた。外国からの直接投資は年間五億ドルから一〇五億ドルに増え、米国からの年間旅行者数も五〇〇〇人から五〇万人へと、実に一〇〇倍もの伸びを示した。こうした驚異的な変化を生じさせたものは何なのか。一〇年の間にいったい何が起きたのだろうか。

まずは明白な要因から見ていこう。二〇〇二年、アルバロ・ウリベが大統領に選出された。八年間に及ぶ在任期間中に彼が最も重視した政治姿勢は透明性と率直さで、「restorando la confianza」すなわち「信頼を取り戻す」をスローガンとして掲げた。

信頼の回復については、特に、治安、投資、社会的一体性という三つの分野での改善に焦点が当てられていた。コロンビアという国そのものに対する信頼を回復する必要があり、そのためにはまず、コロンビア国民からの信頼を回復しなければならなかった。国民から信頼されていない国家が、どうして外の世界からの信頼を獲得できるだろうか。

大統領は演説の中で、また我々との会話の中でも、再三再四繰り返している。

「コロンビアは一つのキーワードに取り組んでいます。それは、『信頼』です。人々がコロンビアに住み、コロンビアに投資し、コロンビアで学び、コロンビアで楽しい人生を送ってもらうための信頼です」

かくして、信頼の回復がウリベ政権全体の最優先目標になった。

ウリベ大統領の二期目四年間（この国の法律に基づく彼の最終任期）の最後にあたる二〇一〇年八月、コロンビアは世界経済フォーラムのラテンアメリカ地域会議を主催した。そこでウリベは次のように述べた。

「わが国が記録的な数の国々の参加を得て、このグローバル会議を開催できましたことは、コロンビア一国にとどまらず、世界的な規模での信頼の回復に我々が大きな勝利を収めたことを示すものであります。この目標の実現に向けて取り組んできた我々の努力のすべてが、今、実を結びつつあり、全世界からも同様の評価を得ているものと自負しております」

コロンビアが一国家として「発展途上」にあり、その前途には依然として大きな障害や問題が待ち受けていることは明らかだが、この一〇年間に事態が一気に好転したこともまた事実である。コロンビアに新しく生まれた観光産業は、「コロンビア――まだリスクがあるとしたら、離れたくなくなること」というキャッチフレーズでこの大転換をアピールしている。

そして、今日の政治家は皆そうだが、ウリベにもそれなりに批判者がいた。しかし、コロンビアの経済学者で、ブルッキングス研究所のマウリシオ・カルデナスは、在任中のウリベの功績に対する大方の評価を次のように表現した。

「彼が就任したとき、我々の前には問題が山積していた。今、我々は自尊心を取り戻し、コロンビアはようやく一つの国らしくなった」

危機を脱したとき、投資は最も厚い信頼が存在する国へと向かうものだ。

アルバロ・ウリベ（コロンビア元大統領）

我々が世界のあちこちでコロンビア変革の経緯を説明すると、特に発展途上国の人たちからよくこんな感想を聞く。

「すごいですね。我々の国にもアルバロ・ウリベのようなリーダーがいたらいいんですが」

このような正式な権限を持つリーダーならば、大きな貢献をしても不思議ではない。しかし、ウリベ以前に、同様の貢献をした人たちがいたことはあまり知られていない。それも、権力や強い影響力とは無縁な人たちだ。その中に、コロンビアの将来に向けて一つのビジョンを持っていた男がいた。この男の活動がウリベの成功への道を開いたのだ。その男の名は、ペドロ・メディナという。

Yo Creo en Colombia（私はコロンビアを信じる）

一九九九年、ペドロ・メディナは忙しい毎日を送っていた。コロンビア全土をカバーするマクドナルド事業の管理に加え、ボゴタのある大学で戦略学を教えていたのだ。だが、その年の破壊的な大混乱の最中、彼は思った。今のコロンビアは自分が思い描き、愛していた国とはまるで違う、と。

ある日、彼は教室で、学生たちに問いかけてみた。

「君たちの中で、今から五年後もこのコロンビアにいたいと思う人はどれくらいいますか?」

三九人の学生のうち、手を挙げたのはわずか一二人だった。

「では、手を挙げなかった二七人に聞きます。なぜコロンビアにいたいと思わないのですか?」

次のような答えが返ってきた。

「いるべき理由がわかりません。我々をコロンビアに引きとめるだけの魅力が何かありますか? 何もかも失われてしまいました。治安も悪いし、この国には希望が感じられません」

メディナは、彼らを説得できない自分が歯がゆく、また悲しかった。なぜなら、彼自身もこの国に対する信頼と希望を失いかけていたからである。

メディナはこの出来事を機に、「コロンビアを信じるべき理由」と題した講演の準備に取りかかった。その作業を通じて彼ははっきり気づいた。コロンビアは自らに対する信頼と、一国家としての信頼性を失っており、この二つを取り戻さない限り、国の存続はあり得ない、と。

だが、信頼を回復しなければならないことはわかっていても、こんな混乱状態の中ではおいそれとは行きそうもなかった。志を同じくする人間をある程度の数だけ集め、集中的に取り組む必要があると彼は判断した。

メディナは講演活動を開始した。それは、聞こえのいい陳腐な言葉を並べ立てただけのものではなかった。国々の比較優位の分析に深く根差した、思慮深く情熱的な主張だった。彼はコロンビアが本来備えている強みについて説明し、その偉大さを再確認してみせた。現状がひどいからといって、それをこの国の本来の姿と考える必要はない。インサイド・アウトのアプローチにより、まずは自分から始めることで、コントロールを取り戻すことができる。彼はそう説いた。

聴衆は彼のスピーチに心の底から共感した。彼の下に講演依頼が殺到した。それもそのはず、希望が見えない時代の中、とてつもなく大きな希望を与える内容だったからだ。

メディナが八カ月の間に行った講演は二五六回を数えた。人々は彼の言葉に聞き入った。彼らは希望を求めていたのだ。信頼に飢えていたのだ。何か信じるものが欲しかったのである。

メディナは「Yo Creo en Colombia」（私はコロンビアを信じる）と称する財団を創設した。その目的はただ一つ、コロンビアに対する信頼と信用を、まず国内で、そしてさらに国外でも高めることだった。この目的は今なお引き継がれている。

彼はマクドナルドの仕事から思い切って身を引き、すべての時間をこの活動に費やすことにした。他の何をするよりも、母国のためになると思ったからだ。彼の努力の甲斐あって、信頼と信用の回復がこの国を現下の混乱から救い出す、という彼の主張が人々に受け入れられ始めた。

二〇〇二年に権力を握ったアルバロ・ウリベの政権が、コロンビアの変革に多大な貢献をしたことは間違いない。しかし、その成果が、十分な数の国民の希望と信念という強固な基盤あってのものであることもまた事実だ。その基盤は一人の国民、ペドロ・メディナによって築かれたものだった。一個人に過ぎないメディナが、まさに国全体の進路を変えたのである。

ウリベ大統領と『エル・コロンビアーノ』紙は、二〇〇四年九月、メディナに「模範的コロンビア人賞」を授与した。メディナの財団は今日までに一五七余の都市と二六の国々でプログラムを開催し、コロンビアに対する信頼と信用の回復に取り組んでいる。

Un Million Voces Contra Las FARC（FARCを非難する一〇〇万人の声）

コロンビアの変革と自由の大義に全世界で大きな貢献をしたもう一人の人間は、オスカー・モラレスという三三歳の電気技師だ。

モラレスは二〇〇八年一月、多くの他のコロンビア人と同様、四歳の少年エマニュエルの発見を報じる記事に激しい憤りを感じていた。この子どもは、四〇年以上にわたってコロンビアを震撼させ続けてきたFARCという過激派グループにより、二年前に遺棄されたのである。FARCは二〇〇二年にエマニュエルの母親を誘拐し、ジャングルに監禁中の母親が生んだのがエマニュエルだった。

二〇〇七年、FARCは母親と息子の解放を発表したが、少年については嘘だったことをコロンビア人たちは間もなく知らされた。エマニュエルはわずか二歳のときに、肩の怪我とジャングル特有の病気を抱えたまま母親から引き離され、診療所に置き去りにされたのだ。最終的に孤児院で見つかったが、別の名前に変えられていた。

ＦＡＲＣが繰り返してきた誘拐、爆弾テロなどの残虐行為に憤りを抑えきれなくなったモラレスは、立ち上がる決意をした。二〇〇八年一月四日、人々を集めてこのテロ組織の残酷さを世間に訴えようと、フェイスブックによるキャンペーン、「Un Million Voces Contra Las FARC（FARCを非難する一〇〇万人の声）」を立ち上げた。この決断は極めて勇気のいるものだった。なぜなら、フェイスブックを利用するということは、モラレスのみならず、彼に賛同した人たちまでもが自分の実名と顔を公開し、それぞれの生命を危険にさらすことを意味するからだ。ＦＡＲＣのゲリラ活動はウリベ政権の下でいくらか鎮まったとはいえ、彼らの長年の暴力行為により、恐怖は依然として広範囲に及び、組織はまだ何百人もの人質を取っていた。にもかかわらず、モラレスはメッセージを発信した。

「誘拐はもう許さない。嘘もコリゴリ。ＦＡＲＣを叩き潰せ！」

翌朝までに一五〇〇人が彼のフェイスブックでの活動に参加し、その数はその日のうちに四〇〇〇人にまで拡大した。翌日になると八〇〇〇人にまで膨らみ、その後も急速に増加し続けた。

この勢いに励まされたモラレスは、活動を街中でも展開することにし、同志を募ってデモを組織した。フェイスブックでの活動を始めたわずか一カ月後、世界二〇〇都市、四〇カ国以上の通りが一二〇〇万人余りのデモ参加者で埋め尽くされた。史上最大規模の「反テロ」デモだった。後に解放された人質たちは、こうした活動のことをラジオで聞き、救出への望みをつないだと語った。

また、このデモを機に、FARCの多くのメンバーは自分たちが人民の支持を得ていないことに気づき、大量離脱が見られるようになった。モラレスによると、二〇一〇年初めの時点でFARCの構成員数は四万人から七〇〇〇人まで減少し、残りもジャングルへと追いやられているという。

モラレスはさらに「One Million Voices Foundation」(一〇〇万人の声財団)を創設した。この組織は、コロンビアの若者たちがFARCの誘いに乗って武装するのを食い止め、市民社会に参加するきっかけを与える活動をしている。繰り返しになるが、ウリベ大統領の公的な取り組みの陰に、ここにも勇敢な一個人の行動が存在したのである。

一人の力の大きさ

以上の実例を紹介したのは、ペドロ・メディナやオスカー・モラレスといった一人の人間の力が信頼の再生に大きな役割を果たした事実を知ってもらいたかったからだ。ただ、劇的な社会の変革は時に、この例のような一個人でなく、少人数のグループによって引き起こされることもある。

三〇年ほど前、暁港《ぎょうこう》という中国の辺ぴな村で、貧困にあえいでいた農民一八人が秘かに集い、共有地を各世帯に分割するための契約書に朱印を押した。収穫を村の全戸で平等に分ける(各人の取り分は常にごくわずかになってしまった）代わりに、土地を分割して各世帯が努力と成果に応じた収穫を手にできるようにするものだった。

ジョン／ドリス・ネイスビッツが、その著書『Megatrends China』で指摘しているように、この密約は革命的であると同時に危険性もはらんでいた。何十年も存続してきた規則と、生活共同体としての村の文化に挑戦するものであり、この契約に加わった者たちは、「ブルジョア『地主』として迫害、追放、ひいては殺害」される恐れがあった。

だが、生活向上への意欲が彼らを突き動かし、「この企てが成功した暁には、我々は国にお金や食糧の供給を求めずに済む。失敗すれば、我々は首謀者として投獄でも死刑でも甘んじて受ける」という内容の誓約書に署名をさせたのだった。

少人数によるこの大胆な行動は大成功に終わったばかりか、その成功は共産党指導者、鄧小平の知るところとなった。彼がその後主導した経済改革は、自営農場を復活させ、市場流通を可能にした。その効果が積もり積もって、「中国の歴史の方向性を転換させた」のである。

思慮深く決意に燃える市民が少人数でも集まれば、変えられないものはない。なぜなら、彼らこそが世界を変えてきた唯一の力なのだから。

マーガレット・ミード（文化人類学者）

要は、たった一人または少人数の集団でも、行動することで歴史は変えられるということだ。そこに参加している者たちは、その時点ではそのことに必ずしも気づいていないかもしれない。

彼らの決断の成果が、個人、家族、企業、国家の運命に表れるまでには何年もかかる場合があるからだ。しかし、「一人の人間」の中に、大きな変化を引き起こす力が存在することは否定できないだろう。

コロンビアや中国で起きたことは、一つの「断面」に過ぎない。関与したリーダーや個人が当時下した決断が、今のところ、そうした結果に至っている、ということしかわからないのだ。他のリーダーや個人が別の決断をしていたら、また状況は変わっていたかもしれない。

コロンビアが窮地に陥っていた一九九九年、隣国のベネズエラは繁栄しており、国力は明らかにコロンビアよりも勝っている、というのが専門家たちの一般的な見方だった。しかし、両国のリーダーが下した決断の結果、今日では、その力関係はほぼ逆転している。

現在、コロンビアには帰国を熱望する国外居住者たちが舞い戻り、国が活気づいている。それに比べ、ベネズエラはウゴ・チャベス大統領の支配下、豊かな天然資源に恵まれながら国力は衰退の道をたどり、チャベス政権の間に一〇〇万人余りの創造性豊かな人材の「頭脳流出」が起きている。

こうした立場の逆転もまた、大いなるパラドックスである。グローバル社会における信頼の危機と信頼の復活の並存の結果であると同時に、個人の決断がもたらした結果でもある。

即時的コミュニケーションがつくり出す、透明性・相互依存性が強く、フラット化とネットワーク化が進んだ今日の社会では、信頼の再生の潜在的可能性が飛躍的に拡大しているといってよい。フェイスブックの生みの親マーク・ザッカーバーグは、二〇〇八年、次のように予見している。

コロンビアでの事例は、統治体制に変化が起きつつあること、そして、強力な政治組織が形成され得ることを示す初期の兆候です。こうした事例は人々の生活、権利や自由に影響する可能性があり、それがある種、政治が目指すものなのです……おそらく一五年後には、コロンビアで起きたようなことがほとんど毎日のように起きるでしょう……開放性の普及により、企業や組織は優良性や信頼性をいっそう高める責任を負います。開放性は実際、政府の機能の仕方を変えつつあります。透明性のより高い世界は、統治がより行き届いた世界、より公正な世界を創造するはずです。

最新技術によって関係の構築やエンパワーメントが劇的に強化された今日、若者を中心として世の中に広範囲な変化、正真正銘の「大転換」が起きつつある。

エジプト、チュニジア、シリア、イエメン、リビアなどにおける、ソーシャルメディアの力を借りた自由と民主化を求める蜂起、いわゆる「アラブの春」では何が起きているのだろうか。最終的な結果はまだ見通せないが、社会変化のプロセスは決定的に変化している。

インターネットは情報を民主化するのみならず、透明性を異次元のレベルへと高める。その結果、個人、組織、さらには政府までもが、従来とは異なる形で、また、従来なら不可能だった形で結果責任を求められる状況が出現しているのだ。

協力関係が重視され、かつ評判が実態より先行する今日の社会では、何事でも信頼が他より勝っていることが求められる。すでに述べたように、信頼は新しい通貨なのだ。信頼があって初めて市場が機能する。

トム・ヘイズは著書『Jump Point（ジャンプ・ポイント）』において、「『ジャンプ・ポイント（三〇億人がウェブにアクセスする時点）』後の世界のウェブを特徴づけるものは信頼か、はたまた不信か？」と、重大な問題提起をしている。

「個人を表に出さない匿名での交わりが、毎日何十億回も行われているグローバルネットワーク経済では、信頼がすべてであり、信頼の裏切りはそのまま危機につながる」

彼はそう指摘する。

個々の人間の能力を結集して何倍にもする手法は基本的に、歴史を振り返っても二つしか存在しない。官僚制度と市場だ。ところが、ここ一〇年間で三つ目の方法が誕生した。ネットワークである。

ゲイリー・ハメル（著述家／ロンドン・ビジネス・スクール教授）

「立っているその場所で持ち上げる」

我々はペドロ・メディナやオスカー・モラレスではないし、中国の勇敢な農民でもない。しかし、我々一人ひとりが自分の影響範囲において行動することで、信頼を築き、提供し、回復し、世界における信頼の恩恵を増加させることができる。そして、互いに強く依存し合い、相互に接続され、社会的責任を負わなければならない今日の世界では、我々の影響の輪は我々が思うよりもずっと広いのかもしれない。

では、どうすればいいのだろうか。基本的な考え方については、宗教指導者、国際航空運送協会航空管制委員会元会長、ルフトハンザドイツ航空機長などの肩書きを持つ男、ディーター・ウークトドルフが語る経験談に見事に集約されている。

数年前、ドイツのダルムシュタットにある我々の教会でのことです。音楽のイベントを開く関係で、グランドピアノをチャペルから隣接する文化ホールへ運んでもらいたい、と数人に頼んだことがありました。その中にプロの運び屋は一人もいなくて、チャペルから文化ホールの中まで、あんなに重たい楽器を運ぶのはほとんど不可能に見えました。

この仕事は体力だけではダメで、皆がしっかり息を合わせなければ、と誰もが思いました。いろいろなアイデアが出されましたが、どれ一つとしてピアノをバランスのとれた状態に保てそうなものはありませんでした。体力や身長、年齢に応じて、何度も運ぶ人の配置を変えてみたりもしましたが、どれもうまくいきませんでした。

全員がピアノを取り囲み、さてどうしたものかと思い悩んでいたとき、私の仲のよい友人が発言しました。

「皆、間隔を狭めて立って、その場所で持ち上げてみたら？」

あまりに簡単すぎて半信半疑でした。ところが、それぞれが立っている場所で持ち上げてみると、ピアノが床を離れ、まるで自分で動いているかのように文化ホールへと収まりました。それがこの難問に対する答えでした。接近して立ち、立っている場所で持ち上げる。ただそれだけでよかったんです。

歴史全体の方向性を変えられるほど偉大な人間はいないだろう。だが、その一部分なら我々一人ひとりにも変えることができる。そして、そうした行動が寄り集まると、今の世代の歴史が記されるのだ。

ロバート・F・ケネディ

信頼の再生においても、これと同じように、我々一人ひとりが一翼を担うことができる。私生活、チーム、組織、地域社会、個人的関係、家族、国家など、我々が立っている場所はそれぞれ違っていても、「スマート・トラストの五つの行動」の実践によって、それぞれの立場で行動すること、すなわち「その場で持ち上げる」ことが可能になるのである。

信頼がもたらす効果を信じる

何よりも信頼に値することの大切さを信じていた父親から学んだイサドア・シャープ、どんなに貧しかろうと大概の人間は信頼できると信じて新しいビジネスを生み出したムハマド・ユヌス、ピエール・オミダイア、トニー・シェイ、人は概して信頼に値し、信頼を育てることが繁栄、活力、幸福をもたらすという確固たる信念に基づいて行動しているその他の無数の人々。

こうした人たちから我々は何かを学ぶことができるはずだ。そして、信頼の効果を信じる生き方を選ぶことができるのである。

まずは自分から始める

自信溢れるマジック・ジョンソン、大胆な行動に出たピーター・アセート、誠実なフランシス・ヘッセルバイン。これらの人たちは皆、リーダーとして利害関係者たちの信頼を獲得している。また、SAS社、W・L・ゴア社、ウィプロ社、クリーブランド・クリニックなどは傑出した信頼の文化を創造し、社員たちや顧客から信頼される会社を築いている。我々も、自分自身や他者から見て信頼に値するリーダー、企業、配偶者、親、友人になれるのだ。

自分の意図を明確にし、他者の意図を好意的に捉える

「寄付誓約書」を考え出し、六九人の億万長者に財産の半分以上をチャリティに寄付することを約束させたウォーレン・バフェットやビル・ゲイツによる卓越した意図の宣言。ホールフーズ社とその社員たちを愛するがゆえに、給料を返上してでも経営を続けるジョン・マッキーが行った、思いやりに溢れた意図の宣言。インドラ・ヌーイ率いるペプシコ社が、自分の行動の仕方が真に重要であることを実証してみせた自主的約束など、「目的意識を持ったパフォーマ

ンス」を通じて実践した勇敢な意図の宣言。

これらの宣言が希望を生み出したことの意義は計り知れない。自分の意図を見つめ直して磨き上げ、率直さと透明性をもってそれを宣言するとともに、他者の意図をまずは好意的に捉える姿勢を我々も身につけたいものである。

やると言ったことを実行する

「やると言ったことを実行する」というグレディ・ロジエの評判を信用したウォーレン・バフェットは、二三〇億ドルの食品サービス会社の買収契約をひと月足らずで、それも握手だけで締結した。私生活でも仕事でもやると言ったことは必ず実行するというフィローズ・「キング」・フセインの責任感は、コストコの信頼と期間二〇年の契約を勝ち取った。フェデックス、レゴ、アップル、ＢＭＷなどの企業にしても、強力なブランドプロミスを掲げるだけでなく、それを一貫して実現している。

我々は自分の言葉に責任を持たなければならない。つまり、約束したことをその通りに実行する、あるいはそれ以上の成果を実現する気構えを持つ。それがどんなに大きな約束であろうと、またささやかな約束であろうと、約束をするたびに信頼残高を増やしているのであり、それがやがて多額の配当となって自分に返ってくるのだ。

自分から率先して他者に信頼を与える

デランシー・ストリート財団のミミ・シルバート博士、ジョージア州児童保護サービスのイザベル・ブランコ、ホセ・ガブリエル・ミラージェスの母親。これらの人たちは皆、信頼を提供することで、何世代にもわたる生活の質の改善に多大な貢献をした。また、顧客や社員、取引先に対して信頼を惜しみなく提供したホールフーズ、ゼインズ・サイクルズ、クリーブランド・クリニックなどは、信頼を提供する行動の結果として信頼の提供を受け、上向きの好循環を生み出している。

自分の個人的関係、チーム、家族、組織に信頼を提供する機会を見つけ、それを活かす努力が大切である。

以上の「スマート・トラストの五つの行動」を実践し、「立っているその場所で持ち上げる（それぞれの立場で行動する）」ことが、信頼の強化や回復においては実に有効なのだ。自分自身、自分の家族、地域社会、チーム、組織、さらには国家さえもが、繁栄、活力、幸福の増大という配当を手にすることができるようになる。

よりよき世界を実現するための努力はいつでも始められる。何と素晴らしいことではないか。

アンネ・フランク

「スマート・トラスト」を実践するには勇気がいる

「スマート・トラスト」を実践するには勇気がいる。我々の中には、分析スキルの向上などおかまいなしで、自分の信頼性向に身を任せる盲目的信頼のほうが少なくとも当面は楽だ、と考える人たちがいるはずだ。その一方で、不信の目で見ていたほうが安全と思う人たちもいる。過去の刷り込みや分析癖から抜け出せず、深く染みついたパラダイムを転換したり、信頼の賭けに出る強さを身につけたりしようとは思えないのだろう。信頼を提供する際に伴う不安が大きな障害となり、思いとどまってしまう人も少なくないのではないだろうか。

ニューロリーダーシップ研究所の創設者、デヴィッド・ロックは次のように説明する。

> 脳の辺縁系は、報酬よりも危険を察知したときのほうがはるかに激しく反応する……人間は何かに近づくときは歩いていくが、逃げるとなると走り出す。

それでも我々は、世界中のリーダーや影響力のある人たちとともに、重要な信頼の問題に取り組んできたこの二〇年間を通じて、明確な確信を得た。「スマート・トラスト」を習得する決意をした人たちこそが、繁栄や活力、そして幸福を増大させることができるのだ、と。

以下に紹介するヘレン・ケラーの言葉は我々の胸に響き、勇気を与えてくれる。

私はちっぽけな存在ですが、それでも私は存在しています。何もかもすることはできませんが、何かできることはあるはずです。何もかもできないからといって、できることまで拒んだりはしません。

ジョージ・バーナード・ショーはかつて言った。自分にとって人生とは、「儚《はかな》い灯の光」ではなく、むしろ「輝かしい松明《たいまつ》」であると。彼はそれを「次の世代に引き継ぐときまで、できるだけ明々と燃やし続けたい」と考えていた。

「スマート・トラスト」は我々にとって、できるだけ明々と燃やし続けたい「輝かしい松明」なのだ。次の世代のためだけではなく、現世代が立派な成果を上げ、より強い情熱を抱き、全世界の人が、繁栄、活力、幸福を享受するために。

信頼の再生をグローバル規模で巻き起こす活動に、あなたもぜひ触媒として参加してほしい。それが本書の著者である我々の願いである。

著者について

スティーブン・M・R・コヴィー

スティーブン・M・R・コヴィーは、コヴィーリンクおよびフランクリン・コヴィー・グローバル・スピード・オブ・トラスト・プラクティスの創立者の一人である。信頼、リーダーシップ、倫理およびハイパフォーマンスの分野で人気と説得力を併せ持つ講演者およびアドバイザーとして、世界的に活動している。

『ニューヨーク・タイムズ』紙および『ウォールストリート・ジャーナル』紙でベストセラー一位となった著書『スピード・オブ・トラスト』は、従来の発想を根本的に覆す画期的な書だ。信頼は検証不能な社会的美徳に過ぎないという従来の考え方に異を唱え、信頼は厳しい経済的原動力、組織の収益性を高め、社員たちを活性化させ、人間関係を活発化させる、習得・測定が可能なスキルであることを実証している。信頼がもたらすスピードほど速いものはなく、あらゆる利害関係者に対して信頼を築き、育て、与え、回復する能力は、新たなグローバル経済におけるリーダーシップに欠かせない能力である、と彼は主張する。

そうしたメッセージを情熱的に伝え、リーダーたちや組織が高い信頼配当を享受できるよう導いていくパワーが彼にはある。パフォーマンスに影響するような、リアルタイムの問題を読み解く彼の洞察力、そしてそこから導き出される手法は実に的を射ており、個人と組織の区別なく共感を呼んでいる。

コヴィー・リーダーシップ・センターの元ＣＥＯであり、ハーバード大学でＭＢＡを取得後、同社に加わって顧客開発を担当し、さらにナショナル・セールス・マネージャーを経て社長兼ＣＥＯに就任した。彼の指揮の下、同社は世界最大のリーダーシップ開発会社へと成長。グレッグ・リンクとともに、父親でもあるスティーブン・Ｒ・コヴィー博士の著書『７つの習慣　人格主義の回復』（キングベアー出版）を、二〇世紀で最も影響力のあるビジネス書二冊のうちの一冊にしたと『ＣＥＯ』誌で評価されている。

『Inc.500』誌の「米国で成長著しい企業五〇〇」にも名を連ね、社長兼ＣＥＯとして売り上げを一億一〇〇〇万ドル超へと倍近くに増やすとともに、利益を一二倍に拡大させた。この期間、顧客と社員両方からさらに高い信頼を獲得した同社は、世界四〇カ国以上に進出している。

その結果、ブランドと会社の価値が大幅に増大し、彼がＣＥＯに就任した際には株主価値二四〇万ドルとの評価を受けた。さらに、フランクリン・クエスト社との合併を推進してフランクリン・コヴィー社を組織すると、三年足らずで株主価値が一億六〇〇〇万ドルにまで高騰した。

コヴィーはこれまで、『フォーチュン』誌の五〇〇社だけでなく、中小規模の民間および公的部門の組織の経営者やリーダーたちにもコンサルティングを提供し、高い尊敬と影響力を築いてきた。組織の現実的な問題に対する、ＣＥＯとしての実務経験に裏打ちされた彼特有の視点は、クライアントから高い評価を得ている

現在は数社の取締役および顧問を兼任。ロッキー山脈のふもとに居を構え、妻子とともに暮

らしている。

グレッグ・リンク

グレッグ・リンクはスティーブン・M・R・コヴィーとともに、コヴィーリンクおよびフランクリン・コヴィー・グローバル・スピード・オブ・トラスト・プラクティスの創立に参加した。後者は世界的なコンサルタント会社であり、「スピード・オブ・トラスト」に基づき企業内のインフルエンサー（影響者）を対象に、キャリアおよび組織を発展させる手法を指導して急成長を遂げている。

リーダーシップ、信頼、セールス、マーケティング、ハイパフォーマンスの権威と評されるリンクは、アドバイザーおよび講演者として引っ張りだこである。正統派の魅力的なスタイルを持つ彼は、上級管理者から第一線の社員たちまで、あらゆる階層に人気が高い。「理論偏重の講演者」ではなく、「講演をするビジネスエキスパート」といえよう。

グレッグ・リンク、彼のビジネスパートナーであるスティーブン・M・R・コヴィー、およびスピード・オブ・トラスト・プラクティスのチームは、個人や組織を対象に、有害な個人間の関係、チーム、組織文化を変革して、高い信頼を活かしたパフォーマンスの飛躍的向上を実現させる方法を指導している。リンクは、信頼は検証不能な社会的美徳に過ぎないという従来の考え方に異を唱え、信頼は厳しい経済的原動力、組織の収益性を高め、社員たちを活性化させ、人間関係を活発化させる、習得・測定が可能なスキルであることを実証している。

また、効果的なマーケティング活動により、スタートアップ企業だったコヴィー・リーダーシップ・センターを、世界四〇カ国にオフィスを展開する一億一〇〇〇万ドル超の企業へと成長させた（その後、フランクリン・クエスト社と合併してフランクリン・コヴィー社となる）。リンクはまた、国際出版事業を成功させ、海外の出版社三〇社以上とパートナーシップを締結するに至った。さらに、パートナーであるレッスンズ・イン・リーダーシップおよび『フォーチュン』誌とともに、世界最大クラスの国際ビジネス衛星放送の企画・運営にも手腕を発揮した。リンクは「7つの習慣」「原則中心リーダーシップ」「スピード・オブ・トラスト」の講座の講師を務めている。また、ヒューレット・パッカード、米国海軍、ソニー、シェブロン、IBM、マイクロソフト、ボーイングをはじめ、名だたる組織を数多く含む主要企業の経営者たちのコンサルタントも務め、厚い信頼を得ている。

彼のプレゼンテーションには、実際の経営者として成功している彼のビジネスの才能と経験が活かされており、クライアントにとっても、講演会の聴衆にとっても実に的を射た内容になっている。

リンクは現在、ユタ州アルパインのロッキー山脈のふもとを静かに流れる川沿いに妻のアニーとともに暮らしている。

レベッカ・R・メリル

レベッカ・R・メリルはライターとして非凡な才能の持ち主である。家庭第一をモットーにしていたが、スティーブン・M・R・コヴィーの『スピード・オブ・トラスト』をはじめ、ここ数年間に執筆された主要なリーダーシップ書にライターとして参加している。

『ニューヨーク・タイムズ』紙でベストセラーに名を連ねたスティーブン・R・コヴィー博士およびロジャー・メリルの『7つの習慣　最優先事項』（キングベアー出版）の共同執筆者であり、コヴィー博士の『7つの習慣』『ファミリー／7つの習慣・家族実践編』（キングベアー出版）でもアシスタントを務めている。

参考文献

はじめに

Tom Peters, Thriving on Chaos: Handbook for a Management Revolution (New York: Knopf, 1987), P.3.

"Full Text of Warren Buffett' s Memorandum," Financial Times, October 9, 2006, www.ft.com/cms/s/0/48312832-57d4-11db-be9f-0000779e2340.html#axzz1bBGEo1em.

第一章：大いなるパラドックス

ムハマド・ユヌス著、『Banker to the Poor: Micro-Lending and the Battle Against World Poverty』〔邦題：『ムハマド・ユヌス自伝：貧困なき世界をめざす銀行家』、早川書房〕(New York: Public Affairs, 2003), P.50.

Muhammed Yunus, "Fighting Poverty From the Bottom Up," speech by Mohammed Yunus, December 1996, Grameen -info.org.

ムハマド・ユヌス著、『Banker to the Poor: Micro-Lending and the Battle Against World Poverty』〔邦題：『ムハマド・ユヌス自伝：貧困なき世界をめざす銀行家』、早川書房〕P.65.

Grameen Bank, "Grameen Bank at a Glance," August 2011, www.grameen-info.org/index.php?option=com_content&task=view&id=26&Itemid=175.

Alison Benjamin, "Money Well Lent," The Guardian, June 3, 2009.

"President Obama Names Medal of Freedom Recipients," press release, Office of the Press Secretary, White House, July 30, 2009.

ムハマド・ユヌス著、『Banker to the Poor: Micro-Lending and the Battle Against World Poverty』〔邦題：『ムハマド・ユヌス自伝：貧困なき世界をめざす銀行家』、早川書房〕P.65.

Penelope Patsuris, "The Corporate Scandal Sheet," August 26, 2002, www.forbes.com/2002/07/25/accounting tracker.html.

ビル・ジョージ著、『7 Lessons for Leading in Crisis』〔邦題：『難局を乗り切るリーダーシップ：ハーバード教授が教える７つの教訓』、生産性出版〕(San Francisco: Jossey-Bass, 2009), P.7.

"Many Airline Pilots Have Fake Credentials," September 7, 2010, www.chinadaily.com.cn/2010-09/07/content_11273606.htm.

Manjeet Kripalani, "India' s Madoff? Satyam Scandal Rocks Outsourcing Industry," Bloomberg Businessweek, January 7, 2009, www.businessweek.com/globalbiz/content/jan2009/gb2009017_807784.htm.

Trip Gabriel, "Under Pressure, Teachers Tamper with Tests," The New York Times, June 11, 2010.

アダム・レボー著、『The Believers: How America Fell for Bernard Madoff' s $65 Billion Investment Scam』〔邦題：『バーナード・マドフ事件：アメリカ巨大金融詐欺の全容』、成甲書房〕(London: Orion Publishing Group, 2009).

Michel Anteby, "Rupert Murdoch and the Seeds of Moral Hazard," Harvard Business School, July 19, 2011, http:/hbswk.hbs.edu/item/6777.html.

"Emerging Markets Dominate as 'Business Trusters,' U.S. Drops to Within 5 Points of Russia," Edelman Trust Barometer Annual Global Opinion Leaders Study, 2011.

Lymari Morales, "Distrust in U.S. Media Edges Up to Record High," September 29, 2010, www.gallup.com/poll/143267/distrust-media-edges -record-high.aspx.
"Emerging Markets Dominate as 'Business Trusters,' " Edelman Trust Barometer, 2011.

Only 40 percent of informed respondents: 同上

Harris Interactive, "Confidence in Congress and Supreme Court Drops to Lowest Level in many Years," May 11, 2011, www.harrisinteractive.com/NewsRoom/HarrisPolls/tabid/447/ctl/ReadCustom%20 Default/mid/1508/ArticleId/780/Default.aspx.

Boss Day study, American Workplace Insights Survey, Adecco Group North America, October 15, 2009.

Jeffrey M. Jones, "U.S. Satisfaction with Gov' t, Morality, Economy Down Since ' 08," January 24, 2011, www.gallup.com/poll/145760/satisfaction-gov-morality-economy-down.aspx.

Financial Trust Index, Chicago Booth/Kellogg School, May 2011.

Zachary Goldfarb, "S&P Downgrades U.S. Credit Rating for First Time," The Washington Post, August 5, 2011.

Albert O. Hirschman, Ivan Krastev, and Richard Edelman, "Losing Faith in the Government," August 5, 2011, http://bermudaisanotherworld.org/forum/index.php?topic=3874.0.

Catherine Rampell, "Trust Me, We' re Rich," The New York Times, April 18, 2011. Data from Organization for Economic Cooperation and Development (OECD).

Del Galloway, "In Today' s Absence of Trust and Truth, PR Is Paramount," PR Week, March 15, 2004, 6.

Adam L. Penenberg, "Social Networking Affects Brains like Falling in Love," July 1, 2010, www.fastcompany.com/magazine/147/doctor-love.html.

Dov Seidman, "Building Trust in Business by Trusting," BusinessWeek, September 7, 2009.

Richard McGill Murphy, "Why Doing Good Is Good for Business," Fortune, February 2, 2010.

Data from Transparency International' s Corruption Perceptions Index, Transparency International, and GDP data from International Monetary Fund.

Kenneth J. Arrow, "Gifts and Exchanges," Philosophy & Public Affairs 1, No. 4 (Summer 1972), PP.343-362.

"Rs 8,000 Cr Fraud Hits Satyam; Raju May Get 7-Yr Jail," January 7, 2009, www.indianexpress.com/news/rs-8-000-cr-fraud-hits-satyam;-raju-may-get-7yr-jail/407821/0.

Watson Wyatt, WorkUSA study, 2002.

Great Place to Work Institute, www.gptw-events.com/index.php?option=com_content&view=article&id=10&Itemid=30.

Paul Zak and Stephen Knack, "Trust and Growth," The Economic Journal 111, No. 470 (April 2001), P.317, P.296.

Aamir Ali Chughtai and Finian Buckley, "Work Engagement and its Relationship with State and Trait Trust: A Conceptual Analysis," Dublin City University Business School, Ireland, 2008.

Jennifer Robison, interview with Doug Conant, "Saving Campbell Soup Company," Gallup Management Journal, February 11, 2010.

Ard-Pieter de Man, Geert Duysters, and Ash Vasudevan, The Allianced Enterprise: Global Strategies for Corporate Collaboration (London: Imperial College Press, 2001), P.84.

Innovation Survey (London: PricewaterhouseCoopers, 1999).

Tom Hayes, Jump Point: How Network Culture Is Revolutionizing Business (New York: McGraw-Hill, 2008), P.145.

Charles H. Green, "Robert Porter Lynch on Trust, Innovation and Performance," March 3, 2010, http:// trustedadvisor.com/trustmatters/robert-porter-lynch-on-trust-innovation-and-performance-trust-quotes-2.

Thomas L. Friedman, The World Is Flat 3.0: A Brief History of the Twenty-First Century (New York: Picador, 2007), P.334.

NHLBI Women' s Health Initiative, U.S. Department of Health and Human Services ／ January W.Payne, "Health Buzz: Importance of a Positive Attitude and Other Health News," US News & World Report, March 9, 2009 ／ Salynn Boyles, "Pessimism, Cynicism Can Hurt Your Heart," August 10, 2009, www.webmd.com/heart-disease/news/20090810/pessimism-cynicism-can-hurt-your-heart.

フランシス・フクヤマ著、『Trust: The Social Virtues and the Creation of Prosperity』〔邦題：『「信」無くば立たず』、三笠書房〕(New York: Free Press, 1995), P.7.

Martin Seligman, Flourish: A Visionary New Understanding of Happiness and Well-being (New York: Free Press, 2011), front jacket flap.

Richard Branson, Losing My Virginity: How I Survived, Had Fun, and Made a Fortune Doing Business My Way (New York: Crown Business, 2011), P.398.

Nadia Mustafa, "What About Gross National Happiness?," Time, January 2005.

"Denmark 'Happiest Place on Earth,' " BBC News, July 28, 2006, http://news.bbc.co.uk/2/hi/5224306.stm.

Karen Gram, "Happiness.We All Just Need a Little Faith and a Point of View," Vancouver Sun, October 28, 2006.

ショーン・エイカー書、『The Happiness Advantage: The Seven Principles of Positive Psychology That Fuel Success and Performance at Work』〔邦題：『幸福優位７つの法則』、徳間書店〕(New York: Crown Business, 2010), P.14,P.176.

Michael B.Sauter, Charles B.Stockdale, and Douglas A.McIntyre, "US Doesn' t Make Cut for Happiest Nations List," June 6, 2011, www.msnbc.msn.com/id/43287918/ns/business-worldbusiness/t/us-doesnt-make-cut-happiest-nations-list/#.Tp4pH2FbySo ／ Francesca Levy, "The World' s Happiest Countries," July 14, 2010, www.forbes.com/2010/07/14/world-happiest-countries-lifestyle-realestate-gallup.html.

Data from World Values Survey and Gallup World Poll survey.

John F. Helliwell and Haifang Huang, "Well-Being and Trust in the Workplace," Working Paper 14589, National Bureau of Economic Research, December 2008.

ジョン・スチュアート・ミル著、『Principles of Political Economy』〔邦題：『経済学原理』、岩波文庫〕(London: John W.Parker, 1848).

Friedman, The World Is Flat 3.0, P.558.

Hayes, Jump Point, P.144.

S.H.Venkatramani, "Morals in Management," June 1999, www.lifepositive.com/mind/work/corporate-management/business-ethics.asp.

Suresh Kant Sharma, Encyclopedia of Higher Education: Scientific and Technical Education (New Delhi, India: Mittell Publications, 2005), P.344.

Time, April 2004.

Financial Times, October 2005.

Sharma, Encyclopedia of Higher Education, P.344.

トニー・シェイ著、『Delivering Happiness』〔邦題：『ザッポス伝説』、ダイヤモンド社〕(New York: Business Plus, 2010), P.48.

Greg Link, interview with Tony Hsieh, February 7, 2011.

トニー・シェイ著、『Delivering Happiness』〔邦題：『ザッポス伝説』、ダイヤモンド社〕P.147.

Dan Nosowitz, "Zappos Loses $1.6 Million in Six- Hour Pricing Screw-Up," Fast Company, May 2010.

Charlie Munger, Wesco Annual Meeting, May 9, 2007 (Whitney Tilson' s notes).

Omar Zaibak, "101 Inspirational Customer Service Quotes," www.customerservicemanager.com/101-inspirational-customer-service-quotes.htm.

www.geisinger.org/provencare/faq.html.

ISI Wissing, www.max.se.

Samuel J.Palmisano, "Our Values at Work on Being an IBMer," www.ibm.com/ibm/values/us/.

www.Glassdoor.com.

Michael Bassett, "The Dalton Company Ltd.: Building on a Foundation of Trust," Conference Board of Canada, September 2009, www.conferenceboard.ca/documents.aspx?did=3182 ／ "Canadian Company Defies Current Trend of Declining Trust in Business," September 3, 2009, www.daltonbuild.com/news-details.php?id=44.

"Virginia Mason Medical Center Physician Compact," www.virginiamason.org/workfiles/HR/PhysicianCompact.pdf.

Kemal Jufri, "Making Honesty a Policy in Indonesia Cafes," The New York Times, June 17, 2009.

Indra K.Nooyi, "Letter from Indra Nooyi," www.pepsico.com/Purpose/Performance-with-Purpose/Letter-from-Indra-Nooyi.html.

"The CEO of the Future," Indra Nooyi, speech to the Economic Club of Washington, May 12, 2009.

ムハマド・ユヌス著、『Creating a World Without Poverty: Social Business and the Future of Capitalism』〔邦題：『貧困のない世界を創る：ソーシャル・ビジネスと新しい資本主義』、早川書房〕(New York: Public Affairs, 2009), P.xv.

"Grameen Danone Foods Opens Wednesday," The Daily Star, November 6, 2006.

Muhammad Yunus, Building Social Business (New York: Public Affairs [reprint], 2011), Introduction.

"Remarks of Bill Gates, Harvard Commencement 2007," Harvard Gazette, June 7, 2007.
"Open Labs, Open Minds," Andrew Witty, speech at the Council on Foreign Relations in New York, January 20, 2010.

第二章：盲目的信頼と不信：あなたはどちらのメガネで見ているか？

Eric Uslaner, The Moral Foundations of Trust (Cambridge, England: Cambridge University Press, 2002), P.76.

"Innovation: The Critical Link to Trust," February 4, 2010, http://trustedadvisor.com/trustmatters/innovation-the-critical-link-to-trust.

マーク・トウェイン著、『The Prince and the Pauper』〔邦題：『王子と乞食』、岩波書店〕(Clayton, Del.: Prestwick House, 2007).

Helga Drummond, The Dynamics of Organizational Collapse: The Case of Barings Bank (New York: Routledge, 2008).

Association of Certified Fraud Examiners, "Report to the Nations on Occupational Fraud and Abuse," 2010, www.acfe.com/rttn/.

Kroll, "Global Fraud Report," October 2010, www.krollconsulting.com/media/pdfs/FraudReport_English-US_Oct10.pdf.

"Indecent exposure: Markets Reveal the Good, the Bad and the Ugly," The Economist, August 5, 2007.

Kevin Fasick and Todd Venezia, "A Bum You Can Trust.Honest!," New York Post, August 13, 2010.

Robert Solomon and Fernando Flores, Building Trust: In Business, Politics, Relationships, and Life (New York, Oxford University Press, 2003), P.43.

"U.S. Financial Services Trust Barometer," 2010, www.edelman.com/trust/2010/docs/2010_Financial_Services_US_Trust_Results_Deck.pdf.

James Freeman, "The Supreme Case Against Sarbanes- Oxley," The Wall Street Journal, December 15, 2009.

"Turnover in Supermarkets," Workforce Management, Food Marketing Institute charts.

Scott Allen, "The High Cost of Employee Turnover," American Express Open Forum, April 7, 2010.

Rodd Wagner and Gale Muller, Power of 2: How to Make the Most of Your Partnerships at Work and in Life (New York: Gallup Press, 2009), P.77.

Solomon and Flores, Building Trust, P.43.

第三章：第3の案：「スマート・トラスト」

Meg Whitman, The Power of Many: Values for Success in Business and in Life (New York: Crown, 2010), P.14.

Pam and Pierre Omidyar, "From Self to Society: Citizenship to Community for a World of Change," Commencement address, Tufts University, May 19, 2002.

Whitman, The Power of Many, P.27.

Tom Hayes, Jump Point: How Network Culture is Revolutionizing Business (New York: McGraw-Hill, 2008), P.148.

Peter Kollock, "The Production of Trust in Online Markets," 1999, www.connectedaction.net/wp-content/uploads/2009/05/1999-peter-kollock-the-production-of-trust-in-online-markets.htm.

"eBay Inc.,Company Profile, Business Description, History, Background Information on eBay Inc.," www.referenceforbusiness.com/history2/44/eBay-Inc.html.

Kevin Maney, "10 Years Ago, eBay Changed the World, Sort of by Accident," USA Today, March 22,

2005.

Andy Fixmer, "Netflix Gains as Movie- Rental Customers Top 20 Million," January 27, 2011, www.bloomberg.com/news/2011-01-26/netflix-says-profit-beat-estimates-as-users-surpass-20-million.html.

Kathy Grannis, "Zappos.com Tops in Customer Service, According to NRF Foundation/American Express Survey," January 11, 2011, www.nrf.com/modules.php?name=News&op=viewlive&sp_id=1067.

www.llbean.com/customerService/aboutLLBean/guarantee.html?feat=ln&nav=ln.

The Making of an American Icon (Boston: Harvard Business School Press, 2006), P.73.

Greg Link, interview, June 3, 2011.

Stephen L. Carter, Civility: Manners, Morals, and the Etiquette of Democracy (New York: HarperCollins, 1998), P.62.

ジェフ・ジャービス著、『What Would Google Do?』〔邦題：『グーグル的思考』、PHP研究所〕(New York: HarperCollins, 2009), P.152.

Jon M. Huntsman, Winners Never Cheat.Even in Difficult Times (New York: Pearson Prentice Hall, 2008), PP.49-50, P.43-44, P.45.

Tom Schulman, Dead Poets Society movie script, 1989.

Rita Mae Brown, Alma Mater (New York: Ballantine, 2001), P.108.

Patricia Sellers, "How Warren Buffett Manages His Managers," Fortune, October 12, 2009.

"Full Text of Warren Buffett' s Memorandum," Financial Times, October 9, 2006, www.ft.com/cms/s/0/48312832-57 d4-11db-be9f-0000779e2340.html#axzz1bBGEo1em.

Sellers, "How Warren Buffett Manages His Managers."

"The Richest People in America 2011," Forbes, September 23, 2011.

http://givingpledge.org/#warren_buffett.

"Full Text of Warren Buffett' s Memorandum," Financial Times, October 9, 2006.

Charo Quesada, "The People' s Police: Why the Residents of Bogota Have Come to Love Their Police Force, After Years of Suspicion and Resentment," June 2004, www.iadb.org/idbamerica/index.cfm?thisid=2817.

Ward Clapham, " 'Positive Tickets' from the Police in Canada," Center for Advanced Research, FranklinCovey study, February 2011 / "Positive Ticketing for Youth," www.strategiesforyouth.org/archives/positive_ticketing.htm.
"Positive Ticketing for Youth."

Ward Clapham, Breaking with the Law: The Story of Positive Tickets (available at www.positivetickets.com/discover_the_book.html).

Paul J.Zak, Robert Kurzban, and William T.Matzner, "The Neurobiology of Trust," Center for Neuroeconomics Studies, Claremont Graduate University, 2004.
Paul J.Zak, Robert Kurzban, and William T.Matzner, "Oxytocin Is Associated with Human Trustworthiness," Hormones and Behavior 48 (2005), PP.522-527.

Ben Casnocha, "Success on the Side," The American Magazine, April 24, 2009.

Chuck Salter, "Marissa Mayer' s 9 Principles of Innovation," Fast Company, February 19, 2008.

Erin Hayes, "Google' s 20 Percent Factor," May 12, 2008, http://abcnews.go.com/Technologystory?id=4839327&page=1.

"Working 24/7," 60 Minutes, April 2, 2006.

Greg Link, interview with Nordstrom Human Resources, May 2006.

第四章：「スマート・トラスト」の行動 その一：信頼がもたらす効果を信じる

Isadore Sharp, Four Seasons: The Story of a Business Philosophy (New York: Portfolio, 2009), Introduction.

Demi, The Empty Pot (New York: Henry Holt and Company, 1990).

ブルース・リプトン著、『Biology of Belief』〔邦題：『思考のすごい力』、PHP 研究所〕(Carlsbad, Calif.: Hay House, 2008), P.257.

Sharp, Four Seasons, P.8.

ムハマド・ユヌス著、『Banker to the Poor: Micro-Lending and the Battle Against World Poverty』〔邦題：『ムハマド・ユヌス自伝：貧困なき世界をめざす銀行家』、早川書房〕(New York: Public Affairs, 2003), P.70.

Scott Wingo, "Fun eBay Math.What Does 1.4 Million Cyber Monday Transactions Mean?," December 7, 2009, http://ebaystrategies.blogs.com/ebay_strategies/2009/12/fun-ebay-math-what-does-14-million-cyber-monday-transactions-mean.html.

Meg Whitman, The Power of Many: Values for Success in Business and in Life (New York: Three Rivers Press, 2010), P.31.

Ben Casnocha, "Success on the Side," The American Magazine, April 24, 2009.

Alan Deutschman, Change or Die: The Three Keys to Change at Work and in Life (New York: ReganBooks, 2007), P.113.

Gary Hamel with Shirley Spence, "Innovation Democracy: W.L.Gore' s Original Management Model," December 29, 2010, www.managementexchange.com/story/innovation-democracy-wl-gores-original-management-model.

ゲイリー・ハメル著、『The Future of Management』〔邦題：『経営の未来』、日本経済新聞出版社〕(Boston: Harvard Business School Press, 2007), P.65, P.128.

ジェフ・ジャービス『What Would Google Do ?』〔邦題：『グーグル的思考』、PHP 研究所〕(New York: HarperCollins, 2009), P.82.

Gordon Forward, "Conversation with Gordon Forward," Organizational Dynamics 20, No. 1, PP.63-72.

Ross Smith, "Organizational Trust 2.0: 42projects," April 11, 2010, www.managementexchange.com/story/organizational-trust-20-42projects.

Julian Birkinshaw and Stuart Crainer, "Game On: Theory Y meets Generation Y," Business Strategy Review, Winter 2008, PP.4-10.

Jeanne Bliss, I Love You More than My Dog: Five Decisions That Drive Extreme Customer Loyalty in Good Times and Bad (New York: Portfolio, 2011), P.27.

Email from Jose Gabriel "Pepe" Miralles to Stephen M. R. Covey, July 8, 2011.

"John Wooden' s Leadership Lessons That Work on and off the Court," June 7, 2010, http://hr.blr.com/whitepapers/Staffing -Training/Leadership/Acclaimed-Coach-Offers-Leadership-Lessons-That -Wor/.

Dan Farber, "Kai Fu Lee: I Need to Follow My Heart," August 9, 2005, www.zdnet.com/blog/btl/kai-fu-lee-i-need-to-follow-my-heart/1697.

Sharp, Four Seasons, P.262.

Video transcript of interview with Dean W. Collinwood and Al Carey, FranklinCovey, 2009.

Hollie Shaw and Jonathon Gatehouse, "Avon to Peddle Lawyers, Roofers, Doctors and More in Canadian Test," National Post, August 3, 2001.

Liz Claman, "Berkshire Weekend: Buffett, Munger on Contracts Versus Understandings," May 2, 2009, http://seekingalpha.com/instablog/315877-the-manual-of-ideas/2654-berkshire-weekend-buffett-munger-on-contracts-versus-understandings ／ Charlie Munger, commencement address, USC Law School, May 13, 2007.

Whitman, The Power of Many, 27 ／ Adam Cohen, The Perfect Store: Inside eBay (Boston: Little, Brown and Company, 2002), P.310.

ムハマド･ユヌス著、『Banker to the Poor: Micro-Lending and the Battle Against World Poverty』〔邦題：『ムハマド・ユヌス自伝：貧困なき世界をめざす銀行家』、早川書房〕 P.70.

www.grameen-info.org/index.php?option=com_content&task=view&id=215&Itemid=541&limit=1&limitstart=7.

Jason Chow, "For SAS, Asia Presents Risks and Potential," November 21, 2010, http://online.wsj.com/article/SB10001424052748704170404575623952475539676.html.

"SAS CEO Jim Goodnight Will Participate in The Economist' s Ideas Economy," August 25, 2010, www.sas.com/news/preleases/the-economists-ideas-goodnight.html.

Azim Premji, convocation address delivered at the Indian Institute of Technology, Chennai, 2002.

Gary Hamel, "W.L.Gore: Lessons from a Management Revolutionary, Part 2," April 2, 2010, http://blogs.wsj.com/management/2010/04/02/wl-gore-lessons-from-a-management-revolutionary -part-2/.

トニー・シェイ著、『Delivering Happiness』〔邦題：『ザッポス伝説』、ダイヤモンド社〕(New York: Business Plus, 2010), P.145.

Sarah Chong, "50 Most Admired Brands in the World," Fortune, March 26, 2010.
"John Wooden' s Leadership Lessons That Work on and off the Court," June 7, 2010, http://hr.blr.com/whitepapers/Staffing-Training/Leadership/Acclaimed-Coach-Offers-Leadership-Lessons-That-Wor/.

ジェフ・ジャービス『What Would Google Do?』〔邦題：『グーグル的思考』、PHP 研究所〕P. 87.

"Memorable Quotes for Indiana Jones and the Last Crusade," www.imdb.com/title/tt0097576/quotes.

Stephen M. R. Covey, interviews with Ted Morgan, February 8, 2010, and August 23, 2011.

Jefferson Graham, "Jobs, iPhone Have Skyhook Pointed in Right Direction," January 23, 2008, www.usatoday.com/tech/products/2008-01-22-skyhook_N.htm.

"25 Top Women Business Builders," Fast Company, May 1, 2005.

Jon M. Huntsman, Winners Never Cheat: Everyday Values We Learned as Children (New York: Pearson Education, 2005), P.37.

Ike Wilson, "Speaker Stresses Dreams in Spite of Recession," November 21, 2009, www.fredericknewspost.com/sections/storyTools/print_story.htm?storyID=98054&cameFromSection=bus.

Dexter Roberts, "Novartis Unveils $1.25 Billion China Investment," Bloomberg Businessweek, November 3, 2009, www.businessweek.com/globalbiz/content/nov2009/gb2009113_520982.htm.

Andrew O' Connell, "Novartis' s Great Leap of Trust," Harvard Business Review, March 2007.

第五章：「スマート・トラスト」の行動 その二：まずは自分から始める

Greg Link and Stephen M. R. Covey, interview with Roger Merrill, April 2011.

ビル・ジョージ著、『Authentic Leadership: Rediscovering the Secrets to Creating Lasting Value』〔邦題：『ミッション・リーダーシップ』、生産性出版〕(San Francisco: Jossey-Bass, 2003), P.5.

Robert Solomon and Fernando Flores, Building Trust: In Business, Politics, Relationships, and Life (New York: Oxford University Press, 2003), P.15.

ピーター・グーバー著、『Tell to Win: Connect, Persuade, and Triumph with the Hidden Power』〔邦題：『成功者は皆、ストーリーを語った。』、アルファポリス〕(New York: Crown Business, 2011), P.125.

"Magic Fills In at Center," NBA Encyclopedia, Playoff Edition.

ピーター・グーバー著、『Tell to Win: Connect, Persuade, and Triumph with the Hidden Power』〔邦題：『成功者は皆、ストーリーを語った。』、アルファポリス〕P.126.

Ira Berkow, "Sports of The Times; Magic Johnson' s Legacy," The New York Times, November 8, 1991.

マーシャル・ゴールドスミス著、『What Got You Here Won' t Get You There: How Successful People Become Even More Successful』〔邦題：『コーチングの神様が教える「できる人」の法則』、日本経済新聞出版社〕(New York: Hyperion, 2007), P.44.

Rodd Wagner and Gale Muller, Power of 2: How to Make the Most of Your Partnerships at Work and in Life (New York: Gallup Press, 2009), P.76.

Stephen M. R. Covey, interview with Peter Aceto, August 25, 2009. Email is dated May 5, 2009.

Robert F.Kennedy, speech to law students at the University of Pennsylvania, Associated Press, May 7, 1964.

Empire Club of Canada, "Social Media and Corporate Trust," May 7, 2009, http://speeches.empireclub.org/69578/data.

"John Wooden, Former UCLA Coach, Dies at 99," The Press-Enterprise, June 4, 2010.

David Wharton and Chris Foster, "John Wooden' s Words Live On in the Hearts of His Admirers," June 6, 2010, http://articles.latimes.com/2010/jun/06/sports/la-sp-0606-john-wooden-20100606.

"John Wooden, like UCLA, Simply the Best," www.billwalton.com/component/content/article/47;Itemid=55.

"Wooden on Leadership," www.johnlutz.com/uplifting-quotes/john-wooden.htm.

"Fiona Wood," George Negus Tonight, June 25, 2003

FranklinCovey video case study, 2006.

"About Geoffrey Canada," www.hcz.org/about-us/about-geoffrey-canada/144.

Daniel Schorn, "The Harlem Children' s Zone," 60 Minutes, February 11, 2009, www.cbsnews.com/stories/2006/05/11/60minutes/main1611936.shtml.

"About Geoffrey Canada," www.hcz.org/about-us/about-geoffrey-canada/144.

Rosetta Thurman, "28 Days of Black Nonprofit Leaders: Geoffrey Canada," February 7, 2010, www.rosettathurman.com/2010/02/28-days-of-black-nonprofit-leaders-geoffrey-canada/
"About Geoffrey Canada," www.hcz.org/about-us/about-geoffrey-canada/144.

Geoffrey Canada, Reaching Up for Manhood: Transforming the Lives of Boys in America, 156.

William Watson Purkey and Betty L. Siegel, Becoming an Invitational Leader (Atlanta, Ga.: Humanic Trade Group Publishing, 2003), P.152.

Bill George, "Values-Centered Leadership: The Key to Success in the 21st Century," commencement address, Opus College of Business, University of St. Thomas, May 21, 2011, www.stthomas.edu/Business/events/commencement/speakerinfo/commencementAddress_George.html.

"National Magazine Selects 10 Manufacturing Leaders into the IW Manufacturing Hall of Fame," November 18, 2009, www.prnewswire.com/news-releases/national-magazine-selects-10-manufacturing-leaders-into-the-iw-manufacturing-hall-of-fame-70359252.html.

Bill George, "Values-Centered Leadership: The Key to Success in the 21st Century."

Frances Hesselbein, My Life in Leadership: The Journey and Lessons Learned Along the Way (San Francisco: Jossey-Bass, 2011), P.72, P.79.

Greg Link, interview with Frances Hesselbein, April 2011.

Frances Hesselbein and Marshall Goldsmith, eds., Leader of the Future 2: Visions, Strategies and Practices for the New Era (San Francisco: Jossey-Bass, 2006), P.154.

Frances Hesselbein, Hesselbein on Leadership (New York: Jossey-Bass, 2002), P.10, P.34.

"Almaz Gebremedhin Worked 3 Jobs to Support 5 Kids," Good Morning America, May 7, 2010.

Nick Bilton, "Apple Is the Most Valuable Company," The New York Times, August 9, 2011.

Tom Brewster, "Apple Topples Google in Brand Value Rankings," www.itpro.co.uk, May 9, 2011, www.itpro.co.uk/633319/apple-topples-google-in-brand-value-rankings
Randy, "Apple No. 1 in the 2011 BrandZ Top Brands Ranking," May 13, 2011 / "BrandZ Top 100 Most Valuable Global Brands 2011," www.millwardbrown.com/libraries/optimor_brandz_files/2011_brandz_top100_chart.sflb.ashx.

"World' s Most Admired Companies," Fortune, 2010.

Yukari Iwatani Kane and Ian Sherr, "Secrets from Apple' s Genius Bar: Full Loyalty, No Negativity," The Wall Street Journal, June 15, 2011.

Linda Humphers, "U.S. Outlet Center and Owners Report," Value Retail News, November 2009, www.valueretailnews.com/pdfs/09State_of_Industry_Part2.pdf.

Allison Schwartz and Oshrat Carmiel, "Apple May Be Highest Grossing Fifth Avenue Retailer (Update2)," August 24, 2009, www.bloomberg.com/apps/news?pid=newsarchive&sid=aK4TfewPa37M.

Betsy Morris, "What Makes Apple Golden," Fortune, March 3, 2008.

FranklinCovey training video, 2006.

Steven Greenhouse, "How Costco Became the Anti-Wal-Mart," The New York Times, July 17, 2005.

Morgan Housel, "Charlie Munger' s Love Affair with Costco," July 7, 2011, http://money.msn.com/investment-advice/article.aspx?post=7f0e084a-3473-41cc-b7e9-f4353e0deeb3&ucsort=2.

Joseph A.Michelli, The New Gold Standard: 5 Leadership Principles for Creating a Legendary Customer Experience (New York: McGraw- Hill, 2008), P.106.

Maureen Bridget Rabotin, Culture Savvy: Working and Collaborating Across the Globe (Washington, D.C.: ASTD Press, 2011), P.161.

Rick Smith, "Having Pledged No Layoffs, Goodnight Still Sees Record Year for SAS," October 27, 2009, http://wraltechwire.com/business/tech_wire/news/blogpost/6290817/.

David A.Kaplan, "SAS: A New No. 1 Best Employer," Fortune, January 21, 2010.

Charlie Munger, commencement address to USC Law School, May 14, 2007.

Paul Walsh and Maura Lerner, "Mayo Clinic Slips to 3rd in U.S. News Rankings," [Minneapolis] StarTribune, July 19, 2011.

"Harris Poll Finds: St.Jude' s Research Hospital and Susan G.Komen for the Cure Are Among Most Trusted Non-Profits," www.harrisinteractive.com/NewsRoom/PressReleases/tabid/446/ctl/ReadCustomDefault/mid/1506/ArticleId/52/Default.aspx.

Geoff Colvin, "United Continental' s King of the Skies," Fortune, April 21, 2011.

David Robinson, "Shareholder Letter: Annual Reports Can Tell a Lot About a Company," Buffalo News Business, May 25, 2002.

"Rittenhouse Rankings CEO Candor Survey Reports Top-Ranked Companies Outperform Bottom-Ranked Companies for Fifth Consecutive Year," April 29, 2011, http://newyork.citybizlist.com/18/2011/4/29/Rittenhouse-Rankings-CEO-Candor-Survey-Reports-TopRanked-Companies-Outperform-BottomRanked-Companies-for-Fifth-Consecutive-Year.aspx.
Stephen Dandrow, "Rittenhouse Rankings CEO Candor Survey Reports Top-Ranked Companies Outperform Bottom-Ranked Companies for Fifth Consecutive Year," April 28, 2011, www.rittenhouserankings.com/2010_Rittenhouse_Rankings_CEO_Candor_Survey_Release.pdf.

Mike Alberti, "Being a Citizen, Danish style," September 21, 2011, www.remappingdebate.org/article/being-citizen-danish-style. Data from OECD.

IMD World Competitiveness Yearbook.

"Our View on Drug Safety: J&J Loses Its Way with Secret Buy-up of Defective Drug," USA Today, October 4, 2010.

"Opposing View on Drug Safety: 'We Let the Public Down,' " USA Today, October 4, 2010.

"Harris Poll Finds That Consumers Love Kisses: Hershey' s Ranks," February 24, 2010, www.bloomberg.com/apps/news?pid=newsarchive&sid=a1jqU1tq2Xo8.

"Hyundai and Subaru Mark Significant Growth in Brand Equity and Sales. Coincidence?" March 16, 2010, www.bloomberg.co.jp/apps/news?pid=90970900&sid=apjCJVMWRNuM.

Brian Ross, "Toyota CEO Apologizes to His Customers: 'I Am Deeply Sorry,' " January 29, 2010, http://abcnews.go.com/Blotter/toyota-ceo-apologizes-deeply/story?id=9700622.

Harvey A.Hook, The Power of an Ordinary Life: Discover the Extraordinary Possibilities Within (New York: Tyndale Press, 2007), P.165.

"Corporate Responsibility Report," 2004, www.nikebiz.com/responsibility/documents/Nike_FY04_CR_report.pdf, P.9.

"Corporate Responsibility Magazine' s ' 100 Best Corporate Citizens List,' " CR Magazine, 2011.

David Kirkpatrick, The Facebook Effect: The Inside Story of the Company That Is Connecting the World (New York: Simon & Schuster, 2011), P.123.

Vittorio Hernandez, "Facebook Members Exceed 800 Million Mark," International Business Times, October 5, 2011.

Dave Manuel, "Facebook Continues to Surge in Value," March 12, 2011, www.davemanuel.com/2011/03/12/facebook-now-valued-at-around-79-billion/.

第六章：「スマート・トラスト」の行動 その三：自分の意図を明確にし、他者の意図を好意的に捉える

Merry Gordon, "Four Life Lessons from the Civil Rights Movement," www.education.com/magazine/article/life-lessons-civil-rights-movement/.

Stephen M. R. Covey and Rebecca Merrill, interview with Doug Whitaker, July 2005.

John O. Edwards, "Gen. Franks Doubts Constitution Will Survive WMD Attack," November 21, 2003, http://archive.newsmax.com/archives/articles/2003/11/20/185048.shtml.

Mike Folta, "Open Road Tolling Spells Instant Relief for Chicago and Suburbs," October 29, 2006, www.burnsmcd.com/Resource_/PageResource/Open-Road-Tolling-Plazas/article-OpenRoadTolling-Folta.pdf.

"Project Achievement Awards 2007," CMAA, cmaanet.org/project-achievement-awards-2007.

ピーター・センゲ著、『The Fifth Discipline』〔邦題：『最強組織の法則』、徳間書店〕(New York: Currency/ Doubleday, 2006), P.316.

John F.Kennedy, speech to U.S. Congress, May 25, 1961.

John F.Kennedy, speech at Rice University, September 12, 1962.

ABコームス website / Greg Link, interview with Muriel Summers, May 2011.

Gregory Lamb, "Giving Pledge: A Big-Hearted Billionaires Club, Led by Bill Gates and Warren Buffett, Keeps Growing," The Christian Science Monitor, May 11, 2011.

http://givingpledge.org/#warren_buffett.

"Lilly Set to Become First Pharmaceutical Research Company to Disclose Physician Payments," September 24, 2008, http://newsroom.lilly.com/releasedetail.cfm?ReleaseID=336444.

"CNN in Trouble with Iran over Mistranslation," Canadian Broadcasting Association, January 17, 2006.

Tony Marcano, "Toddler, Left Outside Restaurant, Is Returned to Her Mother," The New York Times, May 14, 1997 / David Rohde, "Court Ruling Favors 2 Who Left Baby Outside," The New York Times, July 23, 1999 / Benjamin Weiser, "Danish Mother' s Claim of False Arrest Is Rejected," The New York Times, December 15, 1999.

Anastasya Partan, "Let Your Baby Sleep Outside? Surprising Parenting Wisdom from Scandinavia,"

December 27, 2010, www.babble.com/baby/baby-health-and-safety/baby-sleep-parenting-wisdom-scandinavia/.

"Jeff Immelt, CEO," www.ge.com/company/leadership/ceo.html.

Pam McGee, "Trust: A Competitive Advantage," The Partner Channel Magazine, February 22, 2010.

"Nurses and Pharmacists More Trusted than Doctors," April 17, 2009.

Mark Hofmans, "Trust in Charities and Judges Rising Internationally," June 17, 2011, www.gfk.com/group/press_information/press_releases/008190/index.en.html.

スティーブン・M・R・コヴィー著、『The Speed of Trust: The One Thing That Changes Everything〔邦題：『スピード・オブ・トラスト』、キングベアー出版〕(New York: Free Press, 2006).

"Interview with Michael Brown, Farther than the Eye Can See," May 7, 2009, www.hulu.com/farther-than-the-eye-can-see?forums=1&post_id=216408&topic_id=54961.

Donald McNeil Jr., "Ally for the Poor in an Unlikely Corner," The New York Times, February 8, 2010.

John Mackey, "I No Longer Want to Work for Money," Fast Company, February 1, 2007.

www.wholefoodsmarket.com/company/declaration.php.

John Mackey, "Creating a High Trust Organization," March 14, 2010, www.huffingtonpost.com/john-mackey/creating-the-high-trust-o_b_497589.html.

トニー・シェイ著、『Delivering Happiness』〔邦題：『ザッポス伝説』、ダイヤモンド社〕(New York: Business Plus, 2010), Introduction.

Fredric Paul, "A Business Is Not a Family," InformationWeek, December 17, 2008.

ピーター・グーバー著、『Tell to Win: Connect, Persuade, and Triumph with the Hidden Power』〔邦題：『成功者は皆、ストーリーを語った。』、アルファポリス〕(New York: Crown Business, 2011), P.96.

大野耐一著、『Toyota Production System: Beyond Large-Scale Production』〔邦題：『トヨタ生産方式：脱規模の経営をめざして』、ダイヤモンド社〕(New York: Productivity Press, 1988), P.123.

J. Mangalindan, interview with Indra Nooyi, "PepsiCo CEO: If All Consumers Exercised ... Obesity Wouldn't Exist," Fortune, April 27, 2010.

"Performance with Purpose: The Promise of PepsiCo," Annual Report, 2009, www.pepsico.com/Download/PEPSICO_AR.pdf.

"50 Most Powerful Women in Business," October 18, 2010, http://money.cnn.com/magazines/fortune/mostpowerfulwomen/2010/full_list/.

"Linking Opportunity with Responsibility," Procter & Gamble Sustainability Report - Executive Summary, 2004.

"Children's Safe Drinking Water," www.purwater.com/childrens-safe-drinking-water.html.

"PUR Packets at Work," June 17, 2011, www.csdw.com/csdw/pur_packet_at_work.shtml.

"2010 Southwest Airlines One Report," www.southwestonereport.com/_pdfs/SouthwestOneReport2011.pdf.

J. B. Bird, interview with Herb Kelleher, July 9, 2002.

"The Mission of Southwest Airlines," www.southwest.com/html/about-southwest/index.html.

"2010 Southwest Airlines One Report," www.southwestonereport.com/_pdfs/SouthwestOneReport2011.pdf.

Stephen M. R. Covey, discussions with William Schultz, February 23, 2011, and April 1, 2011.

LogicaCMG and Warwick Business School outsourcing study.

Stephen M. R. Covey, interview with Doug Conant, July 12, 2011.

Douglas R. Conant and Mette Norgaard, TouchPoints: Creating Powerful Leadership Connections in the Smallest of Moments (San Francisco: Jossey-Bass, 2011), P.157
Stephen M. R. Covey, interview with Doug Conant, July 12, 2011.

Barry Salzberg, "Trusting a CEO in the Twitter Age," Bloomberg Businessweek, August 7, 2009, www.businessweek.com/managing/content/aug2009/ca2009087_680028.htm.

Robert Kreitner, Management (New York: Houghton Mifflin, 2009), P.192.

Harvard Business Review on Turnarounds, 1999, P.73.

Indra Nooyi, "The Best Advice I Ever Got," Fortune, April 30, 2008.

Stephen M. R. Covey, interview with Indra Nooyi, July 28, 2011.

第七章：「スマート・トラスト」の行動 その四：やると言ったことを実行する

Qur' an 17:34.

The Holy Bible, Numbers 30:2.

The Holy Bible, Matthew 7:21.

Basavanna, Vacana 440.

Siddhartha Buddha.

Confucius.

Paul Kurtz, Toward a New Enlightenment (Transaction Publishers, 1991), P.17.

Epictetus.

Anita Borate and Joyoti Banerji, "Building a Great Place to Work," India Times, June 21, 2010.

General Counsel Forum, "TGCF Panel Audio Transcription," November 19, 2010.

Jeremy Hope, Peter Bunce, and Franz Roosli, The Leader' s Dilemma: How to Build an Empowered and Adaptive Organization Without Losing Control (San Francisco: Jossey-Bass, 2011), P.49.

"A Network Built to Support the Silicon Economics Cycle," www1.level3.com/index.cfm?pageID=245.

ローレンス・ホートン著、『It' s Not What You Say.It' s What You Do: How Following Through at Every Level Can Make or Break Your Company』〔邦題：『「強い」会社は、どこが違うか』、アスペクト〕(New York: Currency, 2004), P.236.

Lee Benson, "No-Sunday Stance Has Not Slowed Success of Costco Builder," Deseret News, November 1,

2010.

Oprah Winfrey, "Keeping My Word," O, The Oprah Magazine, February 2010.

Mark Hofmans, "Trust in Charities and Judges Rising Internationally," June 17, 2011, www.gfk.com/group/press_information/press_releases/008190/index.en.html.

Kazuo Ichijo and Ikujiro Nonaka, Knowledge Creation and Management: New Challenges for Managers (New York: Oxford University Press, 2006), P.247.

Rick Barrera, Overpromise and Overdeliver: The Secrets of Unshakeable Customer Loyalty (New York: Portfolio, 2005), jacket flap.

Jack and Suzy Welch," How to Bust into the Big Leagues: You Want A-List Clients? Begin with an Irresistible Proposition. Then Over-deliver," BusinessWeek, May 15, 2008.

Carmine Gallo, "How to Wow ' Em like Steve Jobs," BusinessWeek, April 6, 2006.

"Gold Standards," http://corporate.ritzcarlton.com/en/about/goldstandards.htm.

"Visa Credit Cards," www.creditcards.com.

Rodd Wagner and Gale Muller, Power of 2: How to Make the Most of Your Partnerships at Work and in Life (New York: Gallup Press, 2009), P.77.

Alan Fine, You Already Know How to Be Great (New York: Portfolio, 2010), P.141.

Robert D.Hof, "Jeff Bezos on Word-of-Mouth Power," BusinessWeek, August 2, 2004.

Tom Hayes, Jump Point: How Network Culture Is Revolutionizing Business (New York: McGraw-Hill, 2008), P.141.

John A. Byrne, Fast Company: The Rules of Business: 55 Essential Ideas to Help Smart People Perform at Their Best (New York: Currency, 2005), P.25.

"World' s Most Admired Companies," March 21, 2011, http://money.cnn.com/magazines/fortune/mostadmired/2011/index.html.

"Bridging the Gap Between Brand Promise and Expectation," September 16, 2009, www.designdamage.com/bridging-the-gap-between-brand-promise-and-expectation/.

Michiel Maandag, "Amazon.com: What Happened to the Promise of Earth' s Biggest?," June 16, 2011, www.mondaytalk.com/2011/06/16/amazon-com-what-happened-to-the-promise-of-earths-biggest/.

"Happy Birthday, Coca-Cola! , " May 7, 2010, www.thecoca-colacompany.com/presscenter/happy_birthday_coca-cola.html.

Seth Godin, Permission Marketing: Turning Strangers into Friends and Friends into Customers (New York: Simon & Schuster, 1999), P.91.

"Reputation Capital: Building and Maintaining Trust in the 21st Century," www.ketchum.com/Reputation_Capital.

"The New Social Economy & Currency of Trust," May 16, 2011, www.senseimarketing.com/Wisdom/Blog.aspx.

Paul Resnick, Richard Zeckhauser, John Swanson, and Kate Lockwood, "The Value of Reputation on eBay: A Controlled Experiment," John F.Kennedy School of Government Harvard University Faculty Research working papers series, July 2002.

Emma De Vita, "Trust and the Female Boss," Management Today, September 1, 2010.

Kate Rogers, "Donors Pick St. Jude' s, Komen as Most Respected," Exempt Magazine, March 2010.

Rana Foroohar, "How We Ranked the World," Newsweek, August 16, 2010.

ドン・ミゲル・ルイス著、『The Four Agreements: A Practical Guide to Personal Freedom』〔邦題：『四つの約束』、コスモスライブラリー〕(San Francisco: Amber Allen, 2001), P.32.

マーシャル・ゴールドスミス著、『What Got You Here Won' t Get You There: How Successful People Become Even More Successful』〔邦題：『コーチングの神様が教える「できる人」の法則』、日本経済新聞出版社〕(New York: Hyperion, 2007), P.42.

ゴードン・ベスーン著、『From Worst to First: Behind the Scenes of Continental' s Remarkable Comeback』〔邦題：『大逆転！コンチネンタル航空：奇跡の復活』、日経BP社〕(New York: John Wiley & Sons, Inc., 1998), P.14, P.29-30.

"Company History 1991 to 2000," www.continental.com/web/en-US/content/company/history/1991-2000.aspx.

Hal Weitzman, "3M Chief Warns Obama over Business Regulation," February 27, 2011, www.ft.com/intl/cms/s/0/bd9b4100-429b-11e0-8b34-00144feabdc0.html#axzz1bBGEo1em.

Joseph A.Michelli, The New Gold Standard: 5 Leadership Principles for Creating a Legendary Customer Experience (New York: McGraw-Hill, 2008), P.111.

"Coca-Cola 'Regrets' Contamination," June 17, 1999, http://news.bbc.co.uk/2/hi/europe/371300.stm.

第八章：「スマート・トラスト」の行動 その五：自分から率先して他者に信頼を与える

Ward Clapham, " 'Positive Tickets' from the Police in Canada," FranklinCovey Center for Advanced Research, February 2011.

Daniel Schorn, "Working 24/7," February 11, 2009, www.cbsnews.com/stories/2006/03/31/60minutes/main1460246.shtml.

Michelle Conlin, "Smashing the Clock," Bloomberg Businessweek, December 11, 2006, www.businessweek.com/magazine/content/06_50/b4013001.htm.

BusinessWeek, December 11, 2006, cover.

Video transcript of Dean W.Collinwood, interview with Al Carey, FranklinCovey, 2009.

ウォレン・ベニス著、『On Becoming a Leader』〔邦題：『リーダーになる』、海と月社〕(New York: Basic Books, 2009), P.133.

ジェームズ・クーゼス／バリー・ポスナー著、『Truth About Leadership』〔邦題：『リーダーシップの真実』、生産性出版〕(San Francisco: Jossey-Bass, 2010), P.80.

Roy Ashworth, Success: Utter Common Sense (U.K.: Author House, 2011), P.32.

Society for Human Resource Management, Essentials of Strategy (Boston: Harvard Business School Press, 2006), P.116.

George Buckley, "To Our Shareholders," Driven to Innovate, February 16, 2011.

Kerry Patterson, Joseph Grenny, David Maxfield, Ron McMillan, and Al Switzler, Influencer: The Power to Change Anything (New York: McGraw-Hill, 2008), P.14.

Greg Link, interview with Isabel Blanco and B.J.Walker, June 7, 2011.

Chris Zane, Reinventing the Wheel: The Science of Creating Lifetime Customers (Dallas: Benbella Books, 2011), P.163.

Jeanne Bliss, "I Love You More than My Dog" : Five Decisions That Drive Extreme Customer Loyalty in Good Times and Bad (New York: Portfolio, 2011), P.40.

"Walk in Your Customer' s Body Armor," March 1, 2010, www.baldrige.com/criteria_customerfocus/walk-in-your-customers-body-armor/.

ジェームズ・クーゼス／バリー・ポスナー著、『Truth About Leadership』〔邦題：『リーダーシップの真実』、生産性出版〕(San Francisco: Jossey-Bass, 2010), P.81.

Jan Vermeiren, public remarks made by a participant in a presentation in Belgium by Stephen M. R. Covey, The Networking Coach Blog.

Ju Young Kim, Martin Natter, and Martin Spann, "Kish: Where Customers Pay as They Wish," Review of Marketing Science, vpl. 8, No. 2, 2010.

" 'Pay What You Want' Trend Hits Euro Eateries," The Brunei Times, February 17, 2008.

Rose Anne Belmonte, "Honesty Cafe: Only in Batanes," January 25, 2009, www.philstar.com/Article.aspx?articleid=434387.

Jonathan M.Tisch, The Power of We: Succeeding Through Partnerships (New York: John Wiley, 2004), P.56.

"U.S. News & World Report: Best Hotels in the USA!," June 14, 2011, www.loewshotels.com/blog/2011/06/u-s-news-world-report.

Alison Maitland," Managers Say: Suit Yourself," Financial Times, December 22, 2008.

Joseph A. Michelli, The New Gold Standard: 5 Leadership Principles for Creating a Legendary Customer Experience (New York: McGraw-Hill, 2008), P.115.

Letter from A.G.Lafley, President and CEO, P&G Values & Policy Manual.

Caroline McCarthy, "Survey: Over Half of U.S. Workplaces Block Social Networks," October 6, 2009, http://news.cnet.com/8301-13577_3-10368956-36.html.

Martin Giles, "A World of Connections," The Economist, January 28, 2010.

Video transcript of Dean W.Collinwood, interview with Al Carey, FranklinCovey, 2009.

Thomas Friedman, The World Is Flat 3.0: A Brief History of the Twenty-First Century (New York: Macmillan, 2007), P.175, P.171, P.335.

Shawn Achor, The Happiness Factor (New York: Crown Business, 2010), P.176.

Barbara Ortutay, "Report: Facebook Users More Trusting, Engaged," USA Today, June 16, 2011.

ピーター・グーバー著、『Tell to Win: Connect, Persuade, and Triumph with the Hidden Power』〔邦題：『成功者は皆、ストーリーを語った。』、アルファポリス〕(New York: Crown Business, 2011), P.245.

Geoff Colvin, "Cleveland Clinic Chief on the Business of Health," Fortune, February 18, 2010.

Gabe Collins and Andrew Erickson, "The 10 Biggest Cities in China That You' ve Probably Never Heard Of," June 1, 2011, www.chinasignpost.com/2011/06/the-10-biggest-cities-in-china-that-you' ve-probably-never-heard-of/.

John Naisbitt and Doris Naisbitt, China' s Megatrends: The 8 Pillars of a New Society (New York: HarperCollins, 2010), P.66.

Paul Zak and Stephen Knack, "Trust and Growth," The Economic Journal 111, No. 470 (April 2001), P.296.

Friedman, The World Is Flat 3.0, P.334.

"In a Turnaround Put Culture First," Harvard Business Review, May 17, 2010.

トニー・シェイ著、『Delivering Happiness』〔邦題：『ザッポス伝説』、ダイヤモンド社〕(New York: Business Plus, 2010)
Greg Link, interview with Tony Hsieh, February 7, 2011.

John Mackey, "Creating a High Trust Organization," March 14, 2010, www.huffingtonpost.com/john-mackey/creating-the-high-trust-o_b_497589.html.

ゴードン・ベスーン著、『From Worst to First: Behind the Scenes of Continental' s Remarkable Comeback』〔邦題：『大逆転！コンチネンタル航空：奇跡の復活』、日経BP社〕(New York: John Wiley & Sons, Inc., 1998), P.43.
Gene Gitelson, John W. Bing, and Lionel Laroche, "The Impact of Culture on Mergers & Acquisitions," ITAP International, www.itapintl.com/facultyandresources/articlelibrarymain/the-impact-of-culture-on-mergers-a-acquisitions.html. (This article originally appeared in CMA Management, March 2001.)

"The Role of Trust in Governance," Stanford Business School, May 28, 2010.

General Counsel Forum, TGCF panel audio transcription, November 19, 2010.

"Charlie Munger responds in Q & A Session," Wesco Annual Meeting, 2005.

第九章：あなた自身の信頼を再生する

Thomas Friedman, The World Is Flat 3.0: A Brief History of the Twenty-First Century (New York: Macmillan, 2007), P.424.

"The Magician," The Economist (October 8.14, 2011), 15
ジェイ・エリオット他著、『The Steve Jobs Way』〔邦題：『ジョブズ・ウェイ：世界を変えるリーダーシップ』、ソフトバンククリエイティブ〕(New York: Vanguard, 2011), P.5.

"Yo Creo en Colombia [I Believe in Colombia]" foundation; US Ambassador in Colombia; Fondelibertad; The World Factbook; Embassy of Colombia.

Stephen M. R. Covey and Greg Link, interviews with Alvaro Uribe, May 26, 2011, and August 3, 2011
Alvaro Uribe, "Uribe: Colombia Investor-Friendly," Latin Business Chronicle, September 22, 2008.

Covey and Link interview with Uribe
Camilla Pease-Watkin, "Uribe Closes 'Record-breaking' World Economic Forum," Colombia Reports, April 8, 2010, http://colombiareports.com/colombia-news/news/9059-uribe-closes-world-economic-forum.html.

"Campaign Colombia, the Only Risk Is Wanting to Stay," www.colombia.travel/en/international-tourist/colombia/tourism-campaign.

"Colombia' s Uribe Gets Good Marks," United Press International, August 7, 2010, www.upi.com/Top_News/US/2010/08/07/Colombias-Uribe-gets-good-marks/UPI-12401281200512/.

World Economic Forum on Latin America, April 14.16, 2009.

I Believe in Colombia Foundation, "Our History," Foundation, www.yocreoencolombia.com, accessed on July 2, 2011
Stephen M. R. Covey interviews with Pedro Medina on August 18, 2009, and August 11, 2011.

David Kirkpatrick, The Facebook Effect: The Inside Story of the Company That Is Connecting the World (New York: Simon & Schuster, 2011).

John Naisbitt and Doris Naisbitt, China' s Megatrends: The 8 Pillars of a New Society (New York: HarperCollins, 2010), P.45.

Geoffrey M. Bellman and Kathleen D.Ryan, Extraordinary Groups: How Ordinary Teams Achieve Amazing Results (San Francisco: Jossey-Bass, 2008), P.14.

Kirkpatrick, The Facebook Effect, P.6.

Tom Hayes, Jump Point: How Network Culture Is Revolutionizing Business (New York: McGraw-Hill, 2008), P.141.

Kirkpatrick, The Facebook Effect, P.298.

Dieter Uchtdorf, "Lift Where You Stand," Ensign, November 2008.

Robert F. Kennedy, Day of Affirmation address, University of Capetown, South Africa, June 6, 1966.

アンネ・フランク著、『Diary of a Young Girl』〔邦題：『アンネの日記』、文藝春秋〕, 1952.

David Rock, Your Brain at Work: Strategies for Overcoming Distraction, Regaining Focus (New York: HarperCollins, 2009), P.107.

Katharyne Mitchell, Practicing Public Scholarship: Experiences and Possibilities Beyond the Academy (New York: Wiley-Blackstone, 2008), P.46.

Tim Russert, "A Splendid Torch," June 16, 2008, http://ac360.blogs.cnn.com/2008/06/16/tim-russert-a-splendid-torch/.

著者紹介　スティーブン・M・R・コヴィー

スティーブン・M・R・コヴィーは、コヴィーリンクおよびフランクリン・コヴィー・グローバル・スピード・オブ・トラスト・プラクティスの創立者の一人である。信頼、リーダーシップ、倫理およびハイパフォーマンスの分野で人気と説得力を併せ持つ講演者およびアドバイザーとして、世界的に活動している。

『ニューヨーク・タイムズ』紙および『ウォールストリート・ジャーナル』紙でベストセラー一位となった著書『スピード・オブ・トラスト』は、従来の発想を根本的に覆す画期的な書だ。コヴィーはコヴィー・リーダーシップ・センターの元 CEO であり、ハーバード大学で MBA を取得後、同社に加わって顧客開発を担当し、さらにナショナル・セールス・マネージャーを経て社長兼 CEO に就任した。さらに、フランクリン・クエスト社との合併を推進してフランクリン・コヴィー社を組織すると、3 年足らずで株主価値が 1 億 6,000 万ドルにまで高騰した。

コヴィーはこれまで、『フォーチュン』誌の 500 社だけでなく、中小規模の民間および公的部門の組織の経営者やリーダーたちにもコンサルティングを提供し、高い尊敬と影響力を築いてきた。組織の現実的な問題に対する、CEO としての実務経験に裏打ちされた彼特有の視点は、クライアントから高い評価を得ている。

訳者紹介　フランクリン・コヴィー・ジャパン

フランクリン・コヴィー・ジャパンは、『完訳 7 つの習慣　人格主義の回復』の翻訳のほか、戦略実行、顧客ロイヤリティ、リーダーシップ、個人の効果性の分野において、コンサルティングおよびトレーニング・サービスを個人や法人に提供している。

フランクリン・コヴィー社は、世界 46 都市に展開するオフィスを通して、147 ヵ国でプロフェッショナル・サービスを提供している。米国では顧客に『フォーチュン』誌が指定する最優良企業上位 100 社のうち 90 社、同じく 500 社の 4 分の 3 以上が名を連ねるほか、多数の中小企業や政府機関、教育機関も含まれている。

https://www.franklincovey.co.jp

キングベアー出版について

キングベアー出版は『The 7Habits of Highly Effective People』を日本に紹介するために1992年に立ち上げた出版ブランドである。2013年に『完訳7つの習慣 人格主義の回復』として出版した。

現在、キングベアー出版は、『7つの習慣』の著者であるスティーブン・R・コヴィー博士が創設した米国フランクリン・コヴィー社との独占契約により、コヴィー博士の著作である『第8の習慣』『原則中心リーダーシップ』『7つの習慣 最優先事項』や、フランクリン・コヴィー社のコンテンツである『実行の4つの規律』『5つの選択』などを出版している。

キングベアー出版は『7つの習慣』を核にして、その関連コンテンツ、さらに、リーダーシップ、組織、ビジネス、自己啓発、生き方、教育といったジャンルの、海外の優れた著作物に限定して翻訳し、「変革を目指す組織」や「より良い人生を送りたいと考える個人」を対象に出版している。

キングベアー出版の事業会社である株式会社FCEパブリッシングはFCEグループの一員である。

http://fce-publishing.co.jp

FCEグループについて

"働く"と"学ぶ"が抱える問題をビジネスで解決し続ける企業家集団。「ビジネスパーソンが自分自身の強みを発揮して、イキイキと働く世界の実現」「未来を担う子どもたちが、人生を自ら切り拓く力を身につける」というテーマに向かって、子どもたちから社会人まで、幅広く人財育成・教育領域でのビジネスを展開している。

事業内容は、国内1,300社が受講する管理職向け「7つの習慣® Business Ownership」研修と若手向け「7つの習慣® Next Leader」研修、実践を通して目標達成力を身に付けるトレーニング研修「xDrive」、全国500教室、2万人の子どもたちが受講するセルフリーダーシップ育成プログラム「7つの習慣J®」などを展開。その他、人材育成・研修事業、教育事業、RPA事業、外食事業など、幅広く展開している。

http://www.fce-group.jp

「7つの習慣」研修について

スティーブン・R・コヴィー博士が著した『7つの習慣』は書籍だけでなく、ワールドワイドでビジネスや教育の分野で研修プログラムとしても展開されている。

『7つの習慣』は組織においても有効である。厳密に言えば組織に「習慣」というものはなく、ノルマや行動規範のような組織文化、システム、プロセス、手順、これらが、組織の習慣となる。原則は組織の中で確実に作用しており、それが効果性を左右している。

そこで、企業とビジネス・パーソンを対象にした「7つの習慣」研修を開発・展開している。

また、コヴィー博士は、絆が強く幸福で効果的に営まれる家庭を築くことに『7つの習慣』の考え方を応用した『7つの習慣ファミリー』を著した。また、息子のショーンは、一〇代のニーズや関心事、問題に『7つの習慣』のフレームワークを当てはめた『7つの習慣 ティーンズ』を出版した。

「7つの習慣」は家庭や学校においても効果を発揮することは自明であり、学校・塾／子ども向けの「7つの習慣」研修を開発・展開している。

いずれも「7つの習慣」を熟知した講師による研修を受講することで、確実に「7つの習慣」を身につけることができ、ビジネスや教育分野においても大きな効果を発揮することができる。

企業／ビジネス・パーソン向け研修

研修名	効果	問い合わせ先
7つの習慣® SIGNATURE EDITION4.0	米国フォーチュン100社の90%、グローバル・フォーチュン500社の75%に導入され、147ヵ国で展開している。個々人がリーダーシップを発揮し、人間関係や組織でのシナジーを創り出す。	フランクリン・コヴィー・ジャパン株式会社 https://www.franklincovey.co.jp
7つの習慣® Business Ownership	「7つの習慣」の原理原則を企業で実践すると、組織はどう変わるのか？事業の成長スピード鈍化させない組織をつくるための、中小企業の経営者・リーダー向けの「7つの習慣」研修。	株式会社FCEトレーニング・カンパニー http://www.training-c.co.jp

学校・塾／子ども向け研修

研修名	効果	問い合わせ先
リーダー・イン・ミー	リーダー・イン・ミーは、子どもたち向けのプログラムではなく、教員・保護者の意識改革や学校の問題解決を目的とした学校改革プログラムである。リーダー・イン・ミーを導入することで、授業をより効果的に実施できるようになる。	フランクリン・コヴィー・ジャパン株式会社 http://www.edu-franklincovey.jp
7つの習慣J®	小・中・高・大学生向けの「7つの習慣」プログラムである。全国の学校や学習塾でアクティブラーナーを育成する。	株式会社FCEエデュケーション http://www.fc-education.co.jp

信頼マネジメント［新装版］

ビジネスを加速させる最強エンジン

＊本書籍は、2014 年版の内容のまま、新装版として刊行いたしました。

2014 年 11 月 30 日　初版第一刷発行
2023 年 8 月 31 日　新装版発行

著　者　スティーブン・M・R・コヴィー
グレッグ・リンク、レベッカ・R・メリル
訳　者　フランクリン・コヴィー・ジャパン株式会社
発行者　石川淳悦
発行所　株式会社 FCE パブリッシング
キングベアー出版
〒 163-0810
東京都新宿区西新宿 2-4-1 新宿 NS ビル 10 階
Tel : 03-3264-7403
URL : http://fce-publishing.co.jp

印刷・製本　大日本印刷株式会社
ISBN 978-4-86394-108-3